전생과 윤회

(부처님의 전생이야기)

이 책은 전생(前生)과 내생(來生) 그리고
사람들이 오고 가며 돌고 있는 윤회(輪廻)에 대하여
또한 중생들이 지금까지 궁금해 하고 있는
사주팔자(四柱八字), 귀신들의 실체(實體), 성불의 길 등을
보다 이해하기 쉽게 기록하였습니다.
그러므로 이글을 읽어보신다면 그동안 궁금했던 많은 의심(疑心)들이
해결되고 신행생활에도 많은 도움이 되리라 생각합니다.

글·도암 / 시 . 이명자

진리의 샘터 의증서원

전생과 윤회
(부처님의 전생이야기)

목 차

글의순서 · 4

머리글 · 5

1. 부처님이 말씀하시는 전생과 윤회 · 9
  詩/진실 · 29

2. 부처님의 전생이야기 · 31
  사성제 · 40 / 팔정도 · 64 / 사구게 · 129

3. 성경이 말하는 전생과 윤회 · 159
  詩/인내 · 209

4. 육계(六界)와 육바라밀(六波羅蜜) · 211

5. 진리를 통해서 보는 자신의 운명과 사주팔자 · 261
  詩/환난의 날 · 281

6. 지금까지 베일에 쌓여 있던 귀신들의 실체 · 283
  詩/무지 · 321

7. 삼세제불(三世諸佛)과 오늘날의 부처님 · 323

8. 성불(成佛)의 길 · 341

9. 부처님의 생애(生涯) · 355

10. 반야(般若)와 아제아제(揭諦揭諦) · 379
  詩/나그네 · 389

의증서원 도서안내 · 390

머리글

　무명(無明)의 중생들은 이 세상을 살아가면서 자신이 어디로부터 와서 어디로 가는지 그리고 삶의 의미(意味)는 진정 무엇인지도 모르는 상태에서 허무하게 살다가 인생을 마치고 있습니다. 사람들은 인간을 만물(萬物)의 영장(靈長)이라고 말합니다. 만물(萬物)의 영장(靈長)이라는 말은 이 세상 모든 만물 가운데 가장 뛰어난 존재 혹은 가장 위대한 존재라는 말입니다. 그런데 인간들이 자신은 어디로부터 왔으며 죽으면 어디로 가는지 그리고 인생의 의미가 진정 무엇인지도 모른다면 짐승이나 미물(微物)들과 다를 바 없다고 생각합니다. 왜냐하면 창조주(創造主)께서 인간들에게는 특별히 이러한 것들을 알 수 있도록 지,정,의(知情意)를 주셨기 때문입니다.

　그러므로 정상적인 인간이라면 자신이 온 곳과 가는 곳을 알아야 하고 또한 이 세상을 살아가는 인생(人生)의 의미(意味)에 대해서 반드시 알아야 한다고 생각합니다. 만일 모른다면 진리의 가르침이나 혹은 신앙생활을 통해서라도 알아야 합니다. 왜냐하면 자신이 현생에 태어나기 전의 존재나 사후(死後)에 다시 태어날 자신의 존재에 대해 아는 것은 매우 중요하기 때문입니다. 그보다 현생에서 자신이 무엇을 해야 하며, 어떻게 살아야 하는지, 삶의 진정한 의미를 아는 것은 더더욱 중요한 일이기 때문입니다.

인간들이 이 세상을 의미 없이 무가치(無價値)하게 살다가 허무하게 죽는 것은 자신이 온 전생(前生)을 모르고 또한 자신이 태어나는 내생(來生)을 모르기 때문입니다. 즉 자신이 전생에 어떻게 살다 왔는지 그리고 내생(來生)에는 어떤 곳에서 어떤 모습으로 태어나는지를 모르고 있다는 것입니다. 만일 자신의 전생이나 다시 태어날 내생을 안다면 내생을 준비하기 위해 이 세상을 보다 올바르게 그리고 가장 가치 있고 보람 있게 살기 위해 최선의 노력을 다할 것입니다. 그러므로 저자는 이글을 읽는 모든 분들이 이글을 통해서 전생(前生)과 내생(來生) 그리고 윤회(輪廻)에 대해서 알 수 있도록 심혈(心血)을 기울여 기록하였습니다.

여기에 기록한 글들은 전생(前生)과 내생(來生) 그리고 사람들이 오고 가며 돌고 있는 윤회(輪廻)에 대하여 자세히 기록하였으며 또한 중생들이 지금까지 궁금해 하고 있는 사주팔자(四柱八字), 귀신들의 실체(實體), 성불의 길

등을 보다 이해하기 쉽게 기록하였습니다. 그러므로 이글을 읽어보신다면 전생(前生)과 윤회(輪廻)는 물론 그동안 궁금했던 많은 의심(疑心)들이 해결되리라 생각합니다.

　저자는 이글을 읽는 모든 분들이 부처님의 뜻을 올바로 알고 지켜서 생로병사(生老病死)의 윤회(輪廻)에서 하루속히 벗어나 모두 해탈(解脫)하여 성불(成佛)하기를 기원하는 바입니다.

－ 도암 －

1. 부처님이 말씀하시는
전생과 윤회

이 세상만사에는 원인 없는 결과가 없고
뿌리 없는 나무나 열매가 없듯이
인간들이 온 곳이 있기 때문에 가는 곳이 있는 것이며,
전생이 있었기 때문에 현생은 물론
내생도 존재하고 있는 것입니다.

부처님이 말씀하시는 전생과 윤회

인간들이 태어나기 전의 세계, 즉 전생(前生)은 과연 존재하는 것인가? 그리고 인간들이 전생(前生)과 현생(現生)과 내생(來生)을 오고가며 돌고 있다는 윤회설(輪廻說)은 사실인가 아니면 거짓인가? 이러한 문제는 불교인들과 기독교인들 간에 지금도 논란(論難)이 되고 있는 일들입니다. 기독교인들은 사후(死後) 세계인 내생에 천국(天國)과 지옥(地獄)이 있다는 것은 의심 없이 믿고 있으나 전생이 있다는 것은 모두 부정을 하고 있습니다. 그러나 이 세상만사에는 원인 없는 결과가 없고 뿌리 없는 나무나 열매가 없듯이 인간들이 온 곳이 있기 때문에 가는 곳이 있는 것이며, 전생이 있었기 때문에 현생은 물론 내생도 존재하고 있는 것입니다.

오늘날 기독교인들은 옛 선조들이 아침에 떠올라 저녁에 지는 해를 바라보며 해가 지구 주위를 돌고 있다고 믿으며 살던 때가 있었다는 것을 누구나 잘 알고 있습니다. 그런데 만일 지금 세대들이 그 시대로 돌아가서 태양이 지구를 도는 것이 아니라 지구가 태양 주위를 돌고 있다고 말을 한다면 아마 정신병자 취급을 당하였으리라 생각합니다.

그러나 지동설(地動說)을 강력히 부정하던 그때에도 그들의 주장과는 관계없이 지구가 태양 주위를 돌고 있었다는 사실입니다.

　이와 같이 인간들이 전생(前生)과 현생(現生) 그리고 내생(來生)을 오고 가며 돌고 있는 인간들의 윤회(輪廻)도, 기독교인들이 인정을 하던 부정을 하던 관계없이 인간들이 지구상에 존재할 때부터 반야(般若)의 섭리(攝理) 가운데 지금도 윤회(輪廻)되고 있다는 사실입니다. 이렇게 사람들이 일반적으로 알고 있는 전생은 자신이 태어나기 전에 살다가 온 세상을 말하며 윤회란 전생과 현생과 내생을 오고 가며 혼적 생명이 육신의 옷을 벗고 갈아입으면서 태어나고 죽고 죽은 몸이 다시 새 육신을 입고 태어나 살다가 다시 죽고 태어나는 것을 반복적으로 계속하는 것을 말하고 있습니다.

　그러면 해탈(解脫)은 무엇을 말하고 있을까? 해탈은 윤회되는 혼적 생명이 육신의 옷을 벗고 윤회되지 않는 부처님의 생명으로 탈바꿈하는 것으로 알고 있습니다. 그런데 부처님이 말씀하시는 전생(前生)이나 윤회(輪廻)는 중생들이나 불자들이 일반적으로 알고 있는 것과 많은 차이가 있습니다. 그러면 부처님은 전생과 윤회를 어떻게 말씀하고

있을까? 이제 부처님께서 말씀하시는 전생과 윤회를 알아
보기로 하겠습니다. 부처님은 금강경을 통해서 수보리에게
전생과 윤회에 대해서 이렇게 말씀하고 있습니다.

[금강경 제14 : 이상적멸분] 수보리야 내가 전생에 가리
왕에게 몸을 베이고 잘리고 할 때에 나에게는 아상도 인상
도 중생상도 없었고 수자상도 없었느니라. 왜 그런가 하면
전생에 내가 온 몸의 마디마디와 사지를 찢길 때 만약 아상
인상 중생상 수자상이 있었다면 마땅히 성내고 원망하는 마
음을 내었으리라. 수보리야 또 여래가 과거 오백세 동안 인
욕선인이 되었을 때를 생각하니 저 세상에서도 아상 인상
중생상 수자상이 없었느니라.

상기의 말씀은 부처님께서 수보리에게 전생(前生)에 자
신에게 있었던 일들을 말씀해 주시는 것입니다. 부처님은
전생에 인욕선인(忍辱仙人)으로 계시면서 수행(修行)을 하
고 있을 때 포악한 가리 왕이 내 몸을 베고 자르며 또한 온
몸의 마디마디와 사지를 찢는 고통을 당하면서도 끝까지
참으며 가리 왕에게 화를 내거나 원망도 하지 않은 것은 나
에게 아상(我相)과 인상(人相)과 중생상(衆生相)과 수자상

(壽者相)이 없었기 때문이라 말씀하고 있습니다.

　이 말은 만일 부처님에게 아상과 인상과 중생상과 수자상이 있었다면 부처님도 가리 왕에게 분을 내고 원망도 하였다는 뜻입니다. 부처님에게 아상(我相)과 인상(人相)과 중생상(衆生相)과 수자상(壽者相)이 없었다는 것은 곧 자아(自我)가 없었다는 말입니다. 이렇게 부처님은 사상(四相), 곧 자아(自我)가 없었기 때문에 가리 왕에게 아무리 많은 고통과 멸시를 당해도 분을 내거나 원망할 존재 자체가 없었던 것입니다. 부처님은 전생에 인욕선인(忍辱仙人)으로 계시면서 오백세 동안 이러한 수많은 고통과 수욕(受辱)을 참아낸 것은 부처님에게 아상과 인상과 중생상과 수자상이 없었기 때문이라 말씀하고 있습니다.

　오늘날 불자들은 전생에 부처님 안에 사상이 없었다면 부처님은 이미 전생부터 해탈(解脫)한 부처님이라 생각할 수 있습니다. 왜냐하면 부처님께서 금강경(金剛經)을 통해서 사상(四相)을 모두 벗으면 해탈(解脫) 할 수 있다고 분명히 말씀하셨기 때문입니다. 그럼에도 불구하고 부처님은 사상(四相)을 벗은 후에도 오백세 동안 윤회(輪廻)를 계속하면서 수행을 하여 성불(成佛)하셨다고 말씀하고 있습니다. 왜 그럴까? 문제는 오늘날 불자들이 지금까지 해탈(解

脫)과 성불(成佛)을 동일하게 알고 있기 때문입니다. 그러면 해탈(解脫)과 성불(成佛)은 어떻게 다를까? 해탈(解脫)은 자아(自我) 안에 있는 사상(四相)을 하나하나 벗어 무아(無我)가 되는 것이며 성불(成佛)은 사상(四相)을 모두 벗은 무아(無我)에 불성(佛性)이 임하는 것을 말합니다.

이것은 해탈하면 곧 부처가 되는 것이 아니라 해탈한 후에도 성불하여 부처가 되려면 수많은 기간의 수행이 필요하다는 것을 말해주는 것입니다. 부처님께서 사상(四相)이 없어진 후에도 오백세 동안 인욕선인(忍辱仙人)이 되어 수행을 계속하신 것은 바로 이 때문입니다.

이렇게 무명의 중생이 사상(四相)을 벗고 해탈(解脫)하기도 힘들지만 해탈한 후에도 성불(成佛)하려면 수많은 수행이 필요한 것입니다. 이 때문에 반야심경(般若心經)은 관자재보살(觀自在菩薩)이 이타(利他)를 행하여 보리살타 부처님이 되고 보리살타 부처님이 구경열반(究竟涅槃)에 들어가 삼세제불(三世諸佛)로 완성이 되는 것을 보여주고 있는 것입니다.

[금강경 제16 : 능정업장분] 수보리야 내가 과거 무량 아승지겁을 생각하니 연등불회상에서 팔백사천만억 나유타의

여러 부처님을 만나 다 공양하고 받들어 섬기어 헛되이 지
냄이 없었느니라.

　　상기의 말씀을 보면 부처님께서 전생에 인욕(忍辱)수행
만 하신 것이 아니라 무량(無量) 아승기겁(阿僧祇劫) 동안
여러 부처님에게 공양(供養)을 하며 정성을 다해 섬긴 것을
볼 수 있습니다. 무량 아승기겁(阿僧祇劫)이란 헤아릴 수조
차 없는 기나긴 세월을 말합니다. 부처님은 이렇게 오랜 세
월 동안 전생과 현생과 내생을 오고가며 인욕수행과 수많
은 부처님에게 공양(供養)을 올리면서 받들어 섬기는 수행
을 하신 것입니다. 부처님은 이렇게 수많은 인욕수행(忍辱
修行)과 여러 부처님을 받들어 섬기는 공양(供養)을 하셨기
때문에 성불(成佛)하여 부처가 되신 것입니다. 그런데 오늘
날 불자들은 부처님께서 당대에 출가하여 수행정진 한지
육년 만에 해탈(解脫)하여 부처가 되었다고 알고 있는 것입
니다.

　　[금강경 제17 : 구경무아분] 수보리야 만약에 법이 있어
여래가 아뇩다라삼먁삼보리를 얻었다면 연등부처님께서는
나에게 그대는 장차 오는 세상에 부처가 될 것이며 이름을

석가모니라 하리라 하고 수기를 내리시지 않았을 것이니라. 그러나 실로 법이 없었기 때문에 내가 아뇩다라삼먁삼보리를 얻었으며 그러므로 연등부처님께서 그대는 내세에 반드시 부처가 되리니 그 이름을 석가모니라 하라고 말씀을 하셨느니라.

부처님은 수보리에게 만약 여래에게 법이 있어서 아뇩다라삼먁삼보리(阿耨多羅三邈三菩提)를 얻었다면 연등부처님께서 나에게 장차오는 세상에 부처가 될 것이며 이름이 석가모니라고 예언을 하지 않으셨다고 말씀하십니다. 그런데 내게 법이 없었기 때문에 내가 아뇩다라삼먁삼보리(阿耨多羅三邈三菩提)를 얻었으며 연등(燃燈)부처님께서 나에게 내세에 반드시 부처가 될 것이며 석가모니(釋迦牟尼)라는 이름을 얻을 것이라 예언을 하셨다는 것입니다. 부처님은 전생에 이미 아상(我相)과 인상(人相)과 중생상(衆生相)과 수자상(壽者相)을 버리고 인욕선인(忍辱仙人)이 되어 온갖 고행을 참고 견디며 여러 부처님에게 공양을 하며 섬겼으나 부처님께서 성불하시지 못한 것은 부처님 안에 법이 있었기 때문이었습니다.

그런데 부처님은 사상은 물론 부처님의 법까지 모두 여

위었기 때문에 아뇩다라삼먁삼보리를 얻어서 부처가 될 수 있었다는 것입니다. 부처님은 결국 모든 것을 버리고 아뇩다라삼먁삼보리(阿耨多羅三邈三菩提)를 얻었기 때문에 연등부처님으로부터 내세에 반드시 부처가 되며 이름은 석가모니라 할 것이라는 수기(授記)를 받으신 것입니다.

결국 부처님은 이 세상에 태어나시기 전부터 수많은 전생과 윤회의 과정을 통해 육바라밀(六波羅蜜)을 행하여 지옥계에서 벗어나 아귀계와 축생계와 수라계와 인간계의 과정을 모두 마치고 천상계에 올라 성불하여 부처님이 되신 것입니다. 왜냐하면 부처님은 반야심경을 통해서 행심반야바라밀다시(行深般若波羅蜜多時) 조견오온개공(照見五蘊皆空) 도일체고액(度一切苦厄)을 하여 관자재보살(觀自在菩薩)이 되었다고 말씀하고 있기 때문입니다. 이렇게 부처님은 전생(前生)의 아승기겁(阿僧祇劫) 동안 육바라밀(六波羅蜜)을 행하셨기 때문에 이생에 오셔서 부처님으로 태어나신 것입니다.

그런데 부처님은 본문을 통해서 자신의 육신이 이 세상에 태어나기 직전을 전생(前生)이라 말씀하시는 것이 아니라 인욕선인(忍辱仙人)으로 있었던 과거 오백세 동안을 모두 전생(前生)이라 말씀하고 있습니다. 즉 부처님이 말씀하

시는 전생은 육신이 태어나기 전을 말씀하시는 것이 아니
라 해탈(解脫)하여 성불(成佛)하기 전을 모두 전생(前生)이
라 말씀하고 있는 것입니다. 그런데 중생들의 전생도 모두
동일한 세계가 아니라 중생들이 머물고 있는 세계와 그 상
태에 따라서 각기 다르다는 것입니다.

　즉 지옥계(地獄界)에서 아귀계(餓鬼界)로 벗어난 자들
은 자신이 전에 살았던 지옥계가 전생이며 아귀계를 벗어
나 축생계(畜生界)로 나온 자들은 전에 살던 아귀계가 전생
이며 축생계에서 수라계(修羅界)로 나온 자들은 축생계를
전생이라 말씀하고 있습니다. 그리고 윤회(輪廻)는 지옥계
에 있는 중생들이 지옥계를 벗어나지 못하고 지옥계에서
상 지옥과 중 지옥과 하 지옥을 오르락내리락하면서 죽었
다가 다시 태어나고 태어났다가 다시 죽는 것을 반복하며
지옥계에서 계속 돌고 있는 것을 가리켜 윤회(輪廻)라 말씀
하고 있습니다.

　그러므로 부처님이 말씀하시는 전생은 육신의 몸이 태
어나기 전을 말하는 것이 아니라 전에 자신이 몸담고 있던
세계를 말하며 해탈(解脫)은 자신이 몸담고 있던 세계에서
벗어나 새로운 세계로 들어가는 것을 말합니다. 즉 해탈은
지옥계의 존재가 지옥의 탈을 벗고 아귀의 존재로 탈바꿈

하는 것이며 아귀계의 존재는 아귀의 탈을 벗고 축생으로 탈바꿈하는 것이며 축생의 존재는 축생의 탈을 벗고 인간으로 탈바꿈하는 것을 해탈이라 말합니다. 그러면 성불(成佛)은 무엇을 말할까?

성불은 지옥계와 아귀계와 축생계와 수라계를 벗어나 인간으로 해탈한 자가 마지막 단계인 천상계(天上界)로 들어가 부처님이 되었을 때 성불(成佛)하였다 말하는 것입니다. 이렇게 성불은 단번에 혹은 단회적으로 이루어지는 것이 아니라 차원적인 세계에서 여러 번의 해탈의 과정을 거쳐서 이루어지는 것입니다. 이렇게 무명의 중생이 지옥계에서 벗어나 천상에 올라 부처가 되려면 육바라밀(六波羅蜜)의 과정을 통해서 모두 여섯 번 해탈이 되어야 합니다.

예를 들면 양파 껍질을 여섯 번 벗겨야 양파의 존재가 모두 없어지듯이 지옥계의 존재도 여섯 번 벗겨져야 자신의 존재가 모두 없어져 부처님의 생명으로 태어나게 되는 것입니다. 이상과 같이 부처님은 전생과 윤회 그리고 해탈하는 과정을 이렇게 말씀하고 있습니다. 그런데 불자들은 한결같이 해탈(解脫)이나 성불(成佛)에는 관심도 없이 지옥계에서 상 지옥과 중 지옥과 하 지옥을 오르락내리락하면서 지금도 죄와 고통 속에서 윤회(輪廻)하고 있는 것입니다. 때문에 오늘날 중생들은 다른 것은 모른다 해도 자신이 머물고 있는 지옥계에 대해서는 분명하게 알아야 합니다. 지옥계(地獄界)는 미물과 같은 중생들과 욕심이 많고 자기 밖에 모르는 존재들이 살아가는 곳으로 신행생활을 하는 목적도 오직 육신의 복을 많이 받아서 이 세상에서 잘살려고 하는 자들이 모여 살아가는 세계를 말합니다.

이들은 자기 욕심을 채우기 위해서 투자도 하고 헌신(獻身)도 하며 신행생활을 하는 목적이나 보시도 오직 육신의 복을 받아 현세에서 잘살기 위해서 하며 또한 내세에까지 잘살기 위해 열심히 하는 것입니다. 그러나 안타깝게도 부처님의 말씀에 대해서는 전혀 관심조차 없는 자들입니다. 이들이 바로 짐승보다 못하고 미물(微物)보다 못한 무지한 존재들인 것입니다.

무명의 중생이란 빛이 없다는 말이며 빛이 없다는 것은 곧 진리가 없다는 말입니다. 이들은 지금도 선업과 악업에 의해 지옥계에서 수백 혹은 수천 년 동안 상 지옥과 중 지옥과 하 지옥을 오르락내리락하면서 윤회하고 있는 것입니다.

그럼에도 불구하고 이들은 부처님의 말씀을 듣고 신행생활을 하면서도 지옥에서 벗어나려 하지 않고 지옥계에서 나만이 잘살려고 하며 또한 죽지 않고 영원히 살기를 바라고 있습니다. 이 때문에 부처님은 이렇게 욕심 많고 자기밖에 모르는 자들을 열악(劣惡)한 환경에 고통이 심한 하지옥으로 보내 심한 고통을 받게 하시는 것입니다.

　이렇게 전생에 악업을 지은 자들은 지금 북한이나 소말리아의 난민촌에서 태어나 먹을 것이 없어 굶주려 죽어가며 또한 태어날 때부터 지병을 가지고 태어나거나 불구자로 태어나 멸시(蔑視)와 천대(賤待)를 받으며 살아가는 사람이 있는가하면 가난 속에서 태어나 물질의 고통 때문에 항상 남의 도움을 받거나 평생을 구걸(求乞)하며 살아가는 사람도 있는 것입니다. 그리고 태어나면서부터 육신의 지병으로 혹은 정신적 고통으로 혹은 돈이나 물질 때문에 평생을 고통 속에서 살아가는 사람이 있고 이와는 반대로 부족함을 모르고 비교적 행복하고 평안하게 살아가는 사람이 있습니다. 이 모든 것은 전생과 현생에서 자신이 지은 업보 때문에 인과응보(因果應報)로 나타나는 것입니다.

　그러므로 이런 자들은 조상 탓이다 부처님 탓이다 말하지 말고 모두 자신이 전생에 지은 업보 때문이라는 것을 깨닫고 자신의 잘못을 탓하고 참회(懺悔)해야 합니다. 또한 이런 자들은 극락을 들어가려고 애쓰지 말고 지옥에서 벗어나 아귀계로 들어가기를 위해 열심히 신행생활을 해야 하며 또한 하루속히 미물(微物)에서 벗어나 짐승으로 해탈하기 위해 부처님의 말씀으로 마음을 닦아야 합니다. 그럼에도 불구하고 이들은 지금도 지옥계에서 벗어나려고 신행생활하는 것이 아니라 부처님께 복을 받아 잘살기 위한 목적으로 하며 또한 죽어서도 극락(極樂)으로 들어가 잘살려는 욕심으로 하고 있는 것입니다.

그러나 현생에서 욕심으로 업을 쌓은 자들은 인과응보(因果應報)에 따라 더 깊은 지옥으로 떨어져 평생을 모진 고통을 받으며 살아가게 됩니다. 그런데 이런 사실을 모르는 스님들은 불자들에게 재앙이나 고통은 모두 물러가게 하여 달라고 부처님께 만사형통(萬事亨通)의 복을 빌어주고 있으며 불자들은 이러한 만사형통의 복과 운수대통(運數大通)의 복을 받으려고 부처님께 온갖 정성을 다하는 것입니다. 그러나 불자들이 복을 받고 싶다고 해서 받을 수 있고 화를 물리치고 싶다고 해서 물러가는 것이 아닙니다.

복은 자신이 전생에 심은 만큼 이생에서 받는 것이며 화로 인한 고통도 전생에 자신이 지은 업만큼 받는 것입니다. 즉 복과 화는 전생에 자신이 지은 분량만큼 이생에서 받는 것이며 현생에서 지은 분량만큼 내생에 받게 되는 것입니다. 예를 들면 평소에 돈을 은행에 조금씩이라도 저축해 놓은 사람은 저축한 돈만큼 찾아서 쓸 수 있지만 조금도 저축해 놓지 않은 사람은 단 한 푼도 찾아 쓸 수 없는 것과 같습니다. 즉 현생에서 평생 동안 푼푼이 모은 재산을 모두 사찰에 헌납하거나 장학재단에 헌납한 사람이 내생에 큰 복을 받을 수 있다는 것입니다. 이렇게 현생에서 몇 십억이나 되는 로또 복권에 당첨되는 사람은 전생에 큰 복덕을 쌓은 사람이 받는 것이지 밤에 용꿈이나 돼지꿈을 꾸었다고 이러한 복을 받는 것이 아니라는 것입니다.

이와 같이 불자들이 부처님께 날마다 복을 달라고 기도를 한다 하여 부처님께서 복을 주는 것이 아닙니다. 또한 이 세상을 살아가면서 어떤 사람은 좋은 인연(因緣)으로 좋은 사람을 만나 많은 도움을 받아가며 살아가는 사람이 있는가 하면 어떤 사람은 악연(惡緣)으로 악한 사람을 만나 심한 고통을 받고 살아가는 사람들이 있습니다. 그런데 이렇게 현생에서 만나는 사람의 인연도 우연히 만나는 것이 아니라 전생에 자신이 어려움에 처해 있는 사람들을 도와준만큼 현생에서 도움을 받는 것이며 전생에 사람들을 괴롭히고 산만큼 이생에서 고통을 받게 되는 것입니다.

또한 어떤 사람은 건강하게 태어나고 어떤 사람은 병약

자로 태어나게 되는 것도 전생에 자신이 지은 업에 대한 보응으로 나타나는 것입니다. 즉 전생에 자신이 건강하다고 병약자를 돌보지 않고 오히려 멸시천대(蔑視賤待)를 한 사람이 그 죗값으로 이생에 병약자로 태어나는 것이며 전생에 병약자로 살면서 평생 동안 고통의 죗값을 받으며 자신의 죄를 참회(懺悔)한 사람이 현생에 건강한 자로 태어나는 것입니다.

이와 같이 이 세상에서 일어나는 일들은 우연이라는 것은 하나도 없고 전생에 자신이 심은 대로 받는 것입니다. 즉 이 세상에서 자신이 받는 복이나 고통은 우연적으로 일어나는 것이 아니라 전생에 자신이 지은 업에 의해 필연적으로 나타나는 인과응보입니다. 그런데 어떻게 해서 인간들의 전생의 업이 일점의 오차도 없이 모두 인과응보로 나타나는 것일까? 그것은 전지전능(全知全能)하시고 무소부재(無所不在) 하신 반야가 계시기 때문에 가능한 것입니다. 왜냐하면 중생들이 전생이나 현생에 짓는 선업이나 악업들을 일일이 지켜보며 주관하고 계신 반야(是大神)가 존재하지 않는다면 인과응보(因果應報)는 절대로 일어날 수 없기 때문입니다.

이렇게 시대신(是大神)이신 반야(般若)는 중생들의 모

든 삶을 눈동자와 같이 일일이 지켜보시며 심령골수까지 감찰하며 주관하시기 때문에 중생들의 쌓아 놓은 업들이 일점의 오차도 없이 인과응보로 나타나는 것입니다. 이 때문에 사람들이 인간들의 생사화복은 모두 절대 신이신 반야(하나님)가 주관하신다고 말하는 것입니다. 만일 인간들의 생사화복(生死禍福)과 우주의 삼라만상(森羅萬象) 모두를 주관하시는 반야가 없다면 이 세상에 인과응보는 물론 지구상의 모든 생물들이 일순간도 살아갈 수 없습니다. 이 반야를 부처님은 시대신이라 말씀하셨으며 기독교에서는 하나님이라 말씀하는 것입니다.

이 때문에 중생들은 물론 이 세상에 존재하는 생물들은 모두 반야를 신으로 믿고 의지하는 것은 물론 항상 감사하며 살아가야 합니다. 그럼에도 불구하고 불교에서는 아직도 반야를 단순한 지혜(智慧)라 말하며 불교에는 신이 존재하지 않는다고 신을 부정하고 있습니다. 이 때문에 불교인들은 물론 스님이나 수행불자들도 해탈이나 성불이 되지 않는 것입니다. 그러므로 오늘날 불자들은 반야를 단순한 지혜라는 고정관념(固定觀念)에서 벗어나 우주만물(宇宙萬物)을 주관하고 다스리는 신으로 받아 들여야 합니다. 이렇게 반야를 신으로 믿고 의지한다면 반야로부터 큰 도움을 받아 해탈하여 부처가 될 수 있을 것입니다. 불자들이 내생에 좋은 곳에 태어나 행복하게 살려면 이생에서 반야를 신으로 믿고 의지하며 날마다 선행으로 덕을 쌓으며 복을 심어야 합니다. 그리고 내생에 고통을 받지 않으려면 이생에서 남을 괴롭히거나 고통을 주지 말고 어려운 사람들을 도와주며 살아야 합니다. 이 때문에 세상에서 소외(疏外)되어 외롭고 고통 받는 이웃들을 돌보아야 합니다. 특히 자신이 섬기는 스님들이나 수행불자들을 잘 공경하며 보살펴 드려야 합니다.

그런데 부처님께서 말씀하시는 선행은 육신적으로 행하는 물질적인 보시(布施)보다 부처님의 말씀을 조금이라도 받아 지니고 이웃에서 고통 받고 살아가는 무명의 중생들을 말씀으로 가르치고 깨닫게 해주는 법(法) 보시가 가장 큰 선행이요 제일 큰 보시라고 말씀하고 있습니다. 왜냐하면 물질적인 보시는 육신이 살아 있을 동안만 조금 도와주는 것이며 법 보시(法 布施)는 중생을 깨닫게 하여 윤회(輪廻)의 사슬에서 벗어나 영원한 부처님의 생명을 주는 것이기 때문입니다. 그러므로 불자들은 부처님께서 말씀하시는 전생(前生)과 윤회(輪廻)의 뜻을 올바로 알고 신행생활을 올바로 하여 모두 성불(成佛)하여 부처님이 되어야 합니다.

그런데 다른 경에서는 부처님의 전생과 윤회를 어떻게 말씀하고 있을까? 부처님의 전생 이야기는 팔리어 본생(本生)에 550편이 있고 한문으로 번역된 경들에는 약 700편의 전생이야기가 있습니다. 이렇게 수많은 부처님의 전생 이야기들은 보는 이로 하여금 진정 부처님께서 직접 설하신 것인지 아니면 불자들이 가상해서 만든 우화 같은 이야기인지 하는 의심을 불러 일으킵니다.

　왜냐하면 말이나 소와 같은 짐승들이 사람들과 대화를 하듯이 말을 하고 사람도 할 수 없는 큰일을 해내며 생각하는 것도 사람보다 더 깊기 때문입니다. 이제 본생경(本生經)이 말하는 부처님의 전생이야기 일부를 소개하기로 하겠습니다.

진실

진실이란
진리의 본질을 말한다.

진실은 전체를 나타내며
진실없는 거짓은
부분적인 것을 말한다.

온전한 진실은
진리를 알고
나를 아는 것이다.

나를 바라보고 참 나를 알아
진리의 세계를
바라보고 아는 것이
참 진실인 것이다.

2. 부처님의 전생이야기

부처님의 전생 이야기는 부처님이 성불하기 전
석가보살로 계시며 수행정진을 하실 때
자신의 모습을 말과 송아지 그리고 토끼와 같은 짐승으로
때로는 부호나 상인 등의 사람의 모습으로 말씀하고 있는데
이것은 모두 중생들을 깨우치기 위해
여러 비유(譬喩)를 들어서 방편(方便)으로 말씀하신 것입니다.

부처님의 전생이야기

본생경(本生經)은 팔리어 경의 다섯 번째인 소부에 속한 경입니다. 팔리어로는 "자타카"라고 합니다. 이 본생경은 생경, 백연경, 현우경, 잡보장경 등의 이름을 가지고 한문으로 번역되었습니다. 부처님의 전생이야기는 육도집경, 보살본연경, 보살본행경, 보살본생만론 등 한문경전에도 실려 있습니다. 팔리어 본생에는 550편의 부처님 전생이야기가 있고 한문으로 번역된 경들 20여 권에는 700여 편의 부처님 전생이야기가 있습니다.

부처님은 너무도 위대하고 부처님의 깨달음과 가르침은 너무도 엄청납니다. 부처님의 제자들은 석가모니 부처님이 이 세상에 태어난 이후의 6년 고행만으로는 이처럼 장엄(莊嚴)한 만고불변(萬古不變)의 진리를 깨달을 수 없다고 생각했습니다. 그러므로 불자들은 부처님께서 무수한 과거 생에 보살로서 닦아온 결과라고 믿었습니다. 그래서 부처님의 전생, 즉 석가보살 이야기는 상상할 수 있는 모든 세계에 무한히 확대되었습니다.

석가보살은 무량억겁(無量億劫) 동안 수행하면서 사람으로만 태어난 것이 아니라 토끼와 말 그리고 소와 같은 동물로도 태어나셨다고 합니다. 사람도 꼭 수도승으로만 태어나는 것이 아니라 장사꾼을 비롯해서 온갖 직업과 직책을 가진 사람으로 등장합니다. 이 본생경(本生經)의 이야기는 부처님이 현재 성불이라는 큰 과보를 얻게 된 전생 원인을 설명하는 외에도 사람들이 누리는 현재의 좋거나 나쁜 결과가 모두 전생의 업 때문이라고 알려 줍니다.

그러므로 내생에 태어나는 자신의 운명(運命)이나 사주팔자(四柱八字)도 모두 현생에 자신이 행한 업에 의해서 결정되는 것입니다. 이렇게 현생에 선업, 즉 부처님의 뜻에 따라 열심히 수행을 하며 마음을 깨끗이 닦은 사람은 내생에 좋은 환경에서 건강한 몸을 입고 태어나는 것이며 현생에 자신의 뜻과 욕심을 채우기 위해서 악업을 쌓은 사람은 내생에 열악한 환경에서 병약한 자나 지체 부자유자로 태어나 고통을 받게 되는 것입니다.

본생경의 이야기들은 서론 부분, 본론 부분, 결론 부분으로 되어 있습니다. 서론 부분에서는 부처님이 전생이야기를 설한 경우와 장소를 밝혀 주며, 본론 부분에서는 석가보살의 전생이야기가 자세히 나옵니다. 이야기의 내용은 상구보리 하화중생(上求菩提 下化衆生), 즉 위로 불도를 구하고 아래로 중생을 제도하는 보살도의 이야기와 선인선과

(善因善果) 악인악과(惡人惡果) 권선징악(勸善懲惡)의 교훈이 담겨 있습니다. 결론 부분에서는 이 전생이야기에 나타난 인물이 누구인지를 밝혀줍니다. 그런데 여기 배역에 나타나는 주인공들은 삼계육도(三界六道)의 모든 중생들 누구나가 될 수 있습니다.

부처님의 전생이야기는 부처님이 성불하기 전 석가보살로 계시며 수행정진을 하실 때 자신의 모습을 말과 송아지 그리고 토끼와 같은 짐승으로 때로는 부호나 상인 등의 사람의 모습으로 말씀하고 있는데 이것은 모두 중생들을 깨우치기 위해 여러 비유(譬喩)를 들어서 방편(方便)으로 말씀하신 것입니다. 왜냐하면 짐승들은 천 년 전이나 지금이나 앞으로 천년 혹은 만년이 지난다 해도 사람처럼 생각을 하고 말할 수가 없기 때문입니다.

이렇게 부처님은 사람이라 해도 1차원의 지옥계에 있는 존재들은 사람의 탈은 쓰고 있지만 미물(물고기나 곤충)이라 말하고 2차원의 아귀계와 축생계에 있는 자들은 짐승이라 말하고 수라계와 인간계의 존재들만 인간이라 말하고 있습니다. 그러므로 부처님의 전생이야기는 이러한 사실을 염두(念頭)에 두시고 이해하면서 보셔야 합니다.

부처님의 첫 번째 전생이야기

첫 번째 석가보살이 훌륭한 말로 화신(化身)하여 보살행을 한 이야기를 살펴보기로 하겠습니다. 이 이야기는 부처님이 제타바나에 계셨을 때 비구들에게 용맹정진(勇猛精進)을 가르치기 위해서 설한 것이라고 서론은 밝히고 있습니다.

옛날 바라나시에 한 왕이 있었는데 석가보살은 그 당시 왕궁에 명마로 있었습니다. 그런데 주변국 왕들이 바라나국을 탐내고 전쟁을 시작하였습니다. 일곱 나라에서 일곱 명의 왕들이 한꺼번에 군사들을 몰고 쳐들어 왔습니다. 왕은 장수들을 불러서 이 전쟁에 대한 대처방안을 상의했습니다. 그런데 그중 한 용감한 기사가 석가보살의 화신(化身)인 명마를 데리고 전쟁에 나간다면 일곱 왕과 그들의 군사들을 무찌르는 것은 쉬운 일이라고 말했습니다. 그 용감한 기사는 그 보살명마를 타고 번개처럼 달려가서 첫 번째 진영을 쳐부수고 왕을 생포해서 끌고 와서는 성안의 군대에게 넘겨주었습니다.

그 기사와 보살명마는 첫 번째와 마찬가지로 반복해서

다섯 명의 왕들을 모두 생포해 왔습니다. 여섯 번째의 왕을 쳐부수었을 때 그 보살명마는 몸에 부상을 입게 되었습니다.

몸과 발에서는 많은 양의 피가 흘러내렸고 이루 말할 수 없는 아픔이 보살명마를 괴롭혔습니다. 보살명마는 몸을 길게 누워 숨을 몰아쉬며 눈만 껌벅거리고 있었습니다. 이러한 고통 중에도 명마는 생각에 깊이 잠겼습니다. 보살명마는 나와 함께한 기사가 용감하기는 하지만 내가 아닌 다른 말을 타고 나가서는 일곱 번째 나라의 군대를 쳐부수고 왕을 사로잡아 오기는 힘들 것이다.

그렇게 되면 내가 한 일은 헛수고가 되고 저 용감한 기사마저 목숨을 잃게 될지도 모른다고 생각하였습니다. 그리고 바라난국 왕도 적에게 항복하고 말 것이다. 보살명마는 일곱 번째 왕을 무찌를 수 있는 말은 나밖에 없다는 생각을 하였습니다. 그래서 보살명마는 심한 부상으로 몸이 천근만근(千斤萬斤)처럼 무거웠지만 고통스러운 몸을 다시 일으키게 되었습니다.

보살명마는 그 용감한 기사를 태우고 일곱 번째 진영을 쳐부쉈고 사람들은 보살명마를 왕궁으로 데리고 왔습니다. 보살명마는 왕에게 말했습니다. "대왕이시여! 일곱 명의 왕

을 죽이지 말고 다시는 전쟁을 걸어오지 않겠다고 맹세하
게 한 후 풀어 주십시오. 그리고 공을 세운 저 용감한 기사
도 잘 보상해 주십시오. 그리고 왕께서도 보시를 행하고 도
덕을 지키며 공정하고 평등하게 왕국을 다스려 주십시오"

이 말을 마치고 보살명마는 숨을 거두게 되었습니다.
보살명마의 부탁대로 왕은 공정하고 평등하게 왕국을 잘
다스렸고, 모든 백성들이 행복해 하였습니다. 그 왕은 명이
다하여 자신이 쌓은 업보에 따라 세상을 떠나게 되었습니
다. 부처님은 보살명마의 이야기를 마치고 이어서 비구들
에게 말씀하셨습니다.

"비구들아, 과거의 구도자들은 절망의 상태에 놓일 경
우에도 용맹정진을 실천하였다. 나도 전생에 보살명마로
태어나 왕과 기사를 위해 심한 부상을 입으면서도 체념한
적이 없었다. 그런데 그대들은 생사를 여의기 위해서 출가
했으면서도 어찌하여 용맹정진(勇猛精進) 할 마음을 내지
않느냐?"

이어서 부처님은 사성제(四聖諦)를 설하셨습니다. 그리
고 부처님은 이야기의 끝을 맺기 위해서 수행시절의 전생
과 현재를 관련지어 설명하셨습니다. "그때 국왕은 지금의
아난이었다. 그때의 용감한 기사는 사리불 이었고 보살명

마는 바로 지금의 나였느니라" 보살의 전생이야기 중에서 중요한 역할을 하는 세 명, 즉 보살명마, 용감한 기사, 국왕은 부처님 설법시의 중요한 인물 세 명과 관련되어 있습니다.

이상과 같이 부처님의 첫 번째 이야기는 출가를 하여 수행정진을 하고 있는 불자들이 난관(難關)에 처하여 절망상태에 빠져있을 때 좌절(挫折)하지 말고 용맹정진을 하라고 가르쳐주신 말씀입니다.

부처님은 이어서 사성제(四聖諦)를 말씀하신 것인데 사성제(四聖諦)는 무명의 중생이 해탈하여 성불할 수 있는 길로 고성제(苦聖諦) 집성제(集聖諦), 멸성제(滅聖諦), 도성제(道聖諦)를 말하고 있습니다. 때문에 지금 성불하기 위해서 수행정진을 하고 있는 불자들이라면 다른 것은 설령 모른다 해도 사성제만은 반드시 알아야 합니다.

이제 사성제에 대해서 자세히 말씀드리겠습니다.

사성제 (四聖諦) : 해탈에 이르는 길

　사성제(四聖諦)는 부처님께서 해탈로 가는 길을 넷으로 분류하여 가르쳐주신 법문으로 고집멸도(苦集滅道)를 말합니다. 사성제(四聖諦)는 부처님께서 보리수나무 아래서 해탈을 하신 후 당시에 부처님과 함께 수행을 하였던 동료들이 머물고 있는 녹야원(鹿野園)으로 찾아가서 그들에게 설한 최초의 법문(法門)입니다.

　사성제(四聖諦)는 모든 불경을 대표하는 법문이라 해도 과언이 아닐 만큼 중요한 법문(法門)입니다. 왜냐하면 팔만대장경(八萬大藏經) 안에 있는 모든 법문이 바로 부처님께서 가르쳐주신 사성제를 중심으로 하여 설(說)해 놓았다 해도 과언이 아닐 만큼 중요하기 때문입니다. 이렇게 모든 경(經)들은 사성제로 집약(集約)되어 있는데 왜 이렇게 사성제(四聖諦)가 중요한가 하는 것은 바로 사성제 안에 중생들이 해탈할 수 있는 길이 모두 담겨 있기 때문입니다. 이 때문에 사성제(四聖諦)는 부처님께서 중생들에게 가르쳐 주신 최고의 법문(法門)이며 한없이 거룩하며 성스러운 말씀이기에 성제(聖諦)라고 말합니다.

사성제(四聖諦)는 부처님께서 불자들이 해탈로 가는 길을 네 가지로 분류하여 말씀을 하신 것입니다. 이 네 길은 첫째, 인간의 모든 고통을 가르쳐주는 고성제(苦聖諦) 둘째, 고통의 원인을 가르쳐주는 집성제(集聖諦) 셋째, 모든 고통을 멸하는 멸성제(滅聖諦) 넷째, 모든 고통에서 벗어나는 길인 도성제(道聖諦)입니다.

　이제 부처님께서 해탈의 길을 가르쳐주신 사성제(四聖諦)에 대하여 한절 한절 구체적으로 알아보기로 하겠습니다.

1. 고성제(苦聖諦) : 고통을 통해서 진리를 찾게 해주는 성스러운 진리

　고성제(苦聖諦)는 해탈로 가는 길의 첫 번째 가르침으로 고(苦)는 육신의 고통과 정신적 괴로움을 총칭(總稱)하고 있습니다. 인간들의 고통은 무엇 때문에 일어나는 것이며 부처님은 무슨 이유로 고(苦)를 거룩한 성제(聖諦)라고 말씀하신 것일까? 불자들은 부처님이 말씀하시는 고를 단순히 인간의 삶 속에서 환난(患難)이나 재앙(災殃)을 통해서 나타나는 고통이라 생각하겠지만 부처님께서는 인간 자체를 고(苦)라 말합니다. 왜냐하면 고(苦)는 인간내면에 자리 잡고 있는 욕심, 즉 삼독(三毒)인 탐(貪), 진(瞋), 치(癡)에 의해서 나타나기 때문입니다. 즉 욕심이 없으면 고통도 발생하지 않는다는 것입니다. 그러므로 욕심의 주체가 바로 자신입니다. 이렇게 인간의 욕심은 자신이 존재하기 때문에 나타나는 것입니다. 이 때문에 부처님은 인간의 고통은 자신에 대한 집착(욕심), 즉 오온(五蘊)의 집착이라고 말씀하고 있는 것입니다. 불교에서는 고(苦)를 셋으로 분류하고 있는데 삼고(三苦)는 다음과 같습니다.

첫째, 고고성(苦苦性) : 인간들이 전생과 현생의 삶 속에서 자신이 지은 악업(惡業) 때문에 인과응보(因果應報)로 받는 일반적인 고통과 괴로움.

둘째, 괴고성(壞苦性) : 생활환경이나 상호조건들이 변하여 받는 괴로움과 고통, 예를 들면 큰 사업을 하던 부자가 갑자기 망하게 되어 받게 되는 고통이나 사랑하던 연인의 마음이 변하여 떠나갔을 때 나타나는 고통 등을 말함.

셋째, 행고성(行苦性) : 행고성(行苦性)이란 오온(五蘊)에 대한 집착, 즉 자신 안에 있는 욕심(貪, 瞋, 癡)에 의해서 나타나는 괴로움과 고통.

상기와 같이 고(苦)를 셋으로 분류하는데 부처님께서 말씀하시는 고(苦)는 행고성(行苦性)에 해당됩니다. 부처님께서는 인간들이 이 세상에 태어난 그 자체를 고(苦)라고 말씀하고 있는데, 그 이유는 오온(五蘊)으로 구성되어 있는 인간이 바로 고의 실체이기 때문입니다. 이렇게 육적 고통과 정신적 고통은 모두 자신의 마음속에서 일어나는 욕심 때문에 나타나는 것입니다.

　그런데 무지한 인간들은 자신 안에 있는 욕심을 버리려 하지 않고 자신이 받는 고통만 괴로워하면서 어떤 방법으로든지 고통을 피해가려고 합니다. 이렇게 중생들이 가장 싫어하는 것이 화(禍)요, 가장 좋아하는 것은 복(福)입니다. 이 때문에 중생들은 절이나 교회 혹은 만신집이라도 찾아가서 복(福)은 받으려하고 화(禍)는 피하려 하는 것입니다. 그런데 부처님은 고통이 바로 해탈로 가는 길이며 거룩한 진리라 말씀하고 있습니다. 그러면 부처님께서 불자들에게 가르쳐 주는 고(苦)의 진정한 의미는 과연 무엇일까?

　사람들은 불신자나 신자를 막론하고 복은 받고 싶어 하지만 고통은 어떠한 방법으로도 피하려고 합니다. 이렇게 중생들이 싫어하고 피하려는 고통을 부처님은 오히려 해탈로 가는 길이며 성스러운 진리라 말씀하고 있습니다.

이렇게 중생들을 괴롭히는 고(苦)를 거룩한 성제(聖諦)라고 하시는 부처님의 말씀을 불자들은 도저히 이해할 수 없는 것입니다. 그러나 부처님의 가르침을 통해서 그 깊은 뜻을 알게 된다면 고(苦)가 바로 성스럽고 거룩한 최고의 진리라는 것을 누구나 자인(自認)하게 될 것입니다. 그러면 부처님께서 말씀하시는 고(苦)의 실체는 무엇이며 고(苦)가 중생들에게 가르쳐주는 진정한 의미는 무엇인가?

　중생들은 단순히 인간들에게 다가오는 화(禍)나, 재앙(災殃)이나, 각종 재난(災難)들을 고(苦)라 생각하고 있지만 부처님은 고(苦)가 잘못된 삶을 살아가는 인간들을 올바로 잡아주는 채찍이요 몽둥이라고 말씀하십니다. 이렇게 고(苦)는 인생이 무상(無常)하다는 것을 일깨워 주며 인간의 욕심이 곧 죄라는 것을 깨닫게 하여 진리(신)를 찾아 신행생활을 할 수 있도록 인도해 주는 것입니다.

　또한 인간의 잘못된 생각과 잘못된 삶을 깨닫게 해주는 것이 고(苦)요, 부패된 마음을 회개시켜 올바른 길로 인도하여 주는 것이 바로 고(苦)입니다. 병들어 죽어가는 사람만이 병원의 의사를 찾아가 살려 달라고 애원하듯이 심한 고통을 받아 사경(死境)을 헤매고 있는 사람만이 신(神)을 찾게 되고 신행생활도 하게 됩니다.

이렇게 목마른 사슴이 시내 물을 찾듯이 고통 받고 있는 사람만이 인간의 한계(限界)를 느끼고 부처님을 찾아 진리를 따라 가는 것입니다. 이 때문에 사람들이 젊어 고생은 사서도 한다, 실패는 성공의 어머니다, 그리고 아이를 키울 때 사랑하는 자식은 매로 키운다는 말을 하는 것입니다. 이렇게 고(苦)는 잘못된 인간을 올바르게 잡아주고 미완성된 인간을 완성으로 만드는 실체가 바로 고(苦)입니다.

　이렇게 화(禍)를 당한 자나 혹은 고통을 받고 있는 자만이 자신의 잘못을 돌아볼 수 있고 잘못된 삶을 참회(懺悔)하면서 올바른 길을 찾아가게 됩니다. 출가수행을 하는 스님들이 고행을 자청(自請)하는 것은 바로 이러한 이유 때문입니다.

　석가모니 부처님께서 세상의 부귀영화(富貴榮華)를 미련 없이 버리고 출가를 하신 것도 고통 속에서 살아가는 중생들을 통해서 자신의 무상(無常)함을 보았기 때문입니다. 만일 중생들에게 고통이나 괴로움이 없다면 진리나 영생을 찾는 사람은 단 한사람도 없을 것입니다.

　이렇게 고통은 무명(無明)의 중생들을 진리로 인도하고 영원한 세계로 인도해주는 소중한 것입니다. 출가 수행자들은 반드시 만행(萬行)이라는 고행(苦行)의 과정을 겪는데 이것은 고행(苦行)을 통해서 진리를 깨달으려는 것입니다. 만행(萬行)이란 세속에 나가 걸식을 해 가면서 많은 고통을 직접 체험하는 것인데 이러한 고통을 통해서 내적 자신의 존재를 발견하고 깨닫는 것입니다. 이렇게 고(苦)만이 중생들의 삶을 새롭게 변화시킬 수 있으며 인간들에게 해탈(解脫)의 길을 열어주는 것입니다.

　이렇듯 고(苦)는 중생들에게 없어서는 안 될 보약(補藥)과 같은 것으로 무명의 중생들에게는 빛과 같고 병들어 죽어가는 자에게는 의사와 같은 것이며 해탈의 길을 찾아가는 자들에게는 부처님과 같이 소중한 것입니다. 중생들이 이러한 사실을 깨닫는다면 고통을 거부하고 피하려는 것이 아니라 오히려 고통을 향해 감사하게 될 것입니다. 이렇게 중생들에게 보화 같이 소중한 고통을 어떻게 싫다고 배척(排斥)하며 적대시할 수 있단 말입니까? 부처님께서 가르쳐주신 이러한 고(苦)에 성제(聖諦)라는 단어를 붙인 것은 당연지사(當然之事)가 아닙니까?

　그러면 인간들이 받는 고통은 무엇 때문에 일어나는 것이며 고(苦)의 근본 뿌리는 과연 무엇인가? 부처님은 중생들에게 고(苦)의 근원(根源)을 집(集)이라 말씀하시면서 고(苦)의 근본 뿌리인 집성제(集聖諦)에 대하여 가르쳐주신 것입니다. 이제 부처님이 가르쳐주신 집성제(集聖諦)를 통해서 고의 근원인 집(集)에 대해서 알아보기로 하겠습니다.

2. 집성제(集聖諦) : 집착하는 마음(욕심)을 가르쳐주는 성스러운 진리

　　집성제(集聖諦)는 해탈로 가는 두 번째의 길로 부처님께서 말씀하시는 집성제(集聖諦)는 인간의 고통을 일으키는 집(集), 즉 고(苦)의 근원에 대하여 말씀하신 것입니다. 집(集)이라는 뜻은 집념, 집착, 고집 등의 의미로 집은 인간의 욕심 때문에 나타납니다. 그러므로 부처님께서 말씀하시는 집은 곧 인간의 욕심을 말합니다. 이렇게 집(集)은 고(苦)를 일으키는 원인이 되는 욕심을 말하는데, 부처님께서 집성제를 통해서 말씀하시는 집은 사람들의 내면에 깊이 자리 잡고 있는 인간의 욕심을 말합니다. 왜냐하면 모든 고통은 자신 안에 있는 욕심으로 인해서 집(集)이 발생되기 때문입니다. 이렇게 인간들의 번뇌망상(煩惱妄想)은 욕심 때문에 일어나는 것이며 모든 고통도 과욕(過慾) 때문에 발생되는 것입니다.

　　출가 수행자들이 수행정진(修行精進)을 하다가 결국 해

탈(解脫)에 이르지 못하고 도중에 포기하는 것도 자신 안에 있는 욕심을 버리지 못하기 때문입니다. 이렇게 인간의 고통을 발생시키는 근원이 욕심과 탐심(貪心)인데 부처님은 이를 집(集)이라 말씀하신 것입니다. 이와 같이 인간의 욕심은 내적 탐심(貪心)에 의해서 외적으로 표출되어 나타나는 것인데 이를 탐욕(貪慾)이라고도 말합니다. 불교에서 탐욕을 셋으로 분류하여 말하는데 다음과 같습니다.

첫째, 욕애(欲愛) : 심적, 정신적, 감각의 쾌락에 대한 집착.

둘째, 유애(有愛) : 물질의 소유욕에 대한 집착과 갈등.

셋째, 무유애(無有愛) : 무소유와 보이지 않는 세계에 대한 집착.

인간들의 이러한 욕심과 집착심(執着心)이 생존경쟁의 삶 속에서 거짓과 다툼을 일으키며 나아가서는 죄를 범하게 하고 살인도 불사하게 만드는 것입니다. 오늘날 국내외적으로 일어나는 노사 분규(紛糾)나 정치적 당파(黨派)싸움이나 국가간의 전쟁이 모두 탐심(貪心)과 욕심(慾心) 때문에 일어나는 것입니다.

문제는 부처님을 모시고 신행생활을 하는 불교 안에서도 욕심과 탐심 때문에 신도들이나 스님들 간에 분쟁이 일어나고 서로 폭언과 폭행까지 하고 있다는 것입니다.

　스님들은 무엇 때문에 거룩한 부처님의 존전(尊前)에서 날마다 합장(合掌)을 하며 발원(發願)하고 있습니까? 또한 신도들은 무엇 때문에 부처님을 향해 무릎이 닳도록 절을 하며 불공을 드리고 있습니까? 불자들의 대부분이 복을 받기위한 기복신앙(祈福信仰)으로 자신이 하고 있는 일들이나 가정에 만사형통(萬事亨通)이나 운수대통(運數大通)을 바라는 것이며 또한 스님들은 불자들이 바라고 원하는 욕심을 채워주기 위해 부처님께 중보(仲保)기도를 해주고 있는 것입니다.

　이 모두가 자신의 욕심을 채우기 위한 집착심(執着心) 때문인데 이들은 욕심이 곧 악이요, 죄라는 것을 전혀 모르고 있습니다. 부처님께서는 불자들에게 욕심이 곧 죄이기 때문에 신행생활을 통해서 자신 안에 들어있는 욕심과 탐심을 버리라고 말씀하고 있습니다. 성경에도 "욕심이 잉태하면 죄를 낳고 죄가 장성하면 사망에 이르게 된다"는 말씀이 있습니다. 그런데도 불구하고 스님들은 부처님을 통해 만사형통(萬事亨通)과 운수대통(運數大通)의 복을 받으라고 신도들의 욕심을 부추기며 신도들은 부처님으로부터 넘치는 복을 받으려고 온갖 정성을 다하고 있습니다.

이렇게 오늘날 불교나 기독교나 할 것 없이 모두 기복
신앙과 무속신앙(巫俗信仰)으로 전락(轉落)해 버린 것입니
다. 이 때문에 출가수행(出家修行)을 하는 수행자들도 평생
동안 수행을 해도 해탈이 되지 않는 것입니다. 왜냐하면 출
가수행을 하는 자들 안에도 속세로부터 뿌리 깊게 박혀 있
는 전도몽상(顚倒夢想)과 고정관념(固定觀念)으로 말미암
아 자신 안에 들어 있는 욕심을 버리지 못하기 때문입니다.

　이렇게 중생들 안에 뿌리 깊게 박혀 있는 욕심들은 무
명의 중생들을 괴로움과 고통의 지옥으로 몰아넣는 것이며
결국 죽음에까지 이르게 하는 것입니다. 그러면 이러한 욕
심들은 언제 어디로부터 시작되었는가를 알아보기로 하겠
습니다. 놀라운 사실은 욕심이 어린아이들이 이 세상에 태
어나면서 자신의 부모로부터 시작이 된다는 사실입니다.
왜냐하면 부모들이 세상에서 못다 채운 욕심을 자식에게라
도 채워보려는 마음으로 자식을 키우기 때문입니다.

　부모들은 자식이 어릴 때부터 "너는 언제나 이겨야 한
다, 일등이 되어야 한다, 너는 커서 장군이 되어야 한다, 대
통령이 되어야 한다" 는 등으로 순수한 어린 아이들에게 욕
심을 가르치며 욕심과 탐심(貪心)을 불어 넣어주는 것입니
다. 그런데 어린이들이 학교에 들어가면 욕심이 다시 선생

님으로부터 이어집니다. 선생님들은 학생들에게 "너희들은 공부를 열심히 해야 한다, 일등을 해야 한다, 일류대학에 들어가야 한다" 하면서 철모르는 아이들에게 계속 경쟁심과 탐심(貪心)을 키워주는 것입니다.

　이러한 인간들의 욕심은 세상의 빛과 소금이 되는 종교, 즉 불교나 기독교가 앞장서서 제거해 주고 착하고 진실하게 살도록 가르쳐 생명의 길로 인도를 해야 하는 것입니다. 그럼에도 불구하고 불교는 신도들에게 만사형통(萬事亨通), 운수대통(運數大通)의 복을 빌어 주며 기독교는 삼십 배, 육십 배, 백배의 축복으로 교인들의 욕심을 부추기고 있습니다. 이 때문에 신앙인들은 복을 받으려는 욕심으로 혈안이 되어 신앙생활을 열심히 하는 것입니다.

　그러므로 불자들의 신심(信心)이 많다는 말이나 신앙에 열심이라는 말을 듣는 자들은 그만큼 욕심이 많다는 뜻입니다. 스님들은 신도들에게 부처님의 뜻에 따라 욕심을 버리라 가르치고 진실한 마음으로 변화시켜 주어야 하는 사명을 가지고 있어야 함에도 불구하고 오히려 욕심으로 부채질하고 있는 것입니다. 그러므로 순수한 신앙인들의 마음은 더욱 부패해지고 더 사악해지는 것입니다. 이렇게 어릴 때부터 부모로부터 시작된 욕심이 학교 선생님들로 이어져 결국 종교 지도자들에 의해서 완숙(完熟) 되어지는 것입니다.

만일 부모님들이 어린아이들에게 처음부터 선(善)을 가르치며 진실을 가르쳐 자신의 이익이나 욕심보다 진실을 마음속에 심어 주었다면 이 세상은 다툼이나 분쟁이 없는 평안하고 행복한 세상이 되었을 것입니다. 인간들 안에서 계속되는 욕심과 그에 따른 욕구는 과학문명의 발전을 가져왔지만 그와 더불어 지구의 공해(公害)를 발생시키게 되었고 지구의 오존층을 파괴하여 기상이변(氣象異變)을 일으켜 결국 지구를 병들게 만든 것입니다. 지구가 병들어 균형을 잃게 되면 그에 따른 지진이나 홍수가 발생되는 것이며 그 결과 가뭄과 기근(饑饉)과 질병으로 나타나게 됩니다. 결국 지구가 파괴되면 인간들은 지구와 함께 모두 멸망(滅亡)하게 된다는 것입니다.

처음에 작은 곳에서부터 시작된 욕심이 이렇게 무서운 결과를 초래하게 되는 것입니다. 그러므로 부처님은 고(苦)의 원인이 곧 집(集)이라고 말씀하시면서 인간들이 고통에서 벗어나려면 집(集)의 근원인 욕심을 버리라고 가르쳐 주신 것입니다. 만일 인간들 안에 있는 욕심을 모두 멸(滅)하거나 깨끗하게 제거(除去)할 수 있다면 인간의 고통과 괴로움은 자연히 소멸(消滅)될 것이며 언제나 평안하고 행복한 삶을 영유(永有)하게 될 것입니다. 그러므로 부처님은 집(集)과 욕심을 멸하는 길인 멸성제(滅聖諦)를 가르쳐 주신 것입니다.

3. 멸성제(滅聖諦) : 집(욕심)을 멸할 수 있는 성스러운 진리

부처님께서 해탈로 가는 세 번째의 길을 멸성제(滅聖諦)라 말씀하고 계신데 멸(滅)이라는 뜻은 소멸, 소실, 죽음, 사라짐 등의 의미를 가지고 있습니다. 부처님께서 해탈로 가는 세 번째의 길을 멸성제(滅聖諦)라고 말씀하신 것은 욕심의 근원인 집(集)을 소멸하지 않으면 해탈이 될 수 없기 때문입니다. 만일 부처님의 말씀대로 인간들 안에 있는 욕심을 모두 제거할 수 있다면 이 세상이 언제나 평안과 행복이 계속되는 극락(極樂)과 같은 세상이 될 것입니다. 문제는 인간들 안에 뿌리 깊게 자리 잡고 있는 욕심을 어떻게 제거하느냐 하는 것입니다.

출가수행(出家修行)을 하는 스님들이 평생 동안 수행정진(修行精進)을 해도 욕심을 제거하지 못하는데 아직 출가도 하지 않은 불자들이 어떻게 욕심을 버릴 수 있단 말입니까? 그러나 부처님은 욕심을 멸(滅)할 수 있는 길이 있기 때문에 불자들에게 멸성제(滅聖諦)를 가르쳐 주신 것입니다. 그런데 스님들이나 불자들이 지금까지 욕심을 버리지 못한 것은 첫째, 욕심을 멸(滅)하는 길이나 방법을 몰랐기 때문이며 둘째는, 욕심을 버리려는 마음이 없기 때문입니다. 왜냐하면 인간 자체가 욕심으로 형성되어 있기 때문에 신행생활이나 수행(修行)도 욕심을 버리기보다 오히려 채우려 하기 때문입니다.

　인간의 욕심은 전생부터 가지고 온 것이기 때문에 욕심을 버리기가 힘들기도 하지만 그에 따라 욕심을 버리는 기간도 무척 오래 걸린다는 것을 알아야 합니다. 즉 얼음이 어는 시간이 있고 녹는 시간이 있듯이 욕심을 쌓은 기간만큼 버리는 기간도 걸린다는 것입니다. 그러므로 사람에 따라서 몇십 년 혹은 몇백 년 혹은 몇천 년이 걸리는 사람도 있습니다. 그런데 심각한 문제는 중생들이나 불자들이 한결같이 지금도 욕심을 버리는 것이 아니라 더 쌓고 있다는 것입니다.

　그 이유는 불신자나 신자나 한결같이 욕심이 있어야 잘 살 수 있고 욕심이 많아야 출세를 하여 성공할 수 있다고 생각하기 때문입니다. 이렇게 불자들도 부처님의 가르침과는 전혀 상반(相反)되는 신행생활을 하고 있는 것입니다.

　　부처님은 불자들에게 세속(世俗)의 모든 욕심을 버리고 진실하고 청정(淸靜)한 마음이 되라고 가르치고 있습니다. 부처님도 세상의 모든 욕심을 버리고 출가를 하셨기 때문에 해탈을 하게 되신 것입니다. 그런데도 불구하고 오늘날 불자들은 어떻게 하든지 출세를 하고 성공을 해서 이 세상의 부귀영화를 마음껏 누리려는 욕심으로 신행생활도 하고 있는 것입니다. 이들은 욕심은 많을수록 좋은 것이며 욕심에 비례(比例)하여 성공도 크게 할 수 있다고 생각합니다. 이렇게 이 세상을 살아가는 중생들에게 욕심은 필요하고 소중한 것이기 때문에 버리지 못하는 것입니다. 만일 어떤 사람이 정말 욕심이 없다거나 가지고 있는 욕심을 버린다면 그 사람은 이 세상의 삶을 포기한 사람처럼 취급을 당하게 됩니다.

　　사람들이 욕심을 포기한다는 것은 바로 자신의 삶을 포기한 것으로 간주(看做)하기 때문입니다. 그러므로 신행생활도 욕심이 있는 사람 혹은 욕심이 다른 사람보다 많은 사람들이 더욱 열심히 하는 것입니다. 이 때문에 신행생활을 열심히 한 사람들이 내생에 더 깊은 지옥으로 들어가게 되는 것입니다.

　부처님께서 불자들에게 가르쳐 주시는 참뜻은 세상에 대한 집착심(執着心), 즉 욕심을 버리라는 것입니다. 그런데 불자들은 정반대로 어떻게 하든지 부처님으로부터 복을 많이 받아 이 세상의 부귀영화(富貴榮華)를 마음껏 누리려 하고 있습니다. 이렇게 불자들의 욕심은 신행생활을 통해서 더욱 더 가중(加重)될 뿐입니다. 이 때문에 해탈의 길은 오히려 멀어져 간 것이며 불자들에게 해탈의 소망은 이미 사라져 버린지 오래인 것입니다. 그러면 불자들이 욕심에서 벗어나 해탈할 수 있는 길은 정녕 없단 말인가? 그렇지 않습니다. 왜냐하면 부처님께서 이미 육바라밀(六波羅蜜)과 사성제(四聖諦)를 통하여 욕심에서 벗어나는 길을 분명하게 알려 주셨기 때문입니다. 그럼에도 불구하고 불자들이 욕심을 버리지 못하고 욕심에 종노릇을 하며 살아가는 것은 진리에 대한 무지 때문입니다. 즉 부처님의 뜻을 모르고, 인생의 진정한 의미를 모르고, 오온(五蘊)이 개공(皆空)한 것을 모르기 때문이라는 것입니다. 중생들이 인생은 무상(無常)하며 아침에 잠깐 보이다 사라지는 안개와 같다고 말은 잘 하면서도 인생의 무상함을 피부로 느끼지 못하고 살아갑니다.

만일 인간의 존재가 무상하다는 것을 분명히 알고 깨닫
는다면 자신 안에 있는 집(集)을 멸(滅)할 수가 있습니다.
왜냐하면 인간의 집, 즉 욕심의 근본 실체가 바로 오온(五
蘊)인 자신의 존재이기 때문입니다. 그러므로 석가모니 부
처님께서는 오온의 집착이 바로 고(苦)이며 오온의 집착을
벗는 것이 바로 해탈(解脫)이라고 말씀하고 있습니다. 즉
모든 욕심과 집착심(執着心)은 자신의 존재인 오온(五蘊)에
서 시작된다는 것입니다. 만일 무상(無常)한 존재인 자신을
포기하거나 자신의 존재가 부정되어 무아(無我)의 상태가
된다면 집착(執着)은 발생할 수도 없고 욕심 역시 존재할
수가 없습니다.

　이와 같이 불교에서 열반(涅槃)이란 탐욕(貪慾)을 완전
히 끊어 버림이요 탐욕으로부터의 분리(分離)를 말합니다.
이렇듯 마음속에 있는 모든 탐욕의 불이 꺼지고 마음이 맑
고 평온한 상태가 되면 그것을 바로 열반(涅槃)이라 합니
다. 결국 탐욕의 발생은 자신의 존재인 오온(五蘊)에서 발
생이 되는데 오온의 실체는 바로 자신입니다. 그러므로 욕
심을 버린다는 것은 자신을 버린다는 말이며 곧 자신의 의
지를 모두 포기한다는 뜻입니다.

　부처님께서 자아(自我)를 버리고 무아(無我)가 되라고

하시는 것은 바로 이 때문입니다. 왜냐하면 자아(自我)를 버리고 무아(無我)가 되어야 해탈(解脫)이 되어 진아(眞我)로 태어나기 때문입니다. 부처님께서 말씀하시는 진아(眞我)는 곧 해탈된 부처님의 생명을 말합니다. 그런데 불자들이 자기의 존재이며 생명인 자아를 버리거나 포기한다는 것은 불가능한 일입니다.

그러므로 부처님께서 자아(自我)를 버리고 욕심과 탐심을 소멸(燒滅)할 수 있는 길을 가르쳐 주신 것입니다. 그 길이 바로 사성제의 마지막 길인 도성제(道聖諦)입니다. 이렇게 중생들이 자아(自我)를 버리고 무아(無我)가 되는 길은 오직 부처님의 말씀, 즉 도(道)밖에 없습니다. 그러면 부처님의 말씀인 도(道)는 무엇이며 불자들에게 어떻게 말씀하고 있는가? 부처님께서 말씀하시는 도(道)는 해탈로 가는 길이며, 진리이며, 생명을 말합니다. 왜냐하면 도(道)는 곧 부처님을 말하는데 부처님 안에는 반야(般若)의 생명(진리)이 존재하기 때문입니다.

부처님은 해탈(解脫)을 하기 위해 수많은 고행(苦行)을 참아내며 수행(修行)을 하셨고, 유명한 스승의 가르침을 받아 보았지만 아무런 소용이 없었다고 말씀하십니다. 그런데 부처님께서 모든 수행(修行)을 포기하고 보리수나무 아래서 오직 반야(般若)를 의지하고 참선(參禪)을 하고 있을 때 해탈이 되셨다고 말씀하십니다. 결국 부처님은 반야에 의해서 해탈이 되셨고 그때 부처님 안에 반야(般若)의 생명이 임하게 된 것입니다. 이 때문에 부처님은 반야의 생명이며 그의 입에서 나오는 말씀도 진리요 생명인 것입니다. 그러므로 불자들이 자아를 버리고 해탈을 할 수 있는 길은 오직 부처님의 말씀입니다.

이 때문에 부처님께서 집(集)을 버리고 자아(自我)를 버리는 유일한 길은 오직 도성제(道聖諦)라는 것입니다. 그러므로 불자들이 자아를 버리고 해탈을 하려면 오직 부처님의 가르침을 받아야 합니다. 문제는 오늘날 부처님과 같이 살아있는 생불(生佛)이 있느냐 하는 것입니다. 그런데 부처님은 오늘날도 성불(成佛)한 부처님이 변함없이 살아 계시다고 말씀하십니다. 왜냐하면 석가모니 부처님은 떠나 가셨지만 부처님의 안에 있던 생명은 부처님의 제자들을 통해서 지금까지 이어져 내려오고 있기 때문입니다. 그러므로 불자들은 오늘날 부처님이 계시느냐 보다 부처님이 지금 어디 계시느냐고 물어야 합니다.

그런데 안타까운 것은 오늘날 부처님이 계시다는 것을 믿지도 않을 뿐만 아니라 설령 부처님이 지금 불자들 앞에 계신다 해도 전혀 알아보지를 못하고 있다는 것입니다. 이것은 불자들이 지금까지 신행생활을 하면서 세상의 복에만 관심을 두었지 부처님의 실체나 그의 가르침에 대해서는 알려고 하지도 않았기 때문입니다. 그러므로 오늘날 불자들은 하루속히 기복신앙(祈福信仰)에서 벗어나 부처님의 진리를 찾아가야 합니다. 부처님께서 무명(無明)의 중생(衆生)이라고 말씀하시는 것은 중생들에게 빛이 없다는 말이요, 빛이 없다는 것은 곧 부처님의 진리가 없다는 말입니다. 이렇게 중생들이 어둠뿐인 것은 중생들안에 삼독(三毒)인 탐(貪), 진(瞋), 치(癡)가 들어 있기 때문입니다.

그러므로 불자들이 수행을 통해서 삼독(三毒)을 멸(滅)하고 어둠에서 벗어나려 하지만 지금까지 어둠에서 벗어나 해탈이 된 자가 별로 없었습니다. 왜냐하면 어둠은 벗으려 한다 해서 벗어지고 버린다 해서 버려지는 존재가 아니기 때문입니다. 아침에 밝은 태양이 떠오를 때 한밤의 칠흑 같은 어둠이 물러가듯이 부처님의 진리가 중생들 안에 비춰질 때 어둠은 사라져 버리는 것입니다. 이렇게 해탈은 어둠을 버리고 물리쳐서 되는 것이 아니라 진리의 빛을 받아들이는 것입니다.

부처님의 진리를 받아들이면 무명의 중생들안에 있는

어둠은 탐심(貪心)과 더불어 사라져 버리고 찬란한 진리의 빛(진리)이 임하게 되는 것입니다.

　이것이 바로 고(苦)와 집(集)을 동시에 멸(滅)하는 길이며 곧 부처님께서 말씀하시는 도성제(道聖諦)입니다. 이 때문에 부처님께서 해탈의 마지막 길을 도성제라 말씀하신 것입니다. 이제 해탈의 마지막 길인 도성제에 대하여 살펴보기로 하겠습니다.

4. 도성제(道聖諦) : 해탈의 길로 가는 성스러운 진리

　도성제(道聖諦)는 해탈로 가는 길에 가장 중요한 핵심이 되는 부처님 진리를 말합니다. 도(道)는 깨달음의 길, 해탈(解脫)의 길, 성불(成佛)의 길, 열반(涅槃) 등을 말하는데 부처님께서 말씀하시는 도(道)는 진리를 말합니다. 불교에서 진리는 참이며, 진실이며, 영원한 것이라 말하는데 부처님은 진리 안에 생명이 없다면 진리가 아니라고 하십니다. 즉 진리는 영원한 생명이고 생명은 곧 진리라는 것입니다. 그런데 부처님이 말씀하시는 생명은 인간들의 생명이 아니라 반야(般若)의 생명, 즉 신(是大神呪)의 영원한 생명을 말합니다. 이것은 성경 요한복음 1장 1절에 기록된, 말씀(진

리)이 곧 하나님이라는 것과 같은 뜻입니다. 이렇게 부처님
께서 반야(般若)를 시대신주(是大神呪)라 말씀하신 것은 반
야가 곧 신(神)이시며 반야심경(般若心經)은 신의 말씀이라
는 뜻입니다.

그러므로 부처님께서 말씀하시는 도는 반야(般若)의 말
씀, 즉 살아있는 진리를 말하는 것입니다. 그런데 살아있는
진리는 곧 살아계신 부처님(생불)의 입에서 나오는 말씀을
말합니다. 이 때문에 불자들이 고(苦)와 집(集)을 멸(滅)하
기 위해서는 반드시 오늘날 살아계신 부처님을 믿고 그 입
에서 나오는 말씀(道)을 듣고 그의 말씀대로 행해야 합니
다. 왜냐하면 부처님의 말씀은 반야로부터 나타난 반야의
생명이기 때문입니다. 이 때문에 반야심경에 부처님의 말
씀을 시대신주(是大神呪)라 말씀하신 것입니다. 즉 참으로
크신 신의 말씀이라는 것입니다.

그런데 불자들이 반야(般若)를 단순히 지혜로만 믿고
신의 말씀으로 받아들이지 않는다면 절대로 고(苦)와 집
(集)을 멸할 수 없고 해탈도 될 수 없다는 것을 알아야 합니
다. 왜냐하면 반야이신 시대신주(是大神呪)만이 능제일체
고(能除一切苦), 즉 중생들의 모든 고통(苦와 集)을 제거해
주실 수 있기 때문입니다. 부처님께서 오온(五蘊)이 개공

(皆空)한 것을 보시고 도일체고액(度一切苦厄)을 하여 부처가 되신 것도 반야(般若)를 의지했기 때문입니다. 이 때문에 부처님께서 해탈의 길을 도성제(道聖諦)라 말씀하신 것입니다. 도성제는 부처님의 말씀에 따라 행하는 실천적 삶을 말하고 있습니다.

그러므로 불자들이 고(苦)와 집(集)을 멸하고 해탈하려면 반드시 반야(般若)를 의지하고 부처님의 말씀에 따라 수행정진(修行精進)을 해야 합니다. 왜냐하면 반야를 신으로 믿고 의지한다 해도 깨달음은 정도(正道)의 수행과정을 통하지 아니하면 이루어지지 않기 때문입니다. 이 때문에 부처님께서 해탈을 이루기 위해 수행하는 길을 팔정도(八正道)라 말씀하신 것입니다. 이 때문에 불자들이 성불을 하려면 먼저 팔정도의 삶을 통해서 자신 안에 있는 욕심을 모두 버려야 하는 것입니다.

그러므로 팔정도(八正道)는 오늘날 성불을 위해 수행하는 불자들이라면 어느 누구나 반드시 지키고 행해야 할 부처님의 가르침입니다.

이제 팔정도에 대하여 알아보겠습니다.

팔정도(八正道)

팔정도(八正道)는 팔성도(八聖道)라고도 말하는데 팔정도는 문헌(文獻)에 중생들의 고통의 원인이 되는 탐, 진, 치(貪, 瞋, 癡)인 삼독(三毒)을 없애고 해탈을 얻어 부처님의 세계로 들어가기 위한 실천적 삶을 수행해야 할 부처님의 여덟 가지 가르침 혹은 여덟 가지 올바른 길로 기록되어 있습니다. 팔정도(八正道)는 1. 정견(正見) 2. 정사유(正思惟) 3. 정어(正語) 4. 정업(正業) 5. 정명(正命) 6. 정정진(正精進) 7. 정념(正念) 8. 정정(正定)입니다. 즉 부처님의 말씀을 올바로 보고, 올바로 생각하고, 올바로 말하고, 올바로 행하고, 올바르게 살고, 올바르게 정진을 하고, 올바른 명상(선정)을 하고, 올바른 마음을 가지라는 말입니다.

그런데 팔정도에 두 가지 중요한 가르침, 즉 두 길이 결여(缺如)되어 있는 것을 볼 수 있습니다. 그것은 곧 정신(正信)과 정청(正聽)입니다. 왜냐하면 부처님의 말씀을 올바로 보려면(正見) 먼저 부처님의 말씀을 올바로 들어야 하고(正聽) 올바로 듣기 위해서는 부처님을 올바로 믿어야(正信)하기 때문입니다. 이 말은 부처님을 올바로 믿지 않으면 부처님의 말씀을 올바로 들을 수 없고 또한 부처님의 말씀을 올바로 듣지 않고는 부처님을 올바로 볼 수 없다는 것입니다. 그런데 부처님께서 정신(正信)과 정청(正聽)을 생략하고 정견(正見)부터 말씀하신 것은 부처님을 이미 알고 있는 그의 제자들에게는 부처님을 믿으라거나 말씀을 들으라고 할 필요가 없기 때문입니다.

어린아이는 아무것도 모르기 때문에 부모를 믿을 수밖에 없고 학교에 들어가면 선생님을 믿어야 가르침을 받을 수 있습니다. 그런데 어린아이가 자기 부모를 믿지 않는다면 양육하기 어렵고 선생을 믿지 않으면 학생을 가르칠 수가 없습니다. 그러나 장성한 자들은 이미 부모도 알고 선생님도 알고 있기 때문에 믿으라거나 들으라고 할 필요가 없는 것입니다.

이와 같이 부처님께서 팔정도(八正道)를 말씀하시는 대상은 이미 부처님을 믿고 말씀을 듣고 있는 자들이기 때문에 정신(正信)이나 정청(正聽)을 생략하신 것입니다. 그러나 아직도 부처님을 잘 모르는 불자들은 먼저 부처님을 바르게 믿고 말씀을 올바르게 들어야 하는 것입니다.

왜냐하면 진리의 부처님을 기복의 부처님으로 그리고 부처님의 말씀을 자신의 욕심을 채우기 위해서 듣는다면 오히려 해가 되기 때문입니다. 오늘날 불자들이 팔성도(八聖道)의 가르침에 따라 수행정진(修行精進)을 해도 해탈이 되지 않는 이유는 정신(正信)과 정청(正聽)의 과정을 모르고 있거나 두 과정을 생략하고 수행을 하기 때문입니다.

　그러므로 본문에서는 팔정도(八正道)의 기본이 되는 정신(正信)과 정청(正聽)을 삽입 하여 십정도(十正道)로 기록하였습니다.

　이제 십정도(十正道)에 대해서 구체적으로 알아보기로 하겠습니다.

십정도(十正道)

① 정신(正信)

　모든 일의 시작은 믿음, 즉 신뢰(信賴)로부터 시작됩니다. 왜냐하면 어떠한 일을 시작할 때나 가르침을 받을 때에 믿음, 즉 하고자 하는 일에 믿음이 가지 않는다거나 가르치는 사람을 신뢰하지 못한다면 아무것도 할 수 없기 때문입니다. 이렇게 부처님에 대한 믿음이나 신뢰가 없다면 절대로 부처님의 말씀을 듣거나 보거나 할 수 없습니다. 이 말은 부처님을 믿지 않는다면 부처님의 말씀을 들을 수 없고 부처님의 말씀을 듣지 않는다면 절대로 부처님의 말씀을 보거나 깨달을 수 없다는 말입니다. 그런데도 불구하고 팔정도는 부처님에 대한 믿음(正信)과 들음(正聽)을 제거하고 정견(正見)부터 시작하고 있습니다.

　이것은 부처님을 믿지 않고도 부처님의 말씀을 들을 수 있고 말씀을 듣지 않고도 볼 수 있다는 것입니다. 만일 어떤 사람이 부처님을 믿지 않고도 부처님의 말씀을 들을 수 있고 부처님의 말씀을 듣지 않고도 부처님의 말씀을 볼 수 있다면 그 사람은 깨달은 사람이거나 부처님입니다. 이렇게 해탈의 길을 가는 불자들에게 정신(正信)과 정청(正聽)은 중요한 것입니다. 오늘날 불자들이 지금까지 해탈의 길을 가지 못하고 교리에 머물러 있는 것은 해탈로 가는 길의 시작과 근원인 정신(正信)과 정청(正聽)을 모르기 때문입니다. 이렇게 믿음은 모든 일의 근원이라 할 수 있는데 마치 건축을 할 때 기초석(基礎石)과 같은 것입니다. 사람이 옷을 입을 때 양복의 첫 단추를 잘못 끼우면 옷이 모두 뒤틀리듯이 처음에 부처님을 올바로 믿지 않으면 해탈의 길은 오히려 더 멀어지게 됩니다.

이렇게 해탈의 길을 출발하는 불자들에게 믿음은 그 무엇보다도 중요한 것입니다. 예수님께서 나를 믿는 자는 구원을 얻고 내 말을 듣는 자는 살아날 것이라고 말씀하신 것은 구원의 시작이 곧 예수를 신뢰하는 믿음이기 때문입니다. 이렇게 팔정도(八正道)의 믿음이 없다면 기초석(基礎石)을 놓지 않은 상태에서 집을 짓는 것과 같은 것입니다. 이 때문에 해탈의 길을 가는 불자들은 무엇보다 먼저 부처님을 믿어야 합니다. 이렇게 부처님을 올바로 믿고 신뢰할 때 부처님의 가르침을 들을 수 있는 것입니다.

이와 같이 해탈로 가는 수행불자들에게 가장 중요한 것은 부처님에 대한 올바른 믿음이라 할 수 있습니다. 그러므로 해탈로 가는 길의 첫 관문이며 첫 길은 정견(正見)이 아니라 정신(正信)이며 팔정도가 아니라 십정도(十正道)입니다. 이 때문에 해탈로 가는 두 번째 길은 정신(正信)에 이어 정청(正聽)인 것입니다.

② 정청(正聽)

정청(正聽)은 부처님의 말씀을 올바로 들으라는 말입니다. 왜냐하면 부처님의 말씀을 아무리 많이 듣고 열심히 공부를 한다 해도 부처님의 가르침을 잘못 듣거나 자기 욕심을 채우기 위해서 듣는다면 아무런 소용이 없기 때문입니다. 이렇게 부처님을 올바로 믿고 부처님의 말씀을 올바로 듣는 것은 매우 중요한 것입니다. 오늘날 불자들을 가르치는 스님들이 불자들에게 부처님의 말씀을 왜곡(歪曲)하거나 거짓증거를 하는 것은 스님들의 사심(私心) 때문에 부처님의 올바른 가르침을 듣지 못하고 불자들을 가르치기 때문에 나타나는 현상입니다. 결국 스님들이 부처님의 말씀을 사심(私心) 없이 올바로 듣느냐 아니면 자기 욕심을 채우기 위해서 듣느냐에 따라서 불자들을 올바로 가르칠 수 있고 그릇 가르칠 수도 있는 것입니다.

오늘날 스님들이 불자들에게 부처님의 말씀을 통해서 운수대통(運數大通)과 만사형통(萬事亨通)의 복을 빌어주며 부처님의 거룩한 말씀을 기복(祈福)으로 왜곡(歪曲)시키고 있는 것은 스님들 안에 내재되어 있는 욕심 때문입니다. 이 때문에 지금까지 불교 안에 부처님의 진리를 올바로 깨달은 스님들이 없고 해탈의 길은 멀어져만 가는 것입니다. 이렇게 부처님의 말씀을 올바로 듣는 정청(正聽)은 스님들이나 불자들에게 중요한 것입니다. 그러므로 욕심을 버리고 해탈로 가는 길이 정신(正信) 뒤에 정청(正聽)입니다.

　그런데 이렇게 중요한 정신(正信)과 정청(正聽)을 팔정도에서 제외시켜 버린 것입니다. 이 때문에 스님들이 기독교는 믿는 신앙이지만 불교는 보는 신앙이라 자랑스럽게 말하고 있습니다. 이것은 마치 스님들이 불교는 초등학교나 중학교를 거치지 않고 고등학생이 되었다고 주장하는 것과 같습니다. 이것은 모두 부처님의 진정한 뜻이나 말씀을 모르는 무지(無智)의 소치(所致)입니다. 그러나 불자들이 가는 해탈(解脫)의 길이나 기독교가 가는 부활(復活)의 길은 오직 반야(하나님)가 정해 놓은 길을 순서대로 걸어가야 이루어지는 길입니다.

　그리고 영생(永生)의 길은 오직 한 길이며 절대로 둘이 될 수 없고 다른 길도 없다는 것을 알아야 합니다.

왜냐하면 신(神)은 하나이며 진리도 하나이고 영생(永生)으로 가는 길도 하나이기 때문입니다. 이렇게 부처님의 말씀을 잘못 듣는다거나 욕심으로 잘못 받아들인다면 해탈의 길은 오히려 점점 멀어질 수밖에 없습니다. 그러므로 부처님을 올바로 믿는 것도 중요하지만 부처님의 말씀을 올바로 듣는 것도 매우 중요합니다. 이 때문에 첫째는 부처님을 올바로 믿어야 하며 둘째는 부처님의 말씀을 올바로 듣고 이해해야 하는 것입니다.

왜냐하면 부처님을 올바로 믿고 부처님의 가르침을 올바로 듣지 않고는 부처님의 말씀을 올바로 볼 수 없기 때문입니다. 이 때문에 정견(正見)을 하려면 먼저 정신(正信)과 정청(正聽)을 해야 합니다. 이렇게 정신과 정청을 하는 수행자들이 정견(正見)을 할 수 있는 것입니다.

③ 정견(正見)

정견(正見)은 부처님의 말씀을 올바로 보라는 말입니다. 부처님의 말씀을 올바로 보기 위해는 먼저 부처님을 올바로 믿고 그의 가르침을 올바로 들어야 합니다. 그런데 부처님을 올바로 믿지 않거나 부처님의 말씀을 올바로 듣지 않는다면 절대로 부처님의 말씀을 올바로 볼 수 없습니다. 이 때문에 정견(正見)을 할 수 있는 부처님의 제자들은 정신(正信)과 정청(正聽)의 과정을 모두 거친 자들입니다. 그러므로 수행불자들이 정견(正見)을 올바로 행하려면 먼저 정견에 대하여 올바로 이해하는 것이 중요합니다.

정견(正見)이란 바르게 보라는 뜻인데 부처님께서 말씀하시는 정견의 깊은 뜻은 육안으로 보이는 외적세계는 물론 보이지 않는 내면의 세계까지 분명하고도 확실하게 보라는 뜻입니다. 이렇게 부처님께서 말씀하시는 정견은 열반(涅槃)의 세계, 즉 진리를 올바로 보라는 것입니다. 불자들이 사물을 정확히 보지 못하면 실수를 하게 되고 진리를 올바로 보지 못하면 해탈의 길을 갈 수가 없습니다. 그러므로 올바로 보는 것은 무엇보다 중요한 것입니다. 그런데 불자들이 진리나 열반(涅槃)의 세계를 올바로 보지 못하는 것이 아니라 육안으로 보이는 현실도 바로 보지 못하고 있습니다.

이렇게 불자들이 부처님의 진리를 올바로 보지 못하기 때문에 평생을 신행생활을 하고 산속에 들어가 수행을 해도 해탈이 되지 않는 것입니다. 그러므로 진리를 분명하고 확실하게 본다는 것은 무엇보다 중요합니다. 모든 문제의 시작은 듣거나 보는 데서부터 시작되는 것이며 올바르게 듣고 보느냐 아니면 올바로 듣고 보지 못하느냐에 성공과 실패가 결정이 되는 것입니다.

　수행자들이 화두(話頭) 하나를 붙잡고 1년 혹은 10년 혹은 평생토록 참선(參禪)을 하는 것은 정견(正見), 즉 바르게 보고 올바르게 이해하여 화두의 배후에 숨겨져 있는 깊은 뜻을 깨닫기 위함입니다. 이렇게 정견(正見)은 중생들에게 가장 기초적이며 가장 중요한 위치를 차지하고 있는 것입니다. 만일 중생들이 언제나 바른 생각과 바른 마음과 올바른 눈으로 진리를 바라보며 사물을 자세히 관찰하는 삶이 생활화 된다면 부처님의 진리도 깨달아서 반드시 견성성불(見性成佛)을 하게 될 것입니다. 그런데 불자들이 정진수행(精進修行)을 하면서 올바르게 볼 수 없는 것은 올바른 생각, 즉 맑고 깨끗한 정신이 없기 때문입니다.

　중생들이 올바른 생각을 가지려면 마음에 사심(私心)이나 욕심이 없어야 합니다. 욕심을 버릴 때만이 모든 사물과 진리를 올바르게 관찰할 수 있고 그 배후에 숨겨진 비밀까지도 볼 수 있습니다. 결국 정견(正見)을 할 수 있는 사람은 바른 눈을 가진 사람이 아니라 바른 생각을 가진 자라는 말입니다. 그러므로 불자들이 깨달음을 얻으려면 먼저 참회(懺悔)하는 마음을 가지고 더러워진 생각, 즉 전도(顚倒)된 몽상(夢想)을 버리고 올바른 생각을 가져야 하는 것입니다. 이 때문에 이어지는 말씀이 정사유(正思惟)입니다.

④ 정사유(正思惟)

정사유(正思惟)는 올바르게 생각하라는 말입니다. 정사유(正思惟)는 정견(正見) 뒤에 이어지는 말씀으로 부처님께서 말씀하시는 정사유는 보고 느낀 것을 올바르게 생각을 하라는 말입니다. 왜냐하면 어떠한 문제나 사건들을 아무리 올바로 직시하였다 해도 잘못된 생각, 즉 사심이나 욕심을 가지고 생각을 하게 된다면 잘못된 판단과 나쁜 결과를 가져오게 되기 때문입니다. 이 때문에 올바르게 보는 것도 중요하지만 올바른 생각을 해야 한다는 것입니다.

그러므로 정견(正見) 뒤에 바른 이해와 바른 생각은 무엇보다 중요한 것입니다. 사람들이 잘못된 생각을 하는 것은 곧 정의(正義)를 생각하지 않고 오직 자신의 실리(實利)나 자신의 욕심만을 채우려는 데서 발생합니다. 불자들이 욕심을 버리고 언제나 올바른 생각과 진실한 마음으로 바른 판단을 하고 살아간다면 언젠가는 부처님과 같은 생각과 마음으로 변화될 것이며 반드시 해탈에도 이르게 될 것입니다. 그러나 중생들은 전도(顚倒)된 몽상(夢想), 즉 이세상의 외식(外飾)과 거짓으로 포장된 것을 듣고 보면서 머리 속에 입력시켜 이 세상을 살아가고 있습니다. 이렇게 이세상의 무상(無常)한 것들에 의해서 머리 속에 쌓인 생각들이 바로 고정관념(固定觀念)이 되는 것인데 이것이 곧 자신의 존재입니다.

불자들이 거짓되고 욕심이 많은 것은 부처님의 말씀에따라 살아가는 것이 아니라 세상을 바라보고, 세상을 의지하며 살았기 때문입니다. 이것은 불자들이 부처님의 말씀을 도외시하고 어릴 때부터 자신의 실리(實利)와 유익만을 추구하며 욕심으로 살아왔기 때문에 나타나는 현상입니다.

그러므로 부처님은 불자들에게 자신의 유익만을 생각하고 행동하지 말고 양심에 묻고 행동하라는 것입니다. 왜냐하면 생각은 거짓되지만 마음은 진실하기 때문입니다. 선한 양심은 바로 부처님의 마음을 말하는데 부처님의 마음은 진리를 통해서 불자들에게 잘 보여주고 있습니다. 이렇게 정사유(正思惟)는 선한 양심을 가지고 살아갈 때만이 가능합니다. 그러므로 진정한 불자라면 오직 부처님의 진리만을 주야로 묵상(默想)하며 진리에 따라서 진실한 마음을 가지고 살아가야 합니다. 이렇게 진실한 마음을 가진 사람은 자신이 본 것을 올바르게 생각하게 됩니다. 그러므로 정견(正見)을 한 후에는 반드시 정사유(正思惟)를 하고 정사유를 하기 위해서는 진실한 마음을 가지라는 것입니다. 이것이 곧 부처님께서 말씀하신 정사유(正思惟)입니다. 그런데 아무리 잘 보고 올바로 생각을 한다 해도 그 보고 생각한 바를 올바르게 말로 전달하지 못한다면 아무런 소용이 없습니다. 이 때문에 부처님은 정사유에 이어 정어(正語)를 가르쳐주신 것입니다.

⑤ 정어(正語)

정어(正語)란 바른 말, 즉 진실한 말을 말합니다. 중생들이 바른 말을 하기 위해서는 사물을 올바로 보고 정확히 판단해야 합니다. 만일 사물을 올바로 보지 못하거나 올바른 생각을 하지 않고는 절대로 바른 말을 할 수가 없습니다. 이렇게 바른 말은 반드시 바르게 보고 올바른 생각을 가진 자만이 할 수 있는 것입니다.

요즈음 이 세상에 사기꾼과 도적들이 들끓고 부정부패

(不淨腐敗)가 난무하는 사회가 된 것은 바로 잘못된 사고 (思考)와 거짓된 말에서 비롯된 것입니다. 그러므로 사람들 이 이것만은 "진실이다, 진실이다"하는 말 속에도 거짓이 숨어있는 부패한 사회가 되었습니다. 그보다 더 중요한 것 은 진실과 진리를 가르치고 전해야 하는 종교 지도자들도 진리를 왜곡(歪曲)하여 비 진리를 진리인 것처럼 가르치며 전파하는 세상이 되어버린 것입니다.

옛말에 "입은 삐뚤어졌어도 말은 똑바로 하라"는 말이 있습니다. 이것은 너무나 거짓과 외식(外飾)이 난무(亂舞) 하는 세상이 되었다는 것을 말해주는 것입니다. 사람의 말 한마디가 상대의 마음을 상하게 할 수도 있고 기쁘게 할 수 도 있습니다. 더 나아가서는 진실한 말 한마디로 인하여 죽 을 사람이 살 수도 있으며, 거짓말이나 부주의한 말 때문에 사람이 억울하게 죽을 수도 있는 것이 바로 말입니다.

요즈음 인터넷에 올린 악성 댓글로 인해서 유명 배우가 자살을 하게 되고 그에 따른 동반자살자들이 등장을 하는 것을 매스컴을 통에서 볼 수 있습니다. 이렇게 있지도 않은 사실을 만들어 사람을 곤경에 빠뜨려 자살하도록 만드는 것은 간접살인에 해당하는 것입니다. 이러한 범죄를 하면 서도 자신은 통쾌하게 생각을 하겠지만 앞으로나 내생에 자신이 받아야 할 그 죗값의 고통에 대해서는 전혀 모르고 있습니다. 그러므로 말 한마디를 하더라도 신중을 기울여서 올바르고 진실하게 해야 합니다. 그런데 만일 수행 불자들이 말을 바르게 하지 않거나, 거짓을 말한다면 진리의 길은 갈 수가 없고 가서도 안 됩니다. 이 때문에 부처님께서 불자들에게 정어(正語)를 가르쳐주신 것입니다.

사람들이 하는 말을 세분화 하면 여러 부류의 종류들이 있습니다.

(가) 쓸데없는 말을 주고받는 잡담(雜談)
(나) 사람을 웃기려는 농담(弄談)
(다) 사람을 저주하는 악담(惡談)
(라) 사람에게 도움을 주는 덕담(德談)
(마) 진리를 전하는 도담(道談)

상기의 말 중에 가장 귀하고 소중한 말을 도담(道談)이라 하는데, 도담은 깨달은 부처님들의 입에서 나오는 말씀을 말합니다. 중생들이 열심히 듣고 알아야 하는 말이 곧 도담(道談)입니다. 오늘날 불자들이 부처님의 입에서 나오는 감로수(甘露水)와 같은 말씀을 날마다 듣고 그 말씀대로 살아간다면 반드시 해탈에 이르게 될 것입니다. 문제는 오늘날 득도(得道)를 하여 성불(成佛)한 산부처가 존재하고 있느냐 하는 것입니다. 그러나 부처님께서 말씀하시기를 산부처는 어느 시대 어느 곳에나 항상 계시다고 말씀하십니다.

반야(般若)가 영원 전부터 영원까지 시공(時空)을 초월하여 계신 것과 같이 성불한 부처님들도 삼세제불(三世諸佛)이 되어 전생(前生)이나 현생(現生)에 그리고 내생(來生)까지도 항상 불자들과 함께 계신 것입니다. 단지 중생들이 혜안(慧眼)이 없어 부처님이 눈앞에 와 계신다 해도 보지 못할 뿐입니다. 그러므로 불자들은 부처님을 향하여 자신의 욕심을 채우기 위해 구하고 찾지 말고 오늘날 살아 계신 부처님을 친견(親見)하기 위해 간절한 마음으로 기도해야 합니다. 그러면 부처님의 가피(加被)로 오늘날 살아계신 부처님을 만나게 될 것입니다.

이렇게 진실한 마음을 가지고 올바른 말을 하면서 신앙생활을 열심히 한다면 부처님을 만나게 될 것이며 해탈에도 이르게 될 것입니다. 그러므로 오늘날 불자들은 부처님의 말씀에 따라 정견(正見)과 정사유(正思惟)에 이어 정어

(正語)를 반드시 생활화해야 합니다. 그런데 아무리 올바른 생각을 하고 올바른 말을 한다 해도 그의 삶이 올바르지 않다면 아무 소용이 없는 것입니다. 이 때문에 부처님은 정어 (正語)에 이어 정업(正業)을 가르쳐주신 것입니다.

⑥ 정업(正業)

정업(正業))은 사람의 바른 행위나 행동을 말합니다. 불교에서 업(業)이라 함은 행업(行業), 즉 전생에 지은 선업 (善業)이나 악업(惡業)을 말하고 있는데 부처님께서 말씀하시는 정업(正業)은 선한 직업이나 악한 직업을 말하는 것이 아니라 올바른 일, 즉 정당한 행위를 말합니다. 그런데 어떤 불교 학자들은 정업(正業)을 올바른 직업 혹은 정당한 직업이라 말합니다.

예를 들면 불자들은 정육점이나 술장사 혹은 보신탕집 같은 직업을 갖지 말라는 것입니다. 그러나 부처님께서 말씀하시는 정업(正業)은 불자들이 가지고 있는 직업에 국한된 것이 아니라 불자들의 모든 행위, 즉 올바른 삶을 말씀하고 있습니다. 이것은 수행불자들이라면 모든 삶이 정직하고 진실하여 세상의 빛과 소금과 같은 존재가 되어 중생들에게 모범이 되어야 한다는 뜻입니다.

　중생들이 세상을 살아가면서 말은 진실한 척하면서 실제 행동은 전혀 다른 사람들이 많습니다. 즉 언행(言行)이 일치하지 않는다는 것입니다. 이렇게 언행이 다른 사람들은 대개 자신의 허물이나 불리함은 감추고 자기 의(義)만 나타내려는 자들입니다. 이런 자들은 언제나 자기의 실리(實利)나 이권을 취하려는 욕심 때문에 언행이 일치(一致)하지 않는 것입니다. 이렇게 거짓된 행동을 하게 되면 그 악업이 쌓여 현생이나 내생에 고통을 받게 되는 것입니다.

　중생들의 모든 화복(禍福)은 행업(行業), 즉 사람의 행위에서 나타납니다. 선업(善業)은 복으로 나타나며 악업(惡業)은 고통으로 나타나는 것입니다. 이렇게 사람의 행위가 앞으로 나타날 삶의 중요한 결과를 가져오게 됩니다. 이렇게 중생들의 생활 속에 고의(故意)로 혹은 무심코 짓는 업이 이생뿐만 아니라 내생에까지 이어지게 되는 것입니다. 그런데 중생들이 짓는 행업 중에 제일 많이 짓는 악업이 구업(口業)입니다. 왜냐하면 중생들은 이 세상을 살아가면서 말을 제일 많이 하고 분별없이 함부로 하기 때문입니다.

　이 세상에서 사람들이 하는 말을 녹취(錄取) 혹은 도청을 하듯이 불자들이 하는 말도 천상에 모두 녹음이 된다는 것을 알아야 합니다.

그러므로 수행불자들은 물론 중생들도 말을 함부로 해서는 안 됩니다. 수행불자들은 항상 선한 말을 하고 남에게 덕이 되는 말을 해야 합니다. 이렇게 중생들의 업(行業)이 현생이나 내생에 인과응보(因果應報)로 나타나기 때문에 수행불자들은 항상 부처님의 가르침에 따라 올바르게 행동하면서 진실하게 살아야 하는 것입니다.

오늘날의 종교, 즉 불교나 기독교는 신앙인들에게 진실과 올바른 삶을 가르쳐 이 어두운 세상을 밝히는 빛으로 만들어 이 세상을 극락과 천국과 같이 평온하고 행복한 곳으로 만들기 위해서 세워진 것입니다. 그런데 안타깝게도 오늘날 종교는 이러한 사명(使命)을 감당하지 못하고 있습니다. 왜냐하면 옛말에 "중이 염불에는 관심이 없고 젯밥에만 가있다"는 말과 같이 오늘날 종교는 영혼을 구제(救濟)하는 것보다 욕심에 치우쳐 있기 때문입니다. 이 때문에 오늘날 종교들이 사업화(事業化) 되고 기업화(企業化) 되어 가고 있는 것입니다.

그러므로 스님들은 서로 자기 절만이 진실하다고 말하며 목사들은 자기 교회만이 올바른 교회라고 주장을 하고 있는 것입니다. 이렇게 자기 종교가 옳다고 주장하는 스님들이나 목사님들도 많은데 세상은 점점 더 악해져 가고 더욱 부패(腐敗)해 가고 있습니다. 이것은 오늘날의 종교, 즉 스님들이나 목회자들이 모두 부처님이나 하나님의 뜻을 망각하고 욕심에 치우쳐 있기 때문입니다. 그러므로 오늘날 종교인들은 모두 참회(懺悔)하고 진리에 따라 본연(本然)의 자세로 돌아가야 합니다. 특히 수행하는 불자들은 더욱 언행(言行)을 올바로 가져야 합니다.

부처님은 이 때문에 정견(正見), 정사유(正思惟), 정어(正語)에 이어 정업(正業)을 가르쳐 주신 것입니다. 그러므로 수행불자들은 부처님의 가르침에 따라 모든 수행을 올바르게 해야 하는 것입니다.

⑦ 정명(正命)

정명(正命)이란 뜻을 불교사전에서 찾아보면 팔정도(八正道)의 하나로 올바른 생활, 그리고 올바른 생활방법이라고 기록되어 있습니다. 그러나 부처님께서 말씀하시는 정명은 올바른 명령, 즉 수행자(修行者)들이 반드시 지켜야 할 부처님의 말씀을 말합니다. 왜냐하면 부처님의 말씀을 명령으로 알고 올바로 지키지 않으면 올바른 생활을 할 수 없기 때문입니다. 그러므로 수행자들은 부처님의 말씀을 법과 같이 엄히 지키고 부처님의 말씀을 조금이라도 가감(加減)해서는 안됩니다. 오늘날 불교가 부패해 가는 것은 부처님의 말씀을 가감하여 교리(教理)와 제도(制度)의 틀을 만들어 부처님의 뜻을 왜곡(歪曲)하고 있기 때문입니다. 불자들이 이렇게 오염(汚染)된 말씀이나 가감(加減)된 말씀을 듣거나 받아먹으면 그것이 독(毒)이 되어 그 영혼은 죽게 되는 것이며 결국 지옥으로 가게 됩니다. 그러므로 수행불자들은 오늘날 살아계신 부처님을 찾아 올바른 가르침을 받아야 하는 것입니다. 부처님께서 말씀하시는 정명(正命)은 부처님께서 가르쳐 주신 모든 말씀을 말하는데 특히 삼학(三學)인 계(戒), 정(定), 혜(慧)를 말합니다.

삼학(三學) : 불도를 수행하는 자들이 반드시 알고 지켜야 하는 부처님의 가르침.

(가) 계학(戒學) : 지옥계에서 아귀계로 나와 천상계에 들어가기 위해 지켜야 하는 부처님의 계율. (오계와 십계)
(나) 정학(定學) : 아귀계와 축생계를 거처 수라계로 나온 자들이 심신을 정결케하기 위해서 받아야 하는 부처님의

가르침.

　(다) 혜학(慧學) : 계학과 정학을 통해서 심신이 정결하게 된 자가 견성에 이르기 위하여 받아야 하는 부처님의 가르침.

　상기의 삼학(三學)은 수행불자들이 천상에 올라 부처가 되려면 누구나 지켜야 할 부처님의 가르침입니다. 수행자들이 삼학에 따라 정진수행(精進修行)을 계속한다면 견성성불(見性成佛)하여 관자재보살(觀自在菩薩)이 되는 것입니다. 그런데 오늘날 수행불자들이 깨달은 산부처님들을 만나지 못해 올바른 가르침을 받지 못하고 있습니다. 그러므로 수행불자들은 스님들을 통해서 가르침을 받고 있는 실정입니다.

　이렇게 수행불자들이 오늘날 살아계신 부처님을 만나지 못해서 아직 성불(成佛)하지 못한 스님들의 가르침을 받고 있기 때문에 해탈의 길은 오히려 멀어져 가고 있는 실정입니다. 그러므로 오늘날 수행자들은 이제부터라도 불교의 식과 제도의 틀에서 벗어나 오늘날 살아계신 부처님을 찾아서 올바른 가르침을 받아야 합니다. 이렇게 수행불자들이 부처님과 삼학(三學)을 통해서 가르침을 열심히 받는다면 삼악도(三惡道)인 지옥(地獄)과 아귀(餓鬼)와 축생(畜生)의 탈을 벗어나 수라(修羅)와 인간계로 들어가서 해탈(解脫)이 될 것입니다. 그러므로 부처님은 수행불자들에게 반드시 필요한 정명(正命)을 가르쳐주신 것입니다. 그런데 아무리 부처님의 말씀을 지상 명령으로 지킨다 해도 인내(忍耐)와 지구력(持久力)을 가지고 열심히 정진(精進)을 하지 않는다면 아무런 소용이 없습니다. 이 때문에 부처님은 정명(正命)에 이어 정정진(正精進)을 가르쳐 주신 것입니다.

⑧ 정정진(正精進)

정정진(正精進)은 올바르게 정성을 다해 나가라는 뜻입니다. 정진(精進)의 뜻을 불교사전에서 찾아보면 사물에 정성을 들여 오로지 나아가는 것, 힘써 노력하는 것, 용감하게 깨달음의 길을 걷는 것 등으로 나타나 있습니다. 그런데 부처님께서 말씀하시는 정정진(正精進)의 진정한 뜻은 진리의 길, 즉 해탈의 길을 마음과 정성을 다해 열심히 나아가라는 말씀입니다.

이와 같이 올바른 정정진은 부처님의 가르침에 따라 일순간의 머무름도 없이 인내와 지구력(持久力)을 가지고 끊임없이 정진(精進)하는 것입니다. 그런데 수행불자들이 해탈을 위해 정진수행(精進修行)을 할 때에 부처님의 가르침에 근거하지 않고 불교의 교리나 자신의 노력으로 해탈을 하려고 하면 절대로 안 됩니다. 왜냐하면 부처님만이 능제일체고(能除一切苦)로서 무지한 중생들의 고통을 제거해 주고, 깨닫게 하시고, 해탈에 이를 수 있도록 도와주시기 때문입니다. 그러므로 해탈은 부처님의 말씀을 벗어나서는 절대로 다른 길이나 다른 방법이 없다는 것을 명심해야 합니다. 이것은 예수님께서 "내가 길이요 진리요 생명이니 나로 말미암지 않고는 아버지(천국)께 갈 자가 없다"고 하신 말씀과 같은 뜻입니다.

사람들이 하는 말 중에 "길이 아니면 가지 말라"는 말이 있는데 이 말은 길이 다르거나 길을 모르면 출발도 하지 말라는 뜻입니다. 이렇게 해탈을 하기 위해 정진수행(精進修行)을 하는 자들이 성불(成佛)의 길을 모르면 떠나지 말아야 하고 만일 지금 잘못 가고 있다면 가는 길을 중단해야 합니다. 그런데 불행하게도 오늘날의 수행자들이 부처님의 참 뜻과 부처님께서 가르쳐 주신 해탈의 길에 대한 수행방법을 확실히 모르는 상태에서 수행을 하고 있는 것입니다.

올바른 해탈의 길이나 올바른 수행방법은 부처님께서

말씀하듯이 행심반야바라밀다(行深般若波羅蜜多), 즉 반야(般若)를 믿고 의지하면서 육바라밀(六波羅蜜)을 열심히 행하는 것입니다. 그러므로 오늘날 수행불자들이 해탈을 하려면 오직 반야를 믿고 의지하면서 반야의 뜻에 따라 육바라밀을 향해 혼신(渾身)을 다해 정진수행을 해야 합니다. 이것이 바로 부처님께서 오늘날 수행불자들에게 가르쳐주신 정정진의 뜻입니다. 정정진(正精進)에 이어지는 말씀은 정념(正念)입니다. 왜냐하면 정진(精進)을 하는 수행자들이 올바른 생각과 마음을 가지고 하지 않으면 아무 소용이 없기 때문입니다.

⑨ 정념(正念)

부처님께서 팔정도(八正道)를 통해서 말씀하시는 정념(正念)의 뜻은 정사유(正思惟)와 유사하여 혼동할 수 있습니다. 정사유(正思惟)는 올바른 사고(思考)나 바른 견해(見解)로 올바로 생각하라는 뜻이며 정념(正念)은 세상의 번뇌망상(煩惱妄想)을 버리고 오직 부처님의 말씀에 착념(着念)하라는 뜻입니다. 그런데 세상의 생각을 버리고 부처님의 말씀만을 생각하면서 산다는 것은 결코 쉬운 일이 아닙니다. 그보다 부처님의 말씀대로 수행을 한다는 것은 더더욱 힘든 일입니다.

지금까지 출가 수행자들이 수십 년 혹은 수백 년 동안 도(道)를 닦아도 번뇌망상(煩惱妄想)에서 벗어나 해탈된 산 부처가 없었다는 것은 정념(正念)이 그만큼 어렵다는 것을 말해주는 것입니다. 이 때문에 부처님은 불자들에게 반야 (般若)를 신(神)으로 믿고 의지하라고 말씀하시는 것입니다. 왜냐하면 부처님도 반야(般若)를 신(神)으로 믿고 의지 할 때 반야의 도움에 의해서 해탈이 되셨기 때문입니다. 그 런데도 불구하고 오늘날 불교는 신(神)은 존재하지 않는다 고 가르치며 부처님의 해탈도 자각(自覺)에 의한 것이라고 가르치고 있습니다.

그러나 신(神)이 존재하지 않는다면 해탈이나 성불은 물론 이 세상에 존재하는 인간이나 생물들이 하나도 존재 할 수 없다는 것을 알아야 합니다. 타종교에서 불교를 일종 의 철학이며 종교로 인정하지 않는 것은 불교가 신(神)을 부정하고 있기 때문입니다. 이렇게 불교는 신(神)을 인정하 지 않기 때문에 수행자들이 신을 의지하지 않고 자각(自覺) 에 의해서 해탈을 하려고 온갖 노력을 해보지만 해탈은 되 지 않는 것입니다.

그러므로 오늘날 불자들은 무엇보다 먼저 반야(般若)를 신(神)으로 인정하고 반야를 믿고 의지하는 것이 시급한 일입니다. 만일 불교나 수행자들이 지금부터라도 반야를 신으로 믿고 의지한다면 반야의 도우심으로 반드시 해탈될 것입니다. 이와 같이 부처님께서 말씀하시는 정념(正念)은 신을 올바로 알고 신만을 주야로 묵상하라는 말씀입니다. 왜냐하면 부처님도 행심반야바라밀다시(行深般若波羅蜜多時) 조견오온개공(照見五蘊皆空) 도일체고액(度一切苦厄)을 하여 관자재보살(觀自在菩薩)이 되셨기 때문입니다. 오늘날 불자들이 부처님을 믿는다는 것은 부처님이 하신 말씀을 믿는 것입니다. 그런데 불자들이 이러한 부처님의 말씀을 믿지 않고 부처님만 믿는다면 그것이 바로 우상을 섬기는 것이며 무속신앙(巫俗信仰)인 것입니다.

　그러므로 부처님께서 말씀하시는 정념(正念)은 전도(顚倒)된 몽상(夢想)을 버리고 오직 부처님의 말씀만을 생각하여 해탈에 이르라는 뜻입니다. 이렇게 부처님은 해탈의 길을 가는 수행자들에게 올바른 생각을 가지고 반야를 주야(晝夜)로 묵상(默想)하며 수행하라는 뜻에서 정념(正念)을 가르쳐 주신 것입니다. 그런데 올바른 정념을 하려면 청정(淸淨)하고 평안한 마음이 있어야 합니다. 왜냐하면 수행자의 마음이 더럽거나 혼탁(混濁)하면 올바른 정념(正念)을 할 수가 없기 때문입니다. 그러므로 부처님께서 수행자들의 마음을 깨끗하고 평온케 하는 정정(正定)을 말씀하신 것입니다.

⑩ 정정(正定)

십정도(十正道)의 마지막 가르침인 정정(正定)은 마음에 대하여 말씀하신 것입니다. 정정이라는 뜻은 편안한 마음, 안정된 마음, 깨끗한 마음 등의 의미를 가지고 있습니다. 이렇게 정정(正定)은 정결하고 진실한 마음을 말하는데 부처님께서 말씀하시는 정정(正定)의 뜻은 수행자들의 마음속에 자리 잡고 있는 탐, 진, 치(貪, 瞋, 癡)를 모두 버리고 청정심(淸淨心)이 되라는 뜻으로 말씀하신 것입니다. 왜냐하면 불자들의 번뇌망상(煩惱妄想)은 마음속에 들어있는 탐, 진, 치(貪, 瞋, 癡)로 인해서 일어나기 때문입니다.

그러므로 부처님이 말씀하시는 정정(正定)의 뜻은 마음의 수행을 통해서 욕심을 버리고 청정(淸靜)한 마음이 되라는 것입니다. 절에서 스님들이 법문(法文)을 할 때 욕심을 버리라고 하며 어떤 스님은 무소유(無所有)를 강조하는 것은 바로 이 때문입니다. 이렇게 욕심을 버리라고 가르치는 스님도 많고 무소유를 주장하는 스님도 있지만 아직까지 욕심을 버리거나 무소유(無所有)가 된 스님은 한 분도 없습니다. 왜냐하면 욕심을 버리고 무소유가 된 스님은 이미 스님이 아니라 부처님이기 때문입니다. 오늘날 절마다 금부처나 돌부처를 모시고 있는 것은 아직 불교 안에는 산부처가 없다는 것을 말해주는 것이며 이것은 지금까지 불교 안에 욕심을 버린 스님이 없다는 것을 증명하는 것입니다. 이렇게 욕심을 버린다는 것은 어렵고 힘든 것입니다. 이 말은 부처가 되는 것이 힘든 것이 아니라 욕심을 버리고 무소유(無所有)가 되는 것이 어렵다는 것입니다. 오늘날 큰 스님이라는 분이 무소유(無所有)를 주장하며 모든 재산과 직분을 버리고 산속의 암자로 들어가신 분이 있습니다. 그러나 큰스님의 무소유(無所有)는 얼마 안 되어 모두 거짓이라는 것이 드러난 것을 볼 수 있습니다. 왜냐하면 큰 스님은 더 큰 욕심을 채우기 위해서 잠시 무소유(無所有)라는 원맨쇼를 한 것에 불과하기 때문입니다. 부처님께서 말씀하시는 무소유(無所有)는 재물(財物)을 버리는 것이 아니라 자신 안에 들어있는 욕심과 탐심(貪心)을 모두 버리는 것입니다. 즉 진정한 무소유는 자아(自我)를 버리고 무아(無我)가 되는 것을 말합니다.

　이렇게 부처님이 말씀하시는 정정(正定)은 자신 안에 있는 더러운 욕심과 탐심을 버리고 청정(淸淨)한 마음이 되는 것입니다. 그런데 문제는 전생에서부터 쌓이고 쌓여 굳어진 욕심을 어떻게 버리느냐 하는 것입니다. 부처님은 불자들에게 욕심을 버리는 것은 자기의 의지나 노력으로 되는 것이 아니라 시대신(是大神)이시며 능제일체고(能除一切苦)이신 반야(般若)를 믿고 의지할 때 반야에 의해서 없어진다고 말씀하고 있습니다. 이렇게 불자들이 반야를 신으로 믿고 의지하면서 부처님의 가르침을 받을 때 욕심과 탐심(貪心)은 점진적(漸進的)으로 조금씩 없어지게 됩니다.

　그러므로 수행자들은 반드시 반야(般若)를 신(神)으로 믿고 오늘날 살아계신 부처님을 찾아서 그 가르침에 따라 정진수행(精進修行)을 해야 합니다. 이렇게 부처님의 말씀에 따라서 마음의 수행을 계속한다면 혼탁한 마음과 번뇌망상(煩惱妄想)이 사라질 것이며 언제나 고요하고 평안한 부처님의 마음으로 변화가 될 것입니다. 이렇게 행하는 수행이 곧 부처님께서 말씀하시는 정정(正定)입니다.

　지금까지 사성제(四聖諦)와 팔정도(八正道)에 대해서 말씀드렸습니다.

오늘날 불자들이 해탈의 길인 사성제(四聖諦)를 수지독송(受持讀誦)하면서 팔정도(八正道)에 의한 수행을 계속한다면 해탈하여 부처가 될 것입니다.

　지금까지 부처님께서 사성제와 팔정도를 가르쳐주신 것은 모든 불자들이 하루속히 탐, 진, 치(貪, 瞋, 癡)를 버리고 해탈하여 부처가 되기를 바라는 마음에서입니다. 그러므로 수행불자들이 지금까지 설(說)한 부처님의 가르침에 따라서 사성제(四聖諦)와 팔정도(八正道)를 마음속에 화두(話頭)로 간직하고 열심히 수행정진(修行精進)을 한다면 모두 해탈하여 부처가 될 것입니다.

부처님의 두 번째 전생이야기

　부처님이 제타바나에 계셨을 때였습니다. 수행이 부족한 한 비구가 함부로 남을 매도하는가 하면 욕설도 서슴지 않았습니다. 어진 비구들은 이 사실을 부처님께 사뢰었고 부처님은 대중들에게 그것이 사실인지 다시 한 번 확인하였습니다. 그리고는 그 비구를 호되게 꾸짖었습니다. "잔혹한 말이란 동물들조차도 꺼리는 말이다. 나의 전생 수행 시절에도 한 동물이 자기에게 험한 말을 퍼붓는 주인에게 천금이나 손실을 입힌 일이 있다" 부처님은 이렇게 말씀하시며 자신의 전생이야기를 하셨습니다.

　옛날 석가보살이 수행할 시절에 어느 장자 집의 송아지로 태어났다. 주인은 그 송아지를 친자식처럼 잘 먹여 주고 보살펴 주었다. 그 송아지는 자란 다음에 생각했다. '이 장자는 고생하며 나를 길러 주었다. 이 세상에서 나처럼 힘이 센 소는 없다. 내 힘을 보여 주어 이 장자의 은혜를 갚아야 하리라' 어느 날, 소가 주인에게 말했다. "주인이시여, 돈 많고 욕심 많은 고을 유지에게 가서 내 소는 백대의 수레를 동시에 끌 수 있다고 말하고 천금의 내기를 거십시오" 장자는 돈 많은 이에게 가서 자신이 가진 소는 100대의 수레를 동시에 끌 수 있다고 자랑했다.

돈 많은 이는 장자가 허풍(虛風)을 떤다고 생각하며 말도 안 되는 소리를 하지 말라고 핀잔을 주었다. 장자가 계속 우기자 돈 많은 이는 내기를 하자고 했다. 장자의 소가 수레 백 대를 끌면 돈 많은 이가 장자에게 천금을 주어야 하고 끌지 못하면 장자가 돈 많은 이에게 천금을 주기로 한 것이다. 장자는 백 대의 수레를 일렬로 세워서 서로 연결시킨 후에 수레마다 돌을 가뜩 실었다.

그리고 맨 앞의 수레에 석가보살인 소를 매었다. 그리고 장자는 보살인 소를 채찍으로 두들기며 소리를 질렀다. "가자 이 허풍쟁이야, 끌다가 죽을지라도 너의 허풍에 대한 책임을 져" 석가보살인 소는 '이 사람은 허풍도 떨지 않은 나를 허풍쟁이라고 부르고 있다'고 생각하며 꼼짝도 하지 않고 그대로 서 있었다. 그날의 시합에서 장자는 졌고 천금을 돈 많은 이에게 주어야 했다.

천금을 날려 버린 장자는 억울함과 속상함을 가누지 못해 그만 자리에 눕고 말았다. 소는 장자 주인에게 다가가서 어찌하여 누워 있느냐고 물었다. 장자는 천금을 잃은 것이 속상해서 그렇다고 말했다. 그러자 소가 장자에게 말했다.

"주인이시여, 내가 이 집에 온 순간부터 지금까지 무슨 물건이든 하나라도 부순 적이 있습니까? 혹은 무엇이든 마구 짓밟고 다닌 일이 있습니까? 아니면 함부로 아무 곳에다가 오줌이나 똥을 눈 적이 있습니까?" 장자는 그런 일이 없었다고 답했다.

소는 장자에게 질문했다. "그렇다면 어째서 나를 허풍쟁이라고 불렀습니까? 그것은 주인의 잘못입니다. 이제 금 2천을 걸고 내기를 거십시오. 그러나 말을 조심하십시오. 함부로 허풍쟁이라고 부르는 일이 없도록 하십시오" 장자는 소가 말하는 대로 돈 많은 이에게 가서 이번에는 금 2천을 걸었다. 이번에는 소를 쓰다듬으며 공손하게 말했다. "가자 슬기로운 자야, 끌어라 현명한 자야"

석가보살인 소는 백 대의 수레를 힘도 안 들이고 끌었고 장자는 금2천을 받아서 돌아왔다. 이렇게 해서 장자는 석가보살인 소로 인해 엄청난 재산을 손에 넣었다.

이야기를 끝내고 부처님은 남에게 즐거운 말을 하고 불쾌한 말은 하지 말라고 다시 한번 당부하셨습니다. 그리고는 "그때의 장자는 지금의 아난이고 그때의 소는 바로 지금의 나다"라고 말하면서 전생과 금생을 관련지어 말씀하셨습니다.

이상과 같이 부처님의 두 번째 전생이야기는 남을 함부로 매도(罵倒)하며 욕설도 서슴지 않는 수행이 부족한 비구의 이야기를 통해서 오늘날 수행이 부족한 불자들이나 스님들의 언행에 대해 깨우쳐 주시는 말씀입니다. 왜냐하면 오늘날 몰지각(沒知覺)한 스님들이나 수행자들도 부처님의 뜻에 따라 수행정진을 하며 진리를 포교하는 수행자들을 불교의 교리나 제도가 다르다는 이유로 배척(排斥)을 하며 핍박(逼迫)하고 있기 때문입니다.

　진리의 기준이나 신앙의 바탕은 오직 부처님의 말씀이며 불교의 교리나 제도나 의식이 아닙니다. 불교의 교리나 의식 속에는 진리나 생명이 없습니다. 그러므로 오늘날 불자들은 하루속히 불교의 교리와 기복신앙에서 벗어나 부처님의 올바른 뜻을 알고 부처님의 말씀에 따라 수행정진을 해야 합니다.

부처님의 세 번째 전생이야기

　부처님이 제타바나에 계실 때, 한 장자가 부처님과 스님을 초청(招請)해서 세상에서 가장 으뜸가는 맛을 골고루 갖춘 공양을 7일이나 올리셨습니다. 공양뿐만 아니라 500명 비구스님의 생활용품도 보시하셨습니다. 공양을 받은 마지막 날, 부처님은 그 장자의 공양공덕(供養功德)을 찬탄(贊嘆)하고 비구들의 청에 의해서 다음과 같은 전생담을 설하셨습니다. 석가보살이 한때 삼림 속의 토끼로 태어났다. 그 토끼는 수달, 들개, 원숭이 등과 같이 살았다. 토끼는 그 친구들에게 계율과 포살(布薩)과 보시(布施)의 공덕에 대해서 가르쳐 주었다.

　포살은 범어 우포사다를 중국말로 음역한 것이다. 포살의 뜻은 재(齋)를 올리는 것, 계(戒)를 설하는 것 등이다. 같은 지역 내의 수행자들이 보름날과 그믐날에 모여서 지난 반달 간의 행위를 반성하고 잘못이 있으면 그것을 고백하고 참회(懺悔)하는 행사인데 이때 불교 교단의 계율조목인 바라제목차(波羅提木叉)를 외우는 것이다.

　어느 날, 토끼는 하늘을 바라보고 보름이 다가온 것을

알았다. 그래서 친구들에게 말했다.

"내일은 포살(布薩)하는 날이다. 너희들 세 마리도 계를 받고 포살회에 참가하거라. 계를 굳게 지키고 보시를 행하면 좋은 과보가 있을 것이다. 그러므로 걸식(乞食)하는 비구스님이 찾아오면 그대들의 음식을 꺼내어 공양을 올리도록 하여라" 그 세 마리는 그렇게 하겠다고 답하고 각자의 거주지로 돌아갔다. 다음날 새벽 수달은 먹이를 찾아 강가로 갔다. 어부가 모래 속에 숨겨 둔 물고기를 찾아냈다. 그리고는 "이것의 주인이 있습니까?" 하고 세 번을 소리쳤다. 주인이 나타나지 않으므로 수달은 물고기를 자기가 사는 곳으로 가지고 돌아왔다. 식사 시간에 먹기 위해서 숲 속에 감추어 두고 자신의 행위가 계에 어긋났는지를 반성한 다음 잠이 들었다.

들개도 먹이를 찾아서 농가의 마을로 내려갔다. 들개는 오두막에서 고깃덩어리와 우유를 찾아냈다. "이것의 주인이 있습니까?" 하고 세 번 외쳐도 주인이 나타나지 않자 들개는 먹을 것을 가지고 자기의 처소로 돌아왔다. 식사 시간에 먹기 위해서 먹을 것은 숲 속에 감추어 두고 자신의 행동이 계에 어긋났는지를 반성한 후 잠이 들었다.

원숭이는 망고 먹이로 열매를 주워 가지고 자신의 처소

로 돌아왔다. 식사 시간에 먹기 위해서 망고를 숲 속에 감추어 둔 후 계에 대해서 반성하고 잠이 들었다.

한편 석가보살의 화신(化身)인 토끼는 식사 때가되면 풀을 뜯어먹으면 된다고 생각하고 자기 처소에 누워서 다짐했다. "나에게 온 걸식승에게 풀을 대접할 수는 없다. 만일 걸식승이 온다면 내 몸을 내주어야겠다" 그때, 자재천신(自在天神)이 걸식 탁발승으로 변장하여 네 마리 짐승들의 보시정신을 시험하고자 하였다. 변장한 탁발승은 먼저 수달에게 가서 먹을 것을 부탁했다. 수달은 자신의 식사로 감추어 둔 물고기를 선뜻 내놓으면서 먹으라고 권했다. 자재천신인 탁발승은 다시 들개에게 가서 공양할 음식을 부탁했다. 들개도 선뜻 자신의 식사로 준비해 둔 고기와 우유를 내놓으려고 했다. 탁발승으로 변장한 자재천신은 토끼에게로 갔다. 토끼는 탁발승의 방문을 받고 기뻐했다.

"스님, 잘 오셨습니다. 오늘은 제가 지금까지 내놓은 일이 없던 음식을 보시하려고 합니다. 그러나 스님은 살생을 하지 않을 것이니 불이 지펴진 후에 제가 불 속으로 뛰어들어 충분히 구워지면 고기를 드시고 출가인의 도를 실천해 주십시오" 탁발승으로 변장한 자재천신(自在天神)은 그 말을 듣고 활활 타오르는 장작불을 만들었다. 그러자 석가보살인 토끼는 불속으로 뛰어들었다. 그 불은 자재천신이 토끼의 보살정신을 시험하기 위해서 만든 것이므로 토끼의 털끝 하나도 태우지 않았다.

자재천신은 토끼의 희생적인 보시정신을 기념하기 위해서 달 속에다가 토끼의 그림을 넣었다. 수달, 들개, 원숭이, 토끼는 서로 의좋게 지내다가 각자의 업에 따라 전생(轉生)하였다. 이 법문을 듣고 7일 동안 스님께 공양 올린 장자는 크게 기뻐하고 큰 깨달음을 얻게 되었습니다. 부처님은 "그때의 수달은 지금의 아난이요, 들개는 지금의 목련이요, 원숭이는 지금의 사리불이며 토끼는 지금의 나다"라고 말씀하셨습니다.

이상과 같이 부처님의 세 번째 이야기는 장자가 부처님과 스님들에게 지극정성으로 보시하는 것을 보시고 오늘날 불자들에게 보시(布施)에 대하여 가르쳐주시는 법문입니다. 그러므로 무명의 중생들이 머물고 있는 지옥계에서 벗어나려면 반드시 보시(布施)를 행해야 합니다. 왜냐하면 부처님께서 무명의 중생들이 지금 살아가는 곳을 지옥계(地獄界)라 말씀하고 있기 때문입니다.

지옥은 이생에서 죄를 범한 사람들이 죽은 후에 고통받는 곳으로 알고 있습니다. 즉 지옥은 뜨거운 불가마 속과 같은 곳으로 귀신들이나 독사 같은 뱀들이 사람들에게 고통을 주는 곳으로 알고 있다는 것입니다. 그러나 부처님은 지옥을 장소적 개념보다 존재적 개념으로 말씀하고 있습니다. 지옥은 중생들의 탐, 진, 치(貪, 瞋, 癡)로 인한 악업에 의해서 육신의 고통과 정신적 고통을 받고 살아가는 존재들을 말씀하고 있습니다. 그러므로 부처님은 중생들의 마음속에 삼독(三毒), 즉 탐욕과 성냄과 어리석음을 모두 제거한다면 지옥에서 벗어나 언제나 평안하고 행복한 극락이 이루어진다고 말씀하십니다.

왜냐하면 마음에 극락이 이루어진 자들은 지옥(地獄)에 가 있어도 극락이며 마음속이 지옥인 사람은 극락에 가 있어도 지옥이기 때문입니다. 이와 같이 극락과 지옥은 내 마음속에 내가 만드는 것이지 어느 누가 만들어 주는 것이 아닙니다. 때문에 지옥은 내생에는 물론 현생에도 분명히 존재하고 있는 것입니다. 그런데 지옥에서 벗어나려면 선한 마음으로 베푸는 보시를 행해야 하는 것입니다.

이렇게 부처님의 뜻에 따라 진실한 마음으로 가난한 이웃들이나 수행자들에게 베푸는 보시(布施)의 공덕(功德)을 쌓은 자들이 지옥에서 벗어나 아귀계(餓鬼界)로 들어가게 되는 것입니다.

그러므로 오늘날 불자들이 지옥계에서 벗어나 천상계까지 올라가 부처가 되려면 헐벗고 굶주린 이웃에게 물질 보시와 진리에 굶주린 자들에게 법 보시(法 布施)를 끊임없이 행해야 하며 상기의 토끼와 같이 자신의 몸을 불태워 이웃을 위해 공양(供養)하는 보시(布施)를 행해야 하는 것입니다.

부처님의 네 번째 전생이야기

사리불(舍利佛) 존자가 한 비구를 지도하게 되었다. 그 비구는 평소 온순하고 말이 없으며 사리불 존자의 지시를 잘 따랐다. 사리불 존자는 비구를 데리고 멀리 탁발을 떠났다. 그런데 탁발하는 곳에 도착하자마자 비구는 갑자기 사리불 존자의 말을 듣지 않았다. 그 비구는 사리불 존자의 모든 말에 대해서 반발했다. 다시 부처님이 계신 수도원으로 돌아온 다음에 그 비구의 태도는 다시 일변해서 예전처럼 온순하게 되었다. 사리불 존자는 그 비구를 이해할 수 없었다. 한 순간에는 아주 온순하고 다음 순간에는 고집스레 말을 듣지 않는 이유에 대해 알 수가 없어 사리불 존자는 그 사실을 부처님께 사뢰었다. 부처님은 그 비구의 전생에 관하여 설명하셨다.

옛날에 석가보살은 부호(富豪)로 태어났다. 이 부호에게는 돈이 많은 장자 친구가 있었다. 그 장자가 나이가 많은데 비해 그의 아내는 젊었다. 연로한 장자와 젊은 부인 사이에는 한 아들이 있었다. 장자는 자신이 죽은 다음을 걱정했다. 재산을 그대로 두고 죽으면 젊은 부인이 그 재산을

다 차지한 다음 다른 사람과 결혼할 것이라고 생각했다. 그래서 장자는 한 하인을 숲 속으로 데리고 가서 자신의 재산 문서와 보배들을 다 파묻고 하인에게 말했다.

"내가 죽은 다음에 내 아들이 크면 이 재산을 그에게 알려 주기 바란다" 얼마 되지 않아서 그 장자는 죽었다. 아들이 성장한 다음, 그의 어머니는 아들에게 말했다. "너의 아버지가 하인과 함께 집안의 모든 재산을 땅속 어디엔가 묻어 버렸으니 하인과 같이 가서 그 재산을 찾아 다시 집안을 일으키도록 해라" 아들은 하인에게 재산에 관해서 물었다. 하인은 재산이 그대로 묻혀 있다고 말하고 땅을 팔 연장을 들고 재산이 묻힌 숲으로 아들을 안내했다. 그 하인은 재산이 있는 곳에 이르자마자 갑자기 거만한 마음이 생겼다. 그래서 주인집 아들에게 욕설을 퍼부었다. "이 멍청한 녀석아, 이런 곳에 무슨 재산이 있겠느냐?" 아들은 하인을 데리고 집으로 돌아왔다. 집에 돌아온 하인은 다시 전과 같이 온순해졌다. 그리고는 다시 재산 있는 곳으로 안내하겠다고 말하며 그 자리에 가기만 하면 재산을 파낼 생각은 아니하고 욕설하는 일을 반복하곤 했다. 그런 일이 열 번쯤 있은 후, 아들은 아버지의 친구였던 석가보살 부호를 찾아가서 사정을 아뢰었다.

부호는 그 아들에게 하인이 욕하는 것에 관심 갖지 말고 욕하면서 서 있는 그 자리를 파면 그곳에 재산이 있을 것이라고 일러주었다. 아들은 보살 부호가 시키는 대로 해서 재산을 찾고 집안을 다시 일으켰다. 그리고 보살 부호의 가르침에 따라 덕행을 쌓았다. 이 이야기를 마친 후, 부처님은 "그때의 장자 아들은 사리불이요, 하인은 지금의 변덕스런 비구이며 부호는 바로 나이니라"하고 전생과 금생을 연결시켜 말씀을 하셨습니다.

이상과 같이 부처님의 네 번째 전생이야기는 부처님께서 오늘날 불자들에게 탁발(托鉢)에 대하여 큰 가르침을 주고 있습니다. 오늘날 보살이나 스님들이 탁발(托鉢)을 하려면 반드시 발우가 있어야 하는데 발우(鉢盂)란 놋그릇이라는 뜻으로 비구(比丘)들이 공양(供養)받은 음식을 담는 그릇, 즉 식기(食器)를 말합니다. 그러나 부처님이 말씀하시는 발우란 진리를 담는 마음의 그릇을 말하고 있습니다.

또한 탁발(托鉢)은 먹을 것을 구걸하는 행위를 말하는데 이것은 거지들이 밥그릇이나 깡통을 들고 집집마다 문을 두드리며 먹을 것을 구걸하는 행위와 동일한 것입니다. 만일 세존(世尊)이나 비구(比丘)들이 가사(袈裟)를 입고 발우(鉢盂)를 들고 먹을 것을 탁발(托鉢)하는 것이 전부라면 거지와 조금도 다를 바가 없습니다.

　그러나 부처님께서 평소에 이러한 삶의 모습을 직접 보여주시는 것은 불자들에게 커다란 무언(無言)의 가르침을 주고 있는 것입니다. 부처님은 일국의 태자로 부귀영화(富貴榮華)를 누리는데 조금도 부족함이 없는 분입니다. 그런데 태자(太子)의 신분으로 거지와 같이 걸식을 하는 것은 불자들에게 아주 중요한 것을 가르쳐주기 위함입니다. 수행불자들이 수십 년 동안 수행을 하고 고행을 하며 부처님의 가르침을 받아도 해탈이 되지 않는 것은 자신 안에 들어있는 삼독(탐, 진, 치)과 외적으로 나타나는 오만(傲慢)과 교만(驕慢) 때문입니다.

　이 때문에 수행불자들이 이러한 욕심과 교만한 마음을 없애기 위해 날마다 부처님의 가르침을 받으며 열심히 수행을 해도 버려지지 않아 고민을 하고 있습니다. 그런데 수십 년 동안 가르침을 받으며 수행을 해도 버려지지 않는 욕심과 교만이 가사(袈裟)를 입고 발우(鉢盂)를 들고 세속에 나아가 탁발(托鉢)을 행할 때 조금씩 소멸되어 가는 것을 볼 수 있습니다. 사람들이 백문불여일견(百聞不如一見)이라는 말을 합니다. 이 말은 백번을 듣는 것보다 한번 직접 보는 것이 더 났다는 말입니다.

이 말과 같이 백청견 불여일행(百聽見 不如一行), 즉 부처님의 말씀을 백번 듣고 보는 것보다 부처님을 따라 가사를 입고, 발우를 들고, 탁발을 한번 행하는 것이 더 낫다는 것을 가르쳐 주는 것입니다. 사람들이 구걸을 하는 것은 생의 마지막 수단으로 모든 자존심(自尊心)을 내려놓지 않으면 할 수 없는 일입니다. 이 때문에 며칠 동안 굶주렸다 해도 구걸을 하느니 차라리 죽는 것이 낫다는 말을 하는 것입니다. 그런데 왕의 신분이나 귀족의 신분 혹은 생활에 아무런 걱정이 없는 부자가 발우를 들고 구걸을 한다는 것이 얼마나 힘든 일입니까? 그런데 부처님께서 가사를 입으시고 발우를 들고 손수 탁발을 하시는 것은 수행불자들을 향한 부처님의 최고의 가르침이며 최고의 법문인 것입니다.

그러므로 해탈을 위해 수행하는 불자들이라면 가사를 입고 발우를 들고 탁발을 하며, 만행(萬行)이라는 과정을 반드시 통과해야 합니다. 왜냐하면 마음속에 자리 잡고 있는 욕심과 탐심 그리고 교만은 부처님의 가르침에 따라 발우를 들고 탁발을 하며 부처님과 같이 체험적인 삶을 살아야 조금씩 없어지기 때문입니다. 이렇게 평소에 부처님의 삶 자체가 모두 불자들에게 화두(話頭)이며 무언(無言)의 큰 가르침입니다.

부처님의 다섯 번째 전생이야기

　　석가보살이 500대의 수레를 가진 상인으로 태어났다. 지방마다 남는 물건과 부족한 물건을 조사해서 부족한 물건들을 수레로 이동시키면서 돈을 벌었다. 그런데 보살과 라이벌 관계에 있는 상인이 있었다. 한때, 보살 상인이 고가품의 물건을 500대 분을 사들여서 다른 지역으로 이동하려고 하자 그 소문을 들은 라이벌 상인도 500대 분의 똑같은 물건을 사서 같은 날 떠나려고 하였다. 그래서 보살 상인은 라이벌 상인을 만났다.

　　"만약에 500대와 500대가 합한 1,000대의 수레가 한꺼번에 길을 지나간다면 길은 견디지 못할 것이오. 또 식수, 연료, 소를 위한 풀도 얻지 못할 것이니 우리가 시간 간격을 두고 떠나는 것이 좋을 것이오. 먼저 갈 것인지, 뒤에 갈 것인지 선택하시오" 라이벌 상인은 생각했다. '내가 먼저 간다면 수레바퀴의 자국이 없는 길을 갈 것이며 소는 아무도 먹지 않은 풀을 먹게 될 것이다. 그리고 흙탕물을 일으키기 전이므로 식수도 깨끗할 것이다. 또 먼저 도착했으므로 물건을 비싼 값으로 넘길 수 있을 것이다' 이렇게 계산하고 먼저 가겠다고 말했다.

　라이벌 상인은 보살 상인이 떠나기로 한 날짜보다 먼저 떠나겠다고 말하자 보살 상인은 여행계획을 수정해야 했지만 섭섭해 하지 않았다. 그리고 이런 이점을 생각했다. '먼저 간 수레들은 울퉁불퉁한 길을 평평하게 만들 것이다. 앞에 간 소들은 뻣뻣한 풀을 먹겠지만 뒤에 가는 소들은 새순을 먹게 될 것이다. 앞에 간 사람들은 물을 얻기 위해 땅을 파야 되겠지만 뒤에 간 사람들은 이미 파놓은 우물을 먹을 수 있을 것이다. 앞에 간 이들은 값을 결정하는데 신경을 써야 되지만 뒤에 가면 이미 결정한 값으로 물건을 넘기기만 하면 될 것이다'

　보살 상인이 예측한 대로 먼저 간 상인은 여행 중에 고생만 하고 중간에 산적들을 만나서 모든 물건을 뺏기게 되었다. 반면에 늦게 출발한 보살 상인은 앞의 실패를 경험 삼아 더욱 꼼꼼하게 준비해서 여행을 안전하게 할 수 있었다.

　이렇게 부처님의 다섯 번째 이야기는 석가보살이 수레 여행을 상대에게 양보하고 뒤에 갔기 때문에 성공한 것으로 되어 있지만 석가보살이 앞서 갔다고 해도 결과는 마찬가지로 성공했을 것입니다. 왜냐하면 선심덕심(善心德心)

이라는 말과 같이 사람이 마음을 선하게 먹고 행하면 복이 되어 돌아오기 때문입니다. 이렇게 부처님은 모든 일들이 사람이 마음먹기에 달려 있다는 것을 중생들에게 가르쳐 주신 것입니다. 때문에 어떤 일을 행할 때 욕심을 가지고 수단이나 방법을 가지고 행하지 말고 선한 마음과 진실한 마음으로 행하라는 것을 가르쳐 주신 것입니다.

그런데 불자들이 부처님의 전생이야기를 들어보면 부처님도 성불하여 부처님이 되시기 전, 즉 전생에는 소나 말 혹은 토끼 같은 축생의 하나로 태어났다는 것을 알 수 있습니다. 결국 부처님도 전생에는 소와 말 그리고 토끼와 새 같은 존재로 태어나 아승기겁(阿僧祇劫) 동안 육바라밀(六波羅蜜)을 열심히 행하면서 더러운 욕심을 하나하나 버리며 마음을 깨끗이 닦았기 때문에 성불하여 부처가 되셨다는 것입니다.

그런데 불자들이 우화(寓話)와 같은 부처님의 전생이야기에 대해 잘못하면 오해할 수가 있다는 것입니다. 왜냐하면 본생경(本生經)은 부처님께서 전생에 말, 토끼, 소, 까마귀, 비둘기 등으로 태어나셨다고 말씀하고 있기 때문입니다. 그런데 말이 사람과 대화를 하고 소와 토끼도 사람과 말로 대화를 하고 있습니다. 만일 부처님의 전생에 말이나 토끼가 진정으로 사람과 같이 말을 했다면 현생에도 말이나 토끼가 말을 해야 합니다.

왜냐하면 전생에 존재하던 말이나 토끼와 현생에 존재하고 있는 말이나 토끼가 조금도 다르지 않고 내생에 태어나는 말이나 토끼도 다르지 않기 때문입니다. 옛 어른들이 옛날에는 호랑이가 담배를 피우고 또한 호랑이가 떡 장사 할머니와 대화를 했다고 어린 아이들에게 이야기를 해주고 아이들은 그 이야기를 그대로 믿으며 재미있게 듣지만 어른이 되면 호랑이가 담배를 피우고 할머니와 대화를 했다는 이야기를 믿는 사람은 단 한 사람도 없습니다.

우리나라에도 우리조상 단군 할아버지가 곰에 의해서 태어나셨다는 전설이나 박씨의 조상 박혁거세가 알에서 태어났다는 전설적 이야기가 있습니다. 그런데 지금 우리조상이 곰이라고 믿는 사람이나 박씨의 조상이 알에서 태어났다고 믿는 사람은 한 사람도 없다고 생각합니다. 이렇게 예전부터 전해 내려오는 전설이나 이야기들은 사람들이 만들어낸 이야기일 뿐 사실이 아닙니다. 이와 같이 부처님께서 전생에 이야기를 통해서 부처님이 전생에 토끼나 말로 태어났다는 것은 비유로 부처님도 무명의 중생이 지옥계를 벗어나 아귀계를 거처 축생계의 존재로 태어났다는 것을 화두(話頭)로 말씀하신 것이지 실제 짐승으로 태어났다는 뜻이 아닙니다. 이렇게 부처님은 인간계에 태어나는 자들만을 사람이라 인정을 하시며 지옥계(地獄界)나 아귀계(餓鬼界)나 축생계(畜生界)에서 태어나는 존재들은 미물이나 짐승들이라 말씀하고 있는 것입니다. 때문에 사람들과 대화를 하는 말이나 소나 토끼는 짐승이 아니라 축생계나 수라계의 존재들을 말씀하신 것으로 부처님도 전생에 축생계의 말이나 소나 토끼의 과정이 있었다는 것을 비유(譬喩)로 말씀하신 것입니다. 즉 부처님이 전생에 말이나 소나 토끼로 태어났다는 것은 십이지(十二支)에서 말하고 있는 축생(畜生)과 오생(午生)과 묘생(卯生)으로 태어났다는 것을 말씀하신 것입니다.

인간들은 이 세상에 태어날 때 모두 사람의 탈을 쓰고 태어나지만 내면의 존재는 짐승과 축생들이라는 것을 말해 주는 것입니다. 때문에 사람들이 이 세상에 태어날 때 사주팔자(四柱八字)에 의해 십이지(十二支), 즉 각종짐승의 띠(子丑寅卯辰巳午未申酉戌亥 : 쥐, 소, 호랑이, 토끼, 용, 뱀, 말, 양, 원숭이, 닭, 개, 돼지)를 가지고 태어나는 것입니다. 이렇게 사람들은 내면의 상태에 따라 각기 자기 띠가 있는데 이러한 각종 짐승의 띠는 그 사람의 성격이나 상태를 대

변해주고 있습니다. 그런데 십이지(十二支)에 반드시 있어야 할 사람의 띠는 없다는 것입니다.

왜냐하면 부처님께서 말씀하시는 인간은 지옥계와 아귀계와 축생계와 수라계를 벗어나 짐승이 사람으로 해탈된 자들을 말하기 때문입니다.

이렇게 부처님도 처음에는 전생에 지옥계의 미물로 태어나서 수많은 보시를 행하시어 아귀계로 나오신 것이며 아귀계에서 열심히 부처님의 계율을 지켜 행하셨기 때문에 축생계로 나와 축생(畜生)인 말이나 소나 토끼로 태어나 인욕(忍辱)정진(精進)을 하신 것입니다.

부처님께서 전생에 말과 토끼였다는 것은 그 당시 부처님의 상태는 축생계에 머물고 있는 축생(畜生)이었다는 것을 말씀하신 것입니다.

이와 같이 부처님이 하시는 말씀은 모두 화두(話頭)나 비유(譬喩)로 하신 말씀이기 때문에 혜안(慧眼)이 없으면 볼 수 없고 듣기조차 힘든 것입니다.

부처님의 여섯 번째 전생이야기
(호랑이에게 몸을 보시한 이야기)

아주 먼 옛날 어떤 큰 나라에 왕이 있었는데 그 이름이 대보(大寶)였다. 이 나라는 작은 나라를 여럿 거느리고 5천의 속령(屬領)을 거느리고 있었다. 그 왕에게 아들 셋이 있었는데 막내아들의 이름이 마하삿다였다.

한번은 세 명의 왕자가 함께 숲으로 놀러간 적이 있었다. 그때 보니까 암호랑이가 두 마리의 새끼 호랑이를 데리고 있는데 먹이가 없어 굶어서 젖이 나오지 않아 셋이 모두 굶어 죽게 된 것이다. 그래서 하는 수 없이 어미 호랑이가 새끼 호랑이중 하나를 잡아먹으려 하고 있었다. 그런데 그 모양을 본 막내 왕자는 두형에게 물었다. "형님, 호랑이는 무엇을 먹고 사나요?" 두형이 대답했다.

"호랑이는 금방 잡은 짐승을 죽여서 따뜻한 피와 살을 먹고 산단다" 그 말을 들은 막내는 놀라서 형들에게 말했다. "그래요? 그러면 누가 저 호랑이에게 그런 먹이가 되어줄 수 있을까요?" 두 형이 말했다. "그건 아주 힘들고 어려운 일이란다" 형의 말을 듣고 막내 왕자는 생각을 했다.

'내가 지금까지 생사(生死)의 윤회(輪廻)속에서 수없이 몸을 버렸는데 부처님의 뜻에 따라 버린 것이 아니라 모두 헛되이 신명(身命)을 버렸다. 왜냐하면 나는 탐욕(貪慾) 때문에 신명을 버렸고, 혹은 진에(瞋恚 : 성내다. 분노하다) 때문에 신명을 버렸으며, 우치(愚癡 : 매우 어리석고 못남) 때문에 신명을 버렸을 뿐 아직 한 번도 부처님의 법(法)을 위해 신명을 버린 적이 없었는데 지금이야 말로 부처님의 뜻대로 신명을 받칠 기회가 왔구나' 막내 왕자는 이렇게 생각하고 두 형에게 말했다. "형님들 먼저 가세요. 난 좀 볼 일이 있어 조금 뒤에 뒤따라 가겠습니다"고 말했다.

　그리고는 다시 호랑이가 있는 곳으로 가서 호랑이의 먹이가 되게 몸을 던졌다. 그러나 호랑이는 너무 쇠약하여 입을 벌릴 수도 없어서 먹으려 하지 않는 것이었다. 그래서 막내 왕자가 날카로운 나무막대기로 자기 목을 찔러 피가나게 하니 호랑이가 그 피를 핥아먹고 조금 기운을 차린 다음 살을 다 뜯어먹었다.

　형들은 동생이 돌아오지 않아 혹시 호랑이에게 잡아먹힌 것이 아닌가 하고 호랑이가 있던 곳으로 되돌아가 보았다. 아니나 다를까! 동생이 호랑이에게 잡아먹혀 그 근방은 피투성이가 되어 있었다.

두 형은 그 모양을 보고 놀라 기절했다가 잠시 후에 정신을 되찾았는데 그때 왕비가 궁중에서 깜빡 졸다가 꿈을 꾸었다. 꿈에서 세 마리의 비둘기가 숲에서 놀고 있는데 매가 와서 그중 제일 작은 것을 잡아먹어 버리는 것이었다.

잠에서 깨어 그 꿈 이야기를 왕에게 말을 하니까, 왕은 그것이 혹시 자기 아들들에게 불상사가 생긴 징조가 아닌가 하여 사람을 보내 아들들을 찾게 하였다. 조금 있다가 두 아들은 돌아왔으나 막내가 돌아오지 않아 물었다. "막내는 어디 갔느냐?" 두 아들은 한참동안 말을 하지 못하다가 겨우 말했다. "호랑이에게 잡아먹히고 말았습니다"

왕과 왕비는 그 소리를 듣고 몸부림치다가 정신을 잃었다. 한참 있다가 정신이 들어 사람들을 데리고 급히 막내아들이 호랑이에게 잡아먹힌 곳으로 가보니 그곳에는 해골이 뒹굴고 있을 뿐이었다. 어머니는 그 해골을 집고, 아버지는 손뼈를 집은 뒤 다시 몸부림을 치다가 기절했다. 그러나 막내 왕자는 죽은 후 도솔천에 태어났다.

거기서 그는 자신의 인유(因由)를 생각하고 천안(天眼)으로써 투시하여 자기의 시체가 산중에 있는 것을 보며 또한 부모가 극히 슬퍼하는 것을 보았다. 막내 왕자는 곧 하늘에서 내려와 공중에서 부모에게 말했다.

"아버님, 어머님 슬퍼하실 것 없습니다. 나는 도솔천으로 와서 잘 있습니다" 부모는 자기 아들이 생천(生天)에 있는 것을 알게 되었다. 하늘의 아들이 다시 부모를 위해 갖가지로 설법하고 부모의 은혜에 대해 보은(報恩)하니 부모는 성오(醒悟:깨달아)하여 아들의 뼈를 칠보(七寶)로 된 함에 넣어 매장한 다음 그 위에 탑을 세우고 사람들과 함께 궁으로 돌아왔다.

부처님께서 말씀하셨다. "그때의 그 왕은 나의 아버지이신 정반왕이며 왕비는 나의 어머니이신 마야부인이었느니라. 첫째 왕자는 지금의 미륵(彌勒)이고 둘째 왕자는 문수(文殊)이며 셋째 왕자 마하삿다는 지금의 이 '나'이니라"

부처님의 여섯 번째 이야기는 전생에 큰 나라왕의 세 번째 아들로 태어나 굶주려 죽어가는 호랑이들을 보고 자신의 몸을 보시하여 호랑이를 살렸다는 말씀입니다. 부처님도 전생과 현생과 내생을 오고가면서 자신의 목숨을 탐욕 때문에 잃었고 분을 참지 못해 잃었고 무지해서 잃었으며 부처님의 법이나 부처님의 뜻을 위해 목숨을 희생한 적이 없었다는 것입니다.

부처님의 뜻은 무명으로 죽어가는 영혼을 살리기 위해서 자신의 몸을 희생(犧牲)하여 살리는 것입니다. 그런데 현생에 막내 왕자로 태어난 부처님께서 먹이가 없어 굶어 죽어가는 호랑이에게 자신의 몸을 던져 살렸다는 것입니다. 이렇게 부처님께서 먹이가 없어 죽어가는 호랑이를 살렸다는 것은 진리가 없어 죽어가는 무명의 중생들을 살리기 위해 자신의 몸을 희생하여 살렸다는 뜻입니다.

전생에 막내왕자로 태어난 부처님이 죽어가는 영혼들을 구원하기 위해 자신의 몸을 보시(布施)함으로 말미암아 도솔천(兜率天)에 이르게 되었고 또한 죽어서 하늘에 오른 후에도 부모님들의 영혼을 구원하기 위해 하늘에서 내려와 설법까지 하였다는 것입니다.

이 부처님의 전생이야기는 오늘날 스님들이나 수행불자들이 모두 본받아 행해야 할 일들입니다. 그런데 오늘날 스님들이나 불자들도 부처님의 뜻에 따라 무명의 중생들을 살리기 위해 자신의 몸을 희생하는 것이 아니라 탐(貪)진(瞋)치(癡), 즉 욕심 때문에 죽고 혈기 때문에 죽고 부처님의 말씀을 모르기 때문에 죽는 것입니다.

그러므로 스님들이나 불자들은 이제 부터라도 부처님의 뜻에 따라 초와 향이 자신의 몸을 태워 불을 밝히듯이 자신의 몸을 희생하여 죽어가는 영혼들을 구원해야 하는 것입니다.

부처님께서 여섯 번째 말씀하신 전생이야기는 곧 불자
들이 막내 왕자와 같이 이타행을 행하여 성불하라고 가르
쳐 주신 교훈입니다.

부처님의 일곱 번째 전생이야기
(쥐가 갉아먹은 옷)

옛날, 마가다국 라즈기하에 신분이 높은 바라문 계급의 남자가 살고 있었다. 그는 복이 많아 하인도 많이 거느리고 호화스럽게 생활하며 지내었다. 그는 미신을 열심히 믿었는데 옷으로 길흉화복(吉凶禍福)을 점치고 있었다. 어느 날의 일이었다. 이발과 면도를 끝낸 바라문은 모처럼 산뜻한 기분이 들어 옷장에 넣어두었던 새 옷이 입고 싶어졌다. 그래서 하인에게 그 옷을 가지고 오도록 명하였다. 하인은 옷이 담긴 옷장을 열었다. 그런데 그 옷은 쥐가 갉아먹어 입을 수가 없을 정도로 상해있었다.

하인은 즉시 주인에게 말씀을 드렸다. "주인님! 주인님께서 꺼내 오라시던 그 옷이 쥐가 갉아먹어 입을 수 없을 정도로 상해서 도저히 꺼내올 수 없습니다" "뭐라고? 얼른 그 상자를 이리로 가져오너라" 옷으로 길흉을 점치는 바라문은 옷이 쥐에 의해 얼마나 상해 있는지 걱정이 되어 견딜 수가 없었다. '길한 일이라면 좋으련만 혹시라도 흉사가 있다면 참으로 큰일이로다'

하인은 쥐가 갉아먹은 옷을 공손히 받쳐 들고 왔다.

"이리로 가져오라" 바라문은 그렇게 말하고 그 옷을 샅샅이 조사해 보았다. "으음" 바라문은 팔짱을 끼고 쥐가 갉아 먹은 부분을 여러 각도에서 살펴보았다. 그의 얼굴은 점점 어두워져갔다. "큰일이다. 점괘가 좋지 않아! 이 옷을 이대로 집에 두었다가는 반드시 우리 집에 재난이 닥칠 것이다. 이 옷은 그야말로 이 집에 불길한 일들을 불러오는 재앙의 신이라고 할 수 있다. 이 옷을 만지는 자는 누구든지 그 재난을 피할 수 없으리라"

모두들 주인의 말에 겁에 질려 얼굴을 쳐다보았다. "이 옷을 단 한 찰나라도 집에 둘 수는 없다. 즉시 내다버려야 한다. 하지만 그 버리는 장소를 어디로 정한단 말인가…" 주인은 잠시 생각에 잠겼다. '옷을 어디다 버리든지 그 버리는 장소 가까이에 살고 있는 사람은 큰 재난을 당할 것이다. 그렇다면 아무도 다가가지 않는 공동묘지에 버리는 수밖에 없다. 묘지라면 근처에 인가가 없으니 아무도 얼씬거리지 않을 것이다. 따라서 재난을 당할 사람도 없을 것이다' 이렇게 생각한 것 까지는 좋았지만 이 옷을 가져다 버려야 할 인물을 선정하는데 또다시 고민에 빠지고 말았다. '누굴 시켜야 할까? 이 옷을 만지는 자는 반드시 재난을 만날 터인데… 하인에게 버리라고 시켜도 좋겠지만 만약 도

중에 이 옷을 욕심내서 제 것으로 만들어버리기라도 하면 그 또한 재난을 당할 것이 아닌가? 이 집에까지 화가 미칠 것이 틀림없다. 그렇다면 가장 적당한 사람은 내 아들밖에 없으렸다'

바라문은 혼자 고민에 빠져 중얼거리다가 아들을 불렀다. 아들에게 상세하게 일의 경위를 설명한 뒤에 부탁하였다. "그러니 너도 이 옷을 만져서는 안 된다. 지팡이 끝에 걸고 가서 묘지에 버리고 오너라" "버린 뒤에는 머리끝에서 발끝까지 깨끗이 씻고 돌아와야 한다. 몸에 들러붙어 있는 티끌 하나라도 남김없이 씻어내야 하는 것을 잊지 말아라" 주인은 아들에게 몇 번이나 당부하였다.

아들은 아버지가 일러준 대로 옷을 지팡이 끝에 걸고 묘지로 버리러 갔다. 그곳에는 마침 수행자 한 사람이 서 있었다. 아들은 그 수행자에게는 그다지 주의를 하지 않고 지팡이 끝에 걸린 옷을 던져버렸다. 물끄러미 그것을 보고 있던 수행자는 바라문의 아들에게 물었다. "젊은 양반, 그 옷을 어찌할 셈입니까?"

"보시다시피 이곳에 버리고 있지 않습니까?" 아들은 수행자를 쳐다보며 답하였다. "왜 그 옷을 버리는 거요?" "이 옷은 쥐가 갉아먹었답니다. 이 옷을 만지는 사람은 엄

청난 재앙을 입기 때문에 부득이 이곳에 버리러 온 것이지
요"“그렇습니까? 괜한 질문을 하여 죄송합니다. 당신 하고
싶은 대로 어서 버리시지요"“아아, 당신이 말씀하시지 않
아도 이렇게 버리고 있습니다" 아들은 딱하다는 표정으로
말했다. “버리셨습니까?"“버리다 마다요!"“그렇습니까?"
“그렇다면 이 옷은 더 이상 당신의 옷은 아닌 게지요?"“버
린 것이니 당연하지 않습니까?"“그렇다면 이 옷을 줍겠습
니다. 아직도 한참이나 더 입을 수 있는데 아깝기도 해라"
“뭐라구요? 이 옷을 주워서 입겠다는 말씀이십니까? 제발
그 짓만은 말아주십시오. 재난 덩어리를 주워가지려는 것
과 무엇이 다르겠습니까?"

　　하지만 수행자는 미소를 머금으며 옷을 주어 들었다.
“고맙습니다" 수행자는 그렇게 말을 남기고 떠나갔다. 아
들로부터 이런 일들을 전해들은 주인은 당황하여 물었다.
“그 수행자는 어느 쪽으로 갔느냐?"“라즈기하 도시에 살
고 있는 분 같았습니다"“그 수행자는 분명 재난을 만나리
라. 그렇게 되면 우리도 비난받게 되겠지. 다른 옷을 보시
하고 그 옷을 버리게 해야 하겠는데…" 주인은 어서 새 옷
을 준비토록 하여 그것을 가지고 수행자가 살고 있는 곳으
로 달려갔다.

"저 혹시 조금 전에 아들이 버린 옷을 주으셨다는데 그게 사실입니까?" 주인은 숨을 헐떡이며 물었다. "사실입니다만…" "그렇다면 어서 미련 없이 버리시지요. 그 옷은 아주 불길한 것입니다. 그 옷을 만지는 사람은 재난을 피할 수 없다고 제가 친 점괘에서 나왔습니다. 당신께서 재난을 만나시게 될 뿐만 아니라 당신과 관계된 모든 사람들에게도 재난이 닥칠 것입니다"

수행자는 그런 말을 조용히 듣고 있었다. 주인의 말이 끝나자 수행자는 그를 깨우치려는 듯 말하였다. "우리들은 그런 것에 집착하고 있지 않습니다. 올바른 가르침을 듣고 그 가르침에 따르고 있는 자에게는 길, 흉 따위란 관계가 없는 일입니다. 그런 것에 집착하고 있으면 정말로 중요한 것을 놓치기 마련이요, 미혹의 어둠 속으로 던져져 그 나락으로 떨어지게 됩니다. 진리의 빛을 받으며 미혹의 어둠을 깨뜨리는 일이야말로 진정으로 중요한 일이라고 깨닫지 않으면 안 되는 것이지요" 그리고 이 바라문을 위하여 노래를 불렀다.

"사람의 인상과 손금, 그리고 꿈으로 점치는 온갖 미신이 만연해 있다 해도 미신을 뛰어 넘어 고통의 근원이 되는 미혹의 번뇌를 끊으려 노력하는 일이 근본사이거늘 눈을

뜨라, 참다운 문제에!" 주인은 수행자의 그런 말에 가슴이
찔린 듯한 느낌을 받았다.

　"중요한 것을 놓치고 있었습니다. 참다운 문제라…"
주인은 지금까지 가슴에 꽉 매듭지어져 있던 무엇인가가
일순간에 녹아져 내리는 것을 느꼈다. '지금이야말로 그 중
요한 것을 만날 수 있는 시기다. 이때를 놓치면 두 번 다시
기회는 오지 않을 것이다' 그렇게 생각하자 그는 애가 타서
견딜 수 없었다. 그래서 수행자 앞에 엎드렸다. "진실한 가
르침을 부디 저에게 들려주소서" 주인은 그렇게 절규하였
다.

　부처님은 이렇게 말씀하시고 나서 그 주인을 위해 다음
게송을 읊으셨다. 길흉의 징조나 꿈, 관상의 생각들에서 벗
어난 이는 이미 미신의 허물을 뛰어나 더불어 일어나는 번
뇌를 모두 항복받고 다시는 나고 죽는 윤회(輪廻)의 몸을
받지 않는다. 부처님은 주인에게 게송으로 설법하고 나서
다시 네 가지 진리를 설하셨다. 그러자 그 주인은 자신의
아들과 함께 예류과에 들었다.

　이어서 부처님은 다시 설하셨다. "그때의 그 두 사람은
지금의 이 부자요, 그 수행자는 지금의 나였다" 부처님께서
말씀하신 일곱 번째 전생이야기는 오늘날 길흉화복(吉凶禍

福), 즉 화는 피하고 복만 받으려는 불자들을 깨우치고 진리로 인도하기 위해 설하신 말씀입니다. 왜냐하면 만사형통(萬事亨通)이나 운수대통(運數大通)의 복을 받으려고 부처님을 믿고 섬기는 자들은 무속신앙(巫俗信仰), 즉 미신을 믿는 자들과 동일하기 때문입니다.

부처님께서 그 주인을 깨우쳐 주기위해 읊으신 게송은 사구게(四句偈)를 말하며 주인의 아들과 함께 예류과(預流果)에 들어간 것은 수행에 처음 입문하는 수다원(須陀洹)을 말하고 있습니다.

사구게(四句偈)는 상이 있는 모든 것, 즉 보이는 물질세계나 정신세계는 모두가 허망하다는 것을 알게 되면 진리의 실상을 보게 된다는 것이며 수다원(須陀洹)은 수행과정인 사계위(四階位) 중 초기(初期)과정을 말하고 있습니다.

사구게(四句偈)

1. 범소유상(凡所有相) 개시허망(皆是虛妄) 약견제상비상(若見諸相非相) 즉견여래(卽見如來) : 무릇 상이 있는 것은 모두 허망한 것이니 만약 모든 상(相)이 상(相)이 아님을 바로 본다면 곧 여래(如來)를 볼 것이다.

2. 불응주색생심(不應住色生心) 불응주성향미촉법생심(不應住聲香味觸法生心) 응무소주 이생기심(應無所住 以生其心) : 응당 색(물질)에 머물러서 마음을 내지 말며 응당 소리나 향이나 맛이나 감각이나 법에 머물러서 마음을 내지 말 것이니 응당 머무는 바 없이 마음을 내어라.

3. 약이색견아 (若以色見我) 이음성구아 (以音聲求我) 시인행사도(是人行邪道) 불능견여래(不能見如來) : 만약 형상으로 나를 보거나 음성으로 나를 구하면 이 사람은 삿된 도를 행함이니 능히 여래를 보지 못한다.

4. 일체유위법(一切有爲法) 여몽환포영(如夢幻泡影) 여로역여전(如露亦如電) 응작여시관(應作如是觀) : 일체 현상계의 모든 생멸법(生滅法)은 공(空)과 같고 환상(幻像)과 같고 물거품과 같고 그림자 같으며 이슬과 같고 번개와도 같으니 응당 이와 같이 관(觀)해야 한다.

수다원(須陀洹)

수다원(須陀洹)이란 사계위(四階爲)의 초급과정인 입류 (入流)를 말하고 있는데 이는 성인의 반열에 처음 입문(入門)했다는 뜻입니다. 수다원이 성자(聖子)의 반열(班列)에 들어가기 위해서는 세상의 모든 집착과 번뇌를 끊어야 하며 색성향미촉법의 경계에서 벗어나기 위한 수행의 과정을 말합니다.

수다원(須陀洹)은 성불을 위해서 세상의 욕심은 물론 지금까지 머릿속에 쌓아놓은 고정관념(固定觀念)을 모두 제거하기 위한 일념으로 신행생활을 하는 자를 말합니다. 그런데 만일 수다원(須陀洹)이 내가 수다원과를 얻었다거나 내가 수다원이라는 생각을 한다면 그는 진정한 수다원이 아니라는 것입니다.

진정한 수다원(須陀洹)은 속세의 미련과 욕심을 모두 끊어 버리기 위해 승단에 들어가 스님들을 통해서 부처님의 가르침을 받으며 열심히 수행을 하고 있는 자를 말합니다. 이렇게 성불을 위해 열심히 수행을 하고 있는 자들은 자신이 수다원(須陀洹)이라는 생각조차도 버려야 하는 것입니다.

수다원은 성불의 길을 가기 위해서 부처님의 말씀에 따라 기초적인 훈련을 받고 있는 자들을 말하는 것입니다. 수다원은 부처님께 귀의하여 기본적인 가르침과 그에 따른 수행의 과정을 모두 마쳐야 사다함의 과위로 나가게 되는 것입니다.

　상기와 같이 일곱 번째 전생이야기는 부처님께서 기원정사(祇園精舍)에 계실 때, 옷으로 점을 치던 어떤 바라문을 깨우치기 위해 설하신 법문입니다.

부처님의 여덟 번째 전생이야기

(네 그릇의 죽)

옛날, 바라나시의 어떤 가난한 집에 한 사내아이가 태어났다. 그 아이는 나이가 들자 큰 상점에 취직을 하여 얼마 되지 않는 임금을 받으며 생활하였다. 어느 날 아침, 사내는 가게에서 식초로 맛을 낸 네 그릇의 죽을 받았다. 그리고 그 죽이 든 냄비를 안고 아직 사람들의 통행이 많지 않은 아침의 거리를 걸어 변두리에 있는 집으로 향하였다. 소금기도 기름기도 없이 그저 식초만으로 맛을 낸 죽은 이 남자의 아침식사로는 최고의 것이었다. 그런데 도시 북쪽 문 가까이 왔을 때였다. 이제 막 열려진 문을 통해서 위의가 엄숙한 네 사람의 수행자가 고요히 발걸음을 옮기며 도시 쪽을 향해서 오는 것이 보였다.

사내는 수행자들이 발우를 들고 있는 것을 보고 생각했다. '저 수행자들은 지금부터 도시에서 탁발하실 것임에 틀림없어. 잘됐다. 마침 내게 네 그릇의 죽이 있으니 저 수행자들께 공양해야겠다' 수행자들의 누런 옷은 티끌 하나 없이 아침 해를 받으며 상쾌하게 빛나고 있었다. 하지만 옷자락은 찢어졌고 맨발은 상처투성이여서 아파보였다.

남자는 수행자들에게 다가가 절을 올리고 나서 말하였다. "수행자들이시여! 저는 여기 식초로 맛을 낸 네 그릇의 죽을 가지고 있습니다. 부디 공양(供養)하시기 바랍니다"

　수행자들이 고개를 끄덕이자 사내는 길가에 모래를 쌓아올려 자리를 만들었다. 그리고 모래 위에 잎이 달린 나뭇가지를 잘라서 넓게 편 뒤에 수행자들에게 앉으시도록 권하였다. 네 명의 수행자들이 자리에 앉자 타나나무 잎을 앞에 펼쳐서 물을 가져와 붓고 잎 위에 놓인 네게의 발우에 죽을 가득 부었다. 소금기도 없고 기름기도 없이 그저 신맛뿐인 죽은 입에 들어가는 즉시 녹아버릴 정도였다.

　"자, 어서 공양하소서. 아주 담백한 식초 맛이 마음에 드셨으면 합니다. 초라하기 그지없는 아침 식사입니다만 제게는 이것이 최고의 음식이랍니다" 수행자들은 죽이 든 발우를 감사의 마음으로 받아들이고 남김없이 먹었다. 그리고 그 가운데 한 수행자가 합장하며 남자에게 말했다.

　"아주 잘 먹었습니다. 당신이 공양하신 죽은 우리들에게도 최고의 아침 식사였소. 그 답례로 당신이 다음 세상에 아주 좋은 신분으로 태어나 행복한 일생을 보낼 것을 약속하리다. 부디 이후로도 베푸는 마음을 잊지 말고 올바른 생활을 하시기 바라오"

다른 세 사람의 수행자들도 그 남자에게 인사를 하였다. 그리고 일어서서 작별을 고한 뒤 하늘 높이 올라 북쪽을 향해서 날아갔다. 이 네 명의 수행자는 히말라야 산 속의 난다물라 동굴에 살면서 엄격한 수행으로 깨달음을 얻은 존귀한 벽지불(辟支佛)들이었다. 남자는 벽지불들에게 자신의 죽을 공양올린 것을 평생 잊지 않았다. 이윽고 남자는 죽어서 벽지불의 예언대로 바라나시의 왕가에 왕자로 태어났다. 왕자는 브라흐마닷타라 불리며 태어날 때부터 왕위 계승자로 지목되어 길러졌다.

　왕자가 일곱 살이 되던 해 봄의 일이었다. 왕궁 뜨락의 보리수 그늘에 앉아서 고요히 생각에 잠겨 있는데 신기하게도 머릿속에 전생의 기억이 떠올랐다. 자신이 가난한 집에 태어났던 일, 그리고 어느 날 아침 네 명의 벽지불에게 식초로 맛을 낸 네 그릇의 죽을 공양올린 일들이 차례로 선명하게 기억나는 것이었다.

　그리고 그때의 벽지불의 예언대로 왕가의 왕자로 태어났음을 깨달았다. 왕자는 나이가 들자 탓카시라로 유학을 가서 온갖 학문을 두루 배운 뒤에 바라나시로 돌아왔다. 부왕은 매우 기뻐하며 왕자를 부왕의 지위에 부촉하였다. 그리고 왕이 죽은 뒤 왕자는 왕위에 올랐다. 브라흐마닷타왕은 즉위와 동시에 대신들의 권청으로 코살라국의 아주 아름다운 공주를 왕비로 맞이하였다. 그해 즉위기념일과 결혼식이 겹쳐 도시는 이중의 경사에 들떴으니 그 화려함과 흥겨움은 마치 하늘의 도시와도 같았다. 그날 왕은 행렬을 지어서 도시의 큰 길을 행진하였다. 행진을 마친 후 왕은 갖가지 꽃과 황금, 보석으로 치장한 왕궁의 발코니에 올라 하얀 차양 아래 설치된 빛나는 옥좌에 앉았다.

왕은 왕비의 좌우에 늘어선 대신, 바라문, 진상을 하러 온 상인들과 천녀같이 아름답게 장식한 수많은 무용수들을 보고 지금 이런 모든 것이 자신의 수중에 있는 것은 전생에 네 명의 벽지불들에게 올린 네 그릇의 죽 덕분이라고 생각하자 온몸이 기쁨으로 가득 차게 되었다. 그리고 그 기쁨을 사람들 앞에서 노래하였다.

내가 옥좌에 앉은 것은
네 명의 부처에게 베푼
기름기도 없고 소금기도 없이
그저 식초로만 맛을 낸 죽 때문이네.
내 손에 들어있는 소와 말과 코끼리,
재보와 곡물과 영토,

천녀같은 무용수들

모두들 시디신 죽 때문이네.

왕비를 비롯해 왕의 노래를 듣고 있던 수많은 사람들은 그 노래의 의미를 파악하지는 못했지만, 이야말로 왕의 기쁨의 노래라고 생각하여 그날 이후 그 노래를 〈왕의 기쁨의 노래〉라고 명명하였다. 그리고 성의 모든 사람들이 이 노래를 즐겨 부르게 되었다.

그로부터 몇 개월이 지난 어느 날, 왕비는 지금은 아이들까지 따라 부르게 된 그 노래의 의미가 궁금해졌다. 그리하여 왕에게 가서 물었다. "전하, 저는 전하께 소원이 있습니다" "왕비여! 나도 이전부터 뭔가 진귀한 선물을 그대에게 주고 싶었소. 무엇이든 말해보시오" "정말 고맙습니다" "바라는 것이 무엇이오? 코끼리요, 아니면 말이요, 그렇지 않으면 보석?" "아닙니다. 물건이 아닙니다. 전하의 기쁨의 노래에 담긴 의미를 가르쳐 주셨으면 합니다" "왕비여! 그런 것을 들어 무엇을 하게요? 뭔가 다른 것을 바라지 않구요?" "다른 것은 필요 없습니다. 그 노래에 담긴 의미가 무엇보다도 궁금합니다" 왕은 잠시 눈을 감고 생각에 잠겼다가 눈을 뜨고 단호한 어조로 말했다.

"좋소! 하지만 그대에게만 이 노래의 의미를 들려줄 수
는 없소. 결혼식 날에 내가 노래 불렀을 때처럼 왕궁의 발
코니에 차양을 내걸고 옥좌를 설치한 후에 대신과 바라문,
상인이나 무용수들을 모두 모아서 그 앞에서 노래의 뜻을
말해주리다" 며칠 후, 왕과 왕비는 발코니에 설치된 하얀
차양 아래, 황금과 보석으로 찬란하게 장식한 옥좌에 나란
히 앉았다. 좌우에는 대신과 바라문이, 광장의 자리에는 상
인과 수많은 무용수들이 모여서 왕의 이야기를 기다리고
있었다. 왕비는 왕을 향해서 정중하게 절을 한 후에 아름다
운 목소리로 노래하였다.

지혜와 용기로 넘쳐나시는 왕이시여!
지금이야말로 당신의
기쁨의 노래에 담긴 의미를
모두에게 가르쳐 주실 때가 아닌가 합니다.

왕은 고개를 끄덕였다. 그리고 물을 끼얹은 양 조용하게
왕의 이야기를 기다리고 있는 사람들을 물끄러미 내려다본
뒤에 왕비의 물음에 답하였다. 흘러나오는 왕의 음성은 힘
에 넘쳤으며 또한 우아하고 마음 깊이 스며들어갔다.

전생에도 이 거리에서

나는 살았네.

아주 적은 돈을

땀 흘리며 벌어서 살고 있었네.

어느 날 나는 거리 모퉁이에서

네 명의 수행자를 보았네.

청량한 눈과 얼굴은

드맑은 성자의 바로 그것이었다네.

나는 그분들께 넋을 잃고

나뭇잎을 펼치고 자리를 만들었네.

수행자에게 죽을 공양하면서,

찬란하게 빛나는 수행자에게.

내 지금의 영광은

그 행위에 기인한다네.

죽을 올린 그 일 때문에

나는 나라와 재산을 얻었다네.

"오오, 정말 훌륭한 보시였군요. 선한 행위에는 반드시
선한 결과가 생기는 것입니다.

전하, 지금부터도 부디 보시를 널리 베푸시기 바랍니

다” 왕비는 감탄하여 그렇게 말하면서 노래를 불렀다.

　王이시여, 그대가 전생에
　이루셨듯이 이 생에서도
　청량한 마음으로 보시를 하시고
　법을 널리 펼치소서, 나의 王이여!

왕도 왕비에 답하여 노래를 불렀다.

　새삼 말할 필요도 없는 일이오.
　그대와 함께 걸으리라.
　올바른 길을 손을 잡고서,
　진실한 행복을 얻기 위하여.

　왕이 그렇게 노래하면서 문득 왕비의 얼굴을 보니 뭐라 말할 수 없는 기품이 서려 있음을 느꼈다. 어쩌면 왕비 또한 전생에 자신과 같은 선행을 한 인연으로 공주로 태어났을지도 모른다고 생각하여 물었다.

　하늘의 여인처럼 아름답고
　찬란하게 빛나는 그 얼굴은

어쩌면 그대 또한 전생에
뭔가 선행을 쌓았기 때문이리라.
그대도 말해 주시오. 전생의 이야기를.

왕비는 왕의 짐작대로 전생을 알고 있었다. 그리고 이처
럼 왕에게 답하였다.

그렇습니다, 나의 왕이여!
아득한 옛날, 나는
아무밧타 집안 대저택의
하인이었답니다.
어느 날 내가 먹을 음식을 수행자에게 바친 뒤에
기쁨에 넘쳐난 적이 있었지요.
그 행위로 지금에 이르렀답니다.

왕은 어째서 왕비가 노래의 의미를 알고 싶어 했던가를
그제서야 이해하였다. 그리고 같은 전생을 가진 왕비가 전
보다도 더 사랑스럽게 느껴졌다. 왕과 왕비의 전생에 행한
보시의 이야기가 끝나자 사람들은 모두 자신의 전생을 상
기하려는 듯 잠시 숙연해졌다.

이윽고 사람들은 왕과 왕비의 선행과 그 과보(果報)를 찬양(讚揚)하며 왕의 기쁨의 노래를 칭송하면서 축복의 기도를 올린 후에 집으로 돌아갔다. 왕과 왕비는 그 후 도시의 동서남북 사대문과 도심 중앙과 왕궁 성문 앞에 여섯 군데의 보시당을 세우고 온 세상의 모든 사람들에게 보시를 하였다. 그리고 두 사람은 수명이 다하는 날 함께 하늘로 올라갔다고 한다. 부처님은 이렇게 전생이야기를 마치시고 덧붙여 말씀하셨다. "그때의 그 왕비는 저 라훌라의 어머니요, 그 왕은 곧 나였다"

　부처님의 여덟 번째 전생이야기는 옛날, 바라나시의 어떤 가난한 집에서 태어난 한 사내아이가 어느 날 아침에 자기가 일하는 가게에서 식초로 맛을 낸 네 그릇의 죽을 받아 탁발하는 네 수행자에게 공양(供養)을 하여 그 공덕(功德)으로 다음 생에 왕자로 태어나 왕이 되어 부귀영화(富貴榮華)를 누렸다는 말씀입니다.

　네 명의 수행자는 히말라야 산 속의 난다물라 동굴에 살면서 엄격한 수행으로 깨달음을 얻은 존귀한 벽지불들이었다는 것입니다.

　사내아이는 자신이 먹을 죽을 벽지불들에게 공양을 올릴 때 너는 내생에 왕자로 태어날 것이라는 벽지불의 예언대로 바라나시의 왕가에 왕자로 태어났는데 왕자의 이름은 브라흐마닷타라 불리이며 태어날 때부터 왕위를 계승할 자로 지목되어 되어 왕이 된 것입니다.

이렇게 왕이 이생에 태어나 옥좌(玉座)에 앉게 된 것은 전생에 네 명의 부처에게 기름기도 없고 소금기도 없이 그저 식초로만 맛을 낸 죽을 공양한 공덕(功德) 때문이었습니다. 즉 전생에 선업(善業)을 심은 덕에 현생에 복을 받아 왕이 되었다는 것입니다. 이러한 것을 심은 대로 거두는 인과응보(因果應報)라 말합니다.

그러면 온 정성을 다해 따뜻한 밥을 직접 지어 수행자들에게 공양을 한 사람들도 많은데 이들은 무엇으로 태어났을까? 이런 말씀 때문에 오늘날 불자들은 수행자나 부처님께 지극정성으로 공양을 올리며 보시를 하는 것인데 이는 자신도 내생에 좋은 곳에 태어나 잘살기 위함이며 또한 이생에서도 부처님께 만사형통(萬事亨通)의 복을 받아 행복하게 살기 위함입니다. 그런데 이렇게 부처님이나 수행자들에게 내세에나 현세에 복을 받기위한 목적으로 조건적으로 드리는 공양(供養)이나 보시(布施)는 진정한 공양이나 보시가 아니라 자신의 욕심을 채우려는 수단이며 일종의 뇌물과 같은 것입니다.

보시는 유주상보시(有住相布施)와 무주상보시(無住相
布施)가 있는데 유주상 보시는 어떤 목적을 가지고 자신을
드러내어 행하는 보시이며 무주상 보시는 아무런 조건 없
이 자신을 드러내지 않고 행하는 보시입니다. 부처님께서
불자들에게 원하시는 보시는 무주상보시입니다.

　그런데 불자들이나 수행자들이 해탈이나 성불을 하여
부처가 되려면 법 보시(法 布施)를 해야 합니다. 왜냐하면
죽어가는 무명의 중생들을 구원하고 살리는 것은 곧 부처
님의 말씀이기 때문입니다.

　부처님이 살아생전에 행하신 보시가 곧 법 보시였으며
부처님의 제자들이 부처님을 따라 행한 보시도 법 보시(法
布施) 였습니다.

부처님의 아홉 번째 전생이야기

(사슴 왕 이었을 때의 이야기)

옛날 산중에 한 사슴의 왕이 있었는데 이름이 스반나
(黃金色)이었다. 이 스반나가 물가에서 놀고 있는데 사람이
물에 빠져 다 죽게 된 것이다. 녹왕이 그 소리를 듣고 그를
구해내고자 하여 말했다. "두려워하지 마오. 내 뿔을 잡고
내 등에 타시오. 내가 당신을 구해내리다" 그리하여 그 사
내를 구해내니 그 사내가 기뻐하며 녹왕의 주위를 세 번 돌
고 절한 다음 말했다. "사람으로 태어나기 어렵고 그 목숨
은 한없이 중하오. 그대가 위험을 무릅쓰고 내 목숨을 구해
주니 그 은혜가 천지와 같으오. 이 은혜를 평생 잊지 않으
리다. 원컨대 나로 하여금 당신의 종이 되게 해주시오. 무
슨 일이든지 다 시중을 드리리다" 녹왕이 말했다. "떠나시
구료. 나는 나를 위해 당신의 일생을 묶어둘 수 없소. 다만
내가 여기 있다는 것을 절대로 남에게 말하지만 말아주오"

"목숨을 걸고 그 약속을 지키리다" 하고 그 사내는 떠
났다. 그 나라의 왕 마헨드라세나의 비(妃) 게마가 꿈을 꾸
었다. 꿈에 보니 '구색의 녹왕이 있는데 그 뿔이 뛰어나기
가 물소보다 낫다'는 것이었다. 꿈에서 깨어 왕에게 말했

다. "그 사슴의 가죽으로 옷을 삼고 뿔로 귀걸이를 삼고자 합니다. 만일 그것을 얻지 못하면 난 죽어버리겠습니다" 왕이 왕비의 청을 허락하고 그날 아침 군신을 모아 명을 내렸다. "그 사슴을 잡아오는 자에게는 큰 상을 내리리라"

이때 그 사슴에 의해서 목숨을 건진 자가 욕심에 눈이 어두워 사슴과 한 약속을 깨고 왕궁으로 와서 그 사슴이 있는 곳을 안다고 말했다. 이 때 그 사내가 곧 문둥이가 되어 얼굴에 흠집이 생기고 입에서 냄새가 났는데 그 사내가 다시 말하기를, "그 사슴은 영수(靈獸)이니 여러 사람을 데리고 가지 않으면 잡을 수 없습니다" 라고 말했다. 왕은 병사를 거느리고 강을 건너 사슴을 찾아 나섰다. 그 사슴은 전부터 까마귀 한 마리와 친교를 맺고 있었다.

그 까마귀가 군사가 오는 것을 사슴에게 알리니 녹왕이 놀라 도망치려다가 가망이 없는 것을 알고 왕 앞에 나가 말했다. "임금님, 임금님께서는 궁중에 계시면서 제가 여기에 있다는 것을 어찌 아셨습니까?" 왕이 문둥이를 가리키면서 말했다. "이 문둥이가 가르쳐 주었느니라" 녹왕은 전에 그를 물에서 건져준 것과 자기가 여기 있다는 것을 아무에게도 말하지 않기로 약속했다는 것을 말하고 이어 말했다. "마음이 비뚤어진 사람을 건져주는 것보다 나무 막대기

를 건져주는 것이 낫겠습니다" 왕은 감탄하여 궁으로 돌아
갔다. 왕비는 사슴을 얻지 못해 심장이 터져 죽고, 왕은 온
나라의 사슴들이 마음껏 먹고 놀게 하라고 명을 내렸다. 부
처님이 말씀하셨다. "그때의 그 녹왕은 '나'이고 문둥이는
데바닷다니라"

부처님께서 아홉 번째로 말씀하신 물에 빠진 사람과 사
슴왕은 오늘날 불자들에게 큰 교훈을 주고 있습니다. 왜냐
하면 문둥이가 된 데바닷다 처럼 오늘날 불자들도 탐
(貪)진(瞋)치(癡)로 말미암아 죽어가는 영혼들을 부처님께
서 구원하여 살려 주었음에도 불구하고 그 은혜를 모두 잊
고 부처님을 이용하여 자기 욕심을 채우려고 신행생활을
하고 있기 때문입니다.

부처님께서 불자들에게 바라고 원하시는 신앙은 자리
(自利)와 이타(利他), 즉 자리(自利)는 위로 보리를 구하여
부처가 되라는 것이며 이타(利他)는 보리(菩提)를 구하여
부처가 된 자들은 이웃에 죽어가는 영혼들을 구원하여 부
처를 만들라는 것입니다.

이와 같이 부처님이 말씀하신 뜻과 팔만대장경에 기록
된 말씀은 모두 자리와 이타입니다. 그런데 오늘날 불자들
은 부처님의 이러한 뜻을 외면(外面)하고 부처님을 믿고 신

행생활을 하는 목적이 모두 운수대통(運數大通)과 만사형통(萬事亨通)의 복만 받으려고 하는 것입니다. 때문에 사람들은 인간이 만물의 영장(靈長)이라 말하지만 부처님은 짐승보다 못한 미물들이라 말씀하시는 것입니다.

그러므로 부처님은 아홉 번째 이야기를 통해서 문둥병에 걸린 데바닷다니는 다른 사람이 아니라 오늘날 불자들을 방편(方便)으로 말씀하신 것입니다.

부처님의 열 번째 전생이야기
(비둘기와 까마귀)

옛날 바라나시에서는 모두가 새를 애지중지하며 기르고 있었다. 자기가 기르고 있는 새는 물론이요, 산과 들을 날아다니는 야생 조류까지도 사랑하고 보호하였다. 사람들은 자기들의 집에 새가 살기 편한 곳에 바구니를 걸어놓고서 자유롭게 출입할 수 있도록 하였다.

덕분에 새들은 밤이 되어도 지붕 아래에서 편안하게 잠들 수가 있었다. 어느 부잣집에서 요리사로 일하고 있는 남자도 자신의 부엌에 새 바구니를 하나 걸어놓고 있었다. 바구니 안에는 하얀 비둘기가 살고 있었다. 그 비둘기는 새벽이 되면 바구니를 나와서 먹을 것을 찾으러 멀리 날아갔다가 해가 저물면 돌아왔다. 어느 날, 까마귀 한 마리가 찾아왔다.

"어디선가 향긋하고 좋은 냄새가 나는 걸…" 슬쩍 부엌을 엿보니 아주 먹음직스런 커다란 고기와 생선이 산더미처럼 쌓여져 있었다. 까마귀는 잠시 주위를 빙빙 날아다니면서 냄새를 맡다가 참을 수 없게 되자 무슨 수를 써서라도 부엌으로 몰래 숨어들어가 그 고기와 생선을 먹어야겠다고 생각하였다. 까마귀는 그 집에 걸려 있는 새 바구니에 비둘기가 살고 있는 것을 보고 계획을 생각해냈다. 다음 날 아침이 되자 비둘기가 먹이를 구하러 날아갔다. 그러자 까마귀는 얼른 그 뒤를 쫓아갔다.

비둘기가 하늘 높이 춤을 추면 까마귀도 춤을 추었고, 비둘기가 바람을 타고 날개를 펼치면 까마귀도 날개를 펼쳤다. "넌 대체 무슨 생각에서 나를 뒤쫓아 오는 거니?" 비둘기가 까마귀에게 물었다. "아, 미안해, 하지만 이상하게 생각하지는 말아줘. 나는 네가 하늘을 나는 모습에 반해버렸거든. 함께 날고 있자면 얼마나 기분이 좋아지는지 몰라. 그래서 이렇게 쫓아다니게 된 거란다"라고 까마귀는 대답했다.

비둘기는 별 우스운 일도 다 있다고 생각했지만 까마귀가 별달리 나쁜 짓을 한 것도 아니기에 그대로 내버려 두었다. "까마귀들이란 언제나 곧 싫증내기 마련이니까…" 비둘기는 신경을 쓰지 않기로 했다. 하지만 까마귀는 언제까지나 비둘기를 쫓아다니면서 비둘기 흉내를 내었다.

그러다가 마침내 목장 근처까지 쫓아오고 말았다. "까마귀야! 너희들이 먹는 것은 우리들 비둘기와는 전혀 다르지? 여기에는 우리들이 먹을 것은 다양하게 많이 있지만

너희가 좋아하는 것은 없단다" "아니, 상관없어" 까마귀는
그렇게 말하며 비둘기를 쫓아왔다. '내가 좋아하는 것은 좀
색다른 곳에 있지…' 까마귀는 하마터면 이렇게 말할 뻔 했
지만 가까스로 입을 다물었다. 목장에 내려서 비둘기는 나
무 열매와 풀을 먹었다.

하지만 까마귀는 쇠똥을 뒤적이다 간신히 벌레 몇 마리
를 발견하고서 겨우 허기를 채웠다. 저녁이 되자 비둘기는
요리사의 주방을 향해 날아갔다. 까마귀 또한 그 뒤를 부지
런히 쫓아갔다. 그리하여 마침내 요리사의 집 안까지 들어
갔다. "저런, 우리 비둘기가 친구를 데리고 왔네. 그런데
아무리 친구라지만 비둘기와 까마귀가 어울린다는 것은 왠
지 이상한걸" 요리사는 그렇게 말하며 또 하나의 바구니를
부엌에 매달아 주었다.

까마귀는 그 속에서 새근새근 잠들었다. 다음날 아침
일찍 눈을 뜨자 비둘기가 또다시 먹이를 구하러 가자고 말
했다. 하는 수 없이 까마귀도 뒤를 따랐다. 가는 도중에 요
리사의 집으로 수많은 고기와 생선이 운반되어 가는 것이
보였다.

까마귀는 하늘에서 군침을 흘리며 그것을 지켜보았다.
온종일 고기와 생선이 머리에서 떠나지 않자 까마귀는 그

날 하루를 내리 멍청히 지낼 수밖에 없었다. 비둘기 흉내를 내며 날아도 보았지만 더 이상 참을 수 없게 되자 몇 번이나 집으로 돌아가자며 비둘기를 졸라댔다. 집에 돌아오니 고기와 생선은 이미 요리되어 부잣집으로 실려나간 뒤여서 아무것도 남아 있지 않았다. "젠장" 까마귀는 혀를 찼다. '내일이면 또다시 고기와 생선을 가득 싣고 올 게 분명해. 내일은 어떻게 하든지 집에 남아서 그것들을 모조리 먹어 치워야지' 까마귀는 머리를 굴리며 생각하였다.

다음날 아침, 비둘기는 언제나처럼 일찍 눈을 뜨고서 까마귀에게 나가자고 말했다. 하지만 까마귀는 옆 바구니에서 딴전을 피웠다. "왜 그러는 거니?" 비둘기가 물었다. "어쩐지 몸이 좋지 않아" 까마귀는 배를 문지르면서 답했다. "그래? 하지만 네 날개색은 그리 나빠 보이지 않는 걸?" 비둘기가 까마귀를 들여다보면서 말했다. "그런데 왜 그런지 배가 몹시 아픈걸…" "아픈 것 같아 보이지 않는데?…" "아냐, 감기기운도 있고…" "저런, 정말 안됐구나" "응, 머리도 아프고 다리도 몹시 아파" 까마귀는 온갖 거짓말을 늘어놓았다.

비둘기는 왠지 미심쩍다고 생각하면서 까마귀의 모습을 보고 있었다. 까마귀는 때때로 덜덜 떨기도 하면서 비둘

기를 흘낏 보았다. "어쨋든 병든 너를 무리하게 데리고 나
갈 수는 없는 일이지. 하지만 만에 하나 이 집안에 있는 것
을 훔치려고 해서는 절대 안 된다는 것을 명심해야 해"

"그런 일은 없을 거야" 까마귀는 단호하게 고개를 저었
다. "잘 알고 있겠지만 인간이 먹는 음식은 새들에게는 맞
지 않으니 괜한 욕심은 갖지 않는 것이 좋아. 그러다 엉뚱
한 일을 당하는 것은 자기 자신이니까 말이야. 정말로 병이
나서 그렇다면 푹 쉬렴" 비둘기는 그렇게 말하고 나서 날아
갔다.

까마귀는 안도의 한숨을 내쉬며 바구니 안에서 기다리
고 있었다. 과연 예상한 대로 그날도 많은 고기와 생선이
운반되어 왔다. 까마귀는 기뻐서 어쩔 줄을 몰랐다. 요리사
는 지체 않고 고기와 생선을 다져서 음식 만들 준비에 들어
갔다. 모든 재료들을 냄비와 접시에 담고서 요리사는 부엌
을 나갔다.

"때는 이 때다" 까마귀는 바구니에서 나왔다. 그리고
요리사가 빨리 돌아오지 않으리라는 것을 알고서 부엌의
냄비와 접시 사이를 활보하였다. 그리고 음식들을 시식해
보니 왠지 자신이 엄청난 부자라도 된 듯 가슴이 뿌듯해졌
다. "하하하… 뭐든 손에 잡히는 대로 먹어치울 수 있다.

으음, 얇게 저민 고기는 배가 쉽게 불러오지 않지! 이 쪽에 있는 저민 고기부터 한 번 시식해 볼까!"

까마귀는 거드름을 피우며 이렇게 말한 뒤에 얇게 저민 고기가 들어 있는 냄비 있는 곳에 멈춰 섰다. 뚜껑이 약간 열려 있어서 그곳에 부리를 들이밀고서 냄비 안에 있는 고기를 먹기 시작하였다. 그런데 욕심이 컸던 나머지 커다란 고기를 덥석 물고 빼내려다 뚜껑이 식탁 아래로 미끄러져 요란한 소리를 내었다. 이상한 소리가 들리자 요리사가 황급히 부엌으로 들어왔다. 그곳에는 까마귀가 커다란 고기를 삼키려고 눈을 희번덕거리고 있는 참이었다. "이런 날강도 같은 까마귀 놈아!"

요리사는 까마귀의 머리를 낚아챘다. 그리고 눈 깜짝할 새에 털을 죄다 뽑아서 발가숭이로 만들었다. 온갖 매운 조미료를 듬뿍 섞어서 까마귀 몸에 뿌렸다. "통째로 구워먹지 않은 것만도 고맙게 생각해!"요리사는 까마귀를 바구니 속에 던져 넣었다. 저녁이 되어 돌아 온 비둘기는 바구니 속에서 얼얼한 양념 때문에 괴로워하고 있는 까마귀를 보았다.

"내가 말한 것을 왜 듣지 않았니? 충고를 귀담아 듣지 않은 벌이다. 욕심이 지나친 것에 대한 과보는 반드시 자신에게 되돌아오는 법이지. 그건 그렇고 나야말로 이런 도둑놈을 집 안으로 끌어들이고도 무슨 염치로 이 집에서 살 수 있겠어!" 비둘기는 요리사의 집을 떠나갔다.

까마귀는 털을 모두 뽑히고 바구니 속에서 발가숭이로 괴로워하며 몸부림을 치다가 죽어갔다.

부처님은 이렇게 전생이야기를 들려주신 뒤에 그 비구를 위해 네 가지 성스러운 진리를 말씀하셨다. 그 탐욕에 가득 찬 비구는 곧 자신의 허물을 참회하고 그 자리에서 아라한과를 얻었다. 부처님은 그 비구가 아라한과를 얻은 것을 아시고 이렇게 말씀하셨다. "비구들이여, 그 때의 그 탐욕스럽던 까마귀는 지금의 저 비구였고, 그 비둘기는 바로 나였다"

부처님의 열 번째 전생이야기는 비둘기와 까마귀를 통해서 오늘날 스님들과 불자들에게 많은 교훈과 더불어 경각심(警覺心)을 주고 있습니다. 왜냐하면 비둘기는 부처님이며 까마귀는 탐욕이 가득한 비구로 오늘날 스님들을 방편(方便)으로 말씀하고 있기 때문입니다.

석가모니 부처님은 궁궐의 부귀와 영화를 모두 버리고 생로병사(生老病死)의 윤회(輪廻)에서 벗어나기 위해 출가를 하시어 결국 진리를 깨달아 성불(成佛)하여 부처가 되신 분입니다. 때문에 부처님은 예전이나 지금이나 불자들에게 세속의 욕심을 버리고 진리를 깨달아 부처가 되라고 말씀하고 있습니다.

그럼에도 불구하고 절에 가보면 사찰에 들어가는 입구부터 기와 불사를 비롯하여 곳곳에 복전함을 만들어 놓고 시주(施主)를 하라고 합니다. 심지어 부처님이 계신 성스러운 법당 안에서도 백일기도 천일기도를 부처님께 올리면 복을 받는다고 시주를 하라고 권하고 있습니다. 이러한 행위는 부처님을 빙자하여 장사하는 행위이며 부처님의 말씀을 팔아먹는 행위입니다.

때문에 부처님께서 열 번째 이야기에서도 네가지 성스러운 진리 곧 사성제를 설하신 것입니다. 사성제는 위에 기록된 바와 같이 이 세상의 인간들은 모두 고(苦), 즉 고통을 받고 살아가는데 고통의 원인은 집(集), 즉 욕심 때문이라는 것입니다.

그러므로 인간들이 욕심만 제거할 수 있다면 생로병사(生老病死)의 윤회(輪廻)에서 영원히 벗어나 성불(成佛)하여 부처가 될 수 있다고 말씀하고 계신 것입니다.

그럼에도 불구하고 스님들이 부처님의 이러한 가르침을 외면하고 탐욕이 가득한 까마귀와 같이 어떻게 해서라도 부처님을 이용해서 자기 욕심을 채우려고 혈안(血眼)이 되어 있는 것입니다.

문제는 이러한 행위는 인과응보(因果應報)에 의해서 내세에 그에 상응(相應)하는 형벌과 더불어 고통을 받게 된다는 것입니다. 그러므로 오늘날 스님들과 불자들은 부처님 앞에서 참회(懺悔)를 하고 부처님의 뜻대로 수행정진(修行精進)을 해야 합니다. 그러면 언젠가는 해탈(解脫)하여 생로병사(生老病死)의 윤회(輪廻)에서 벗어나 부처가 되어 영원한 극락(極樂)이 이루어 질 것입니다.

이상과 같이 부처님의 전생이야기는 오늘날 스님들과 불자들에게 많은 교훈과 더불어 경각심(警覺心)을 주고 있습니다. 그러므로 오늘날 스님들이나 불자들은 지금까지 잘못된 신행생활을 참회(懺悔)하고 부처님의 뜻에 따라 모든 욕심을 버리고 오직 해탈(解脫)하여 성불(成佛)하기 위해서 정진(精進)해야 합니다.

지금까지 본생경(本生經)을 통해서 부처님의 전생이야기를 살펴보았습니다. 그러면 부처님이 말씀하시는 전생과 윤회를 성경이나 오늘날 기독교에서는 어떻게 말씀하고 있을까? 기독교회는 지금까지 전생이나 윤회를 전적으로 부정해오고 있습니다.

그러나 하나님의 말씀이 기록된 성경에는 전생과 윤회가 분명하게 기록되어 있습니다. 그러므로 불자들이 성경에 기록되어 있는 전생과 윤회에 대하여 살펴보는 것은 부처님이 말씀하시는 전생과 윤회를 이해하는데 많은 도움이 되리라 생각합니다.

그러므로 이제 성경에서 말하고 있는 전생과 윤회에 대하여 살펴보기로 하겠습니다.

3. 성경이 말하는 전생과 윤회

기독교인들이 지금까지
전생(前生)이나 윤회(輪廻)를 부정하고 있는 이유는
기독교회는 하나님의 창조론(創造論)을 믿고 있다는 것과
또한 기독교의 교리가 전생이나 윤회를
전적으로 부정하고 있기 때문입니다.

성경이 말하는 전생과 윤회

(1) 기독교에서 전생과 윤회가 사라진 역사적 배경

　인간들은 어디로부터 왔으며 무엇 때문에 살다가 어디로 가는 것일까? 인간들이 온 곳은 진정 어미의 태이며, 가는 곳은 한 평 남짓한 무덤 속이나 화장터에서 타다 남은 한줌의 재가 되어 들어가는 납골묘란 말인가? 그렇지 않으면 불교인들의 주장과 같이 인간들이 온 곳은 전생이며 죽어서 가는 곳은 현생의 과업에 따라 환생하게 된다는 내생일까? 그러면 전생이 존재한다는 불교인들의 주장과 전생은 존재하지 않는다는 기독교인들의 주장은 어느 편이 진실일까? 사람들이 이 세상을 살아가다가 환란을 당해 심한 고통을 받게 되면 "내가 전생에 무슨 죄를 지었기 때문에 이런 고통을 받는단 말인가?" 하며 자신을 한탄합니다.

　그런데 기독교인들은 재앙이나 고통을 받을 때 하나님이 주신 시련이라 말하며 참고 견디면서 감사를 하는 사람도 있습니다. 그러나 기독교인들도 심한 고통을 당하게 되면 대부분 하나님을 원망하거나 하나님의 존재여부를 의심하게 됩니다.

이렇게 불교인들은 생사화복의 원인이 전생에 자신이
지은 업에 있다고 인과응보(因果應報)를 주장하지만, 기독
교인들은 인간들의 생사화복(生死禍福)이 모두 하나님에
의해서 정해진다고 말합니다. 그러면 불교인들과 기독교인
들의 이러한 주장들은 어느 편이 진실이고 어느 편이 거짓
일까? 이러한 문제들은 사람들이 이 세상을 살아가면서 반
드시 알아야 하며 해결해야 할 문제들이라 생각합니다. 지
금 신앙생활을 하고 있는 신앙인이라면 더욱 그러합니다.
그런데 대부분의 신앙인들이 이러한 문제의 근원을 알려는
것이 아니라, 오직 화복에 매여 신앙생활을 하다가 인생을
허무하게 마치고 있는 것입니다.

　그러므로 신앙인 중에도 사람들이 왔다는 전생이나 사
후에 들어가는 내생도 막연히 믿고 있을 뿐 확실하게 알고
있는 사람은 그리 많지 않습니다. 왜냐하면 신앙인들이 평
생 동안 신앙생활을 하면서도 사후에 들어간다는 천국이나
극락, 그리고 지옥이 어느 곳에 있으며 그곳은 어떤 사람들
이 들어가는지 또한 그곳은 구체적으로 어떤 곳인지를 확
실하게 아는 사람이 없기 때문입니다. 이렇게 불교인들은
사람이 태어나서 오는 전생이나 죽어서 가는 내생도 믿고
있으나, 기독교인들은 사람이 죽어서 가는 내생만을 믿으

며 사람이 온 전생은 모두 부정을 하고 있습니다.

그러면 인생들이 왔다는 전생은 과연 있는 것일까? 아니면 없는 것일까? 오늘날 기독교인들에게 이러한 문제들을 명확하게 답해 줄 수 있는 것은 오직 하나님의 말씀이 기록되어 있는 성경밖에 없습니다. 그러면 하나님의 말씀이 기록되어 있는 성경은 인간들의 전생이나 윤회에 대해서 어떻게 말씀하고 있을까? 문제는 하나님께서 성경을 통해서 전생이나 윤회에 대하여 말씀을 하고 있다 해도 기독교의 교리가 전생과 윤회를 부정한다든가 아니면 목회자들이 인정하지 않는다면 아무런 소용이 없다는 것입니다.

기독교인들이 지금까지 전생(前生)이나 윤회(輪廻)를 부정하고 있는 이유는 기독교회는 하나님의 창조론(創造論)을 믿고 있다는 것과 또한 기독교의 교리가 전생이나 윤회를 전적으로 부정하고 있기 때문입니다. 그러나 하나님께서는 인간의 전생이나 윤회가 존재한다는 것을 성경을 통해서 분명하게 말씀하고 있습니다.

그러면 언제 어느 누가 전생을 부정을 하며 기독교회에서 전생을 말살해 버렸을까? 오늘날 하나님과 성경에 기록된 말씀을 믿는 기독교인들이라면 이러한 문제에 대해서 분명하게 알아야 합니다.

이제 기독교회에서 전생과 윤회가 사라진 동기와 역사적 배경에 대해서 알아보기로 하겠습니다. 예수님의 부활 승천 이후 초기 기독교회에서 윤회와 환생(還生)은 정식으로 인정되었으며 교회신학의 일부였습니다. 서기 2세기경 로마 최초의 기독교학교를 설립했던 순교자 유스티누스와 성 아우구티누스와 그리고 알렉산드리아의 클레멘스는 환생설을 가르쳤으며 당시의 가장 크고 강력했던 기독교 종파인 그노시스파(영지주의)와 마니교도들도 윤회설을 가르쳤습니다. 이처럼 초기 기독교 역사의 약 400년간은 환생설이 기독교의 보편적 가르침이었습니다.

　　그런데 종교와 왕권이 결탁(結託)하면서 영혼의 구원이 개인적인 노력과 전생의 업에 의해서 가능하다면 교회와 황제의 권위가 약화된다는 우려 때문에 영혼의 선재론(전생과 윤회)을 교회신학에서 삭제해 버린 것입니다. 서기 4세기에 로마의 황제 콘스탄티누스 대제는 기독교를 공인(公認)하면서 성경에 기록되어 있던 윤회에 대한 말씀들을 없애기로 결정하여 서기 325년 니케아 공의회 이후 모든 복음서에서 환생을 암시하는 구절들을 모두 삭제해 버렸습니다. 그 후 6세기경 동로마제국의 폭군인 유스티니아누스 황제는 단독으로 윤회설을 이단이라 결정하고 553년에 콘스탄틴노풀 공의회를 소집하여 환생사상을 가르쳤던 오리게네스와 그의 지지자들을 이단으로 규정하였습니다.

이렇게 황제와 그의 아내는 윤회사상이 왕권에 대한 도전으로 간주(看做)하였는데 이는 윤회설이 자신들을 신격화(神格化)하는데 방해가 된다고 생각했기 때문입니다. 당시 서로마제국에서는 오리게네스의 윤회설이 인정받고 있었습니다. 그런데 황제가 환생설을 신봉하는 교파에 대한 무자비한 학살과 탄압(彈壓)을 하면서 기독교 환생설이 자취를 감추게 된 것입니다. 그럼에도 불구하고 환생설은 완전히 소멸되지 않았으며 이단으로 몰렸던 교파들의 신앙 속에서 면면히 이어져 왔습니다.

그 후 환생설은 르네상스 시대에 잠깐 지성인들의 관심을 끌었다가 곧 잊혀진 뒤, 19세기 말경에 이르러 다시 신지학(神智學, theosophy)운동이 일어나면서 기존의 기독교 교리에 도전하게 되었습니다. 신지학자들은 불교와 힌두교의 윤회사상을 연구하여 서양의 기독교적 전통과 조화를 시키는데 힘을 기울였습니다. 현대의 성직자들 중에도 초기 기독교의 성인들처럼 윤회에 대해 긍정적인 시각을 가진 사람들이 더러 있었습니다.

벨기에 가톨릭 교구의 메르시 추기경은 "개인적으로

윤회사상을 믿지는 않지만 윤회론이 가톨릭교회의 본질적
인 가르침과 모순되지는 않는다"고 선언했고, 영국 런던 성
바울교회의 잉그 감독은 "윤회론과 근대 감리교 교리사이
에는 아무런 모순이 없다"고 말했으며, 감리교 목사인 레슬
리 웨더헤드도 윤회론의 지지자였습니다. 이렇게 서양의
대표적 지성인들 가운데에는 자신이 윤회론을 믿는다는 사
실을 공공연히 밝혔던 인물들이 의외로 많이 있었습니다.

고대 그리스의 플라톤, 피타고라스, 플루타크 등과 로
마의 대 문호였던 버질, 에니우스를 비롯해 근세에는 쇼펜
하우어, 헤겔, 볼테르, 에머슨, 발자크, 위고, 베토벤, 나폴
레옹, 톨스토이, 블레이크, 브라우닝, 휘트먼, 벤저민 프랭
클린, 헨리 포드 등이 윤회론을 믿었다는 사실이 알려져 있
습니다.

오늘날 기독교를 이렇게 발전하도록 크게 공헌한 사람
은 콘스탄티누스 대제이지만 하나님에게는 대역 죄인이라
는 것을 알아야 합니다. 이렇게 콘스탄틴 황제는 기독교의
교리를 만들어 오늘날 기독교인들에게 큰 공헌을 하였지만
하나님 앞에서는 하나님의 말씀을 자기 마음대로 가감하여
왜곡(歪曲)한 대 죄인입니다. 이 한 사람의 대 죄인 때문에
기독교에 전생과 윤회는 자취를 감추게 되었고 이 때문에

오늘날 기독교회도 전생과 윤회를 부정하고 있는 것이며 누가 전생과 윤회에 대해서 말하면 무조건 이단으로 매도하고 있습니다. 그러나 거짓과 진실은 반드시 밝혀져야 하며 성경에서 삭제된 말씀들은 다시 복원(復元)되어야 합니다.

오늘날 하나님의 말씀을 진리로 믿고 올바른 신앙생활을 하려는 기독교인들이라면 하루속히 기독교의 교리에서 벗어나 하나님의 말씀대로 신앙생활을 해야 합니다. 왜냐하면 거짓으로 왜곡(歪曲)된 말씀을 진실로 믿고 신앙생활을 한다면 천국으로 가는 것이 아니라 지옥으로 들어가게 되기 때문입니다. 이러한 이유로 오늘날 기독교인들은 사후 세계에 천국과 지옥이 있다는 것과 내생이 있다는 것은 의심 없이 믿고 있으나 전생이 있다는 것은 모두 부정을 하고 있는 것입니다.

그러나 이 세상 모든 만사에는 원인 없는 결과가 없고 뿌리 없는 나무도 없듯이 전생이 있기 때문에 현생이 있고 현생이 있기 때문에 내생도 존재하는 것입니다. 이 말은 내가 어제 존재했기 때문에 오늘 존재하고 있는 것이며 오늘 존재하고 있기 때문에 내일도 존재 할 수 있는 것입니다.

이렇게 지극히 당연한 사실을 기독교인들은 기독교의

교리 때문에 전생을 모두 외면하고 있습니다. 더욱 놀라운 사실은 전생을 부정하고 있는 것은 기독교회들이며 하나님께서는 성경을 통하여 전생에 대해 분명하게 말씀하고 있습니다. 비록 콘스탄티누스 대제가 전생과 윤회의 말씀들을 성경에서 모두 삭제하였다하나 하나님께서는 오늘날 기독교인들을 위해서 전생과 윤회의 말씀들을 부분적으로 성경 속에 감추어 놓으신 것입니다. 그러므로 오늘날 기독교인들이 여기에 기록된 전생과 윤회에 대한 하나님의 말씀들을 의심하지 않고 받아들인다면 신앙생활에 많은 도움이 될 것입니다.

(2) 인간들이 온 곳과 가는 곳

사람들에게 "인간은 어디로부터 왔으며 무엇 때문에 살다가 어디로 가느냐"고 묻는 다면 이 질문에 자신 있게 그리고 명확히 대답을 하는 사람은 별로 없다고 생각합니다. 왜냐하면 사람들이 이러한 문제에 대하여 깊이 생각하거나 관심을 가지고 알려고 하는 사람이나 살고 있는 사람이 없기 때문입니다. 이것은 신앙생활을 하고 있는 종교인들도 생각과 믿음의 차이가 좀 있을 뿐 동일하다고 생각합니다. 왜냐하면 종교인들도 신앙생활을 하면서 자신이 온 곳과 가는 곳 그리고 진정한 삶의 의미를 확실히 모르고 있기 때문입니다. 사람들이 신앙생활을 하는 목적은 바로 이러한 문제들을 근본적으로 알아서 해결하는 것이라 생각합니다. 그러나 오늘날 종교가 이러한 문제를 근본적으로 해결하지 못하고 있는 실정입니다.

오늘날 기독교회의 심각한 문제는 사람이 죽어서 가는 내생은 철저히 믿고 있으나 인간들이 온 전생은 강력히 부정을 하고 있습니다. 이것은 마치 자기 눈에 나무의 뿌리가 보이지 않는다고 나무의 가지와 열매는 있으나 뿌리는 없다고 주장을 하는 것과 같습니다. 기독교인들이 죽으면 영혼이 떠나 천국이든 지옥이든 가는 곳이 내생인데, 이미 내생에 살고 있는 사람들의 전생은 당연히 현생이건만 기독교인들은 이러한 사실들을 부인하고 있는 것입니다. 그러나 만일 전생이 없다면 현생이 없고 현생이 없는 내생 역시 존재할 수 없다는 것을 알아야 합니다. 결국 기독교인들이 전생을 부정하는 것은 자신들이 믿고 가려는 내생을 부정하는 것과 같은 것입니다.

사실 오늘날 기독교인들이 모르고 있는 것은 전생이나 윤회 뿐만이 아니라 죽어서 간다는 천국이나 지옥이 어느 곳에 있는지 그리고 그곳은 어떤 곳이며, 어떤 자들이 들어가는지 조차도 확실히 모르고 있는 것입니다. 이것은 기독교인들의 신앙생활이 성경에 기록된 하나님의 뜻을 찾고 이루려는 것이 아니라 이 세상에서 채워지지 않는 자신의 욕심을 채우려고 신앙생활을 하기 때문입니다. 그러나 하나님은 본성 자체가 진실이기 때문에 하나님의 백성들이 신앙생활을 통해서 진실해지기를 원하고 계십니다. 그러므로 하나님의 백성들이 신앙생활을 통해서 그 내면에 깊이 자리 잡고 있는 욕심을 버리지 않으면 절대로 진실해질 수가 없고 천국에도 갈 수 없다는 것을 알아야 합니다.

사람들은 누구나 이 세상을 살아가면서 마음으로는 진실하길 원하며 진실을 추구하며 살기 위해 많은 노력을 하고 있습니다. 그러나 사람들이 진실하기가 힘들고 어려운 것은 이 세상에 존재하고 있는 인간들은 태어날 때 죄인의 몸으로 태어나 본질 자체가 욕심이요 거짓의 존재이기 때문입니다. 그러므로 많은 사람들이 진실하게 살기보다는 자신이 원하는 욕심을 채우기 위해서 살며 신앙생활도 하고 있습니다.

한때 매스컴에 세상을 떠들썩하게 했던 옷 로비사건의 청문회가 열린적이 있었는데 이 사건에 관련된 여인들의 대부분이 기독교인이라고 합니다. 이들은 청문회에 나와 진실만을 말하겠다고 선서를 하고 증언을 하였으나 수사결과 그들의 증언이 모두 거짓임이 드러난 것입니다.

이들이 한결같이 거짓을 말한 것은 진실을 말하면 자신에게 불리하기 때문이었습니다. 이와 같이 사람들이 거짓말 하는 이유는 모두가 자기의 욕심이나 실리 때문인데 욕심의 근원은 바로 자기 존재입니다. 하나님의 백성들이 신앙생활을 통해서 죄를 회개하고 세례를 받아야 하는 것은 바로 이러한 욕심 때문입니다.

하나님께서는 욕심이 곧 죄요 죄가 장성하면 결국 사망하게 된다고 말씀하고 계십니다. 그런데 안타깝게도 공정하게 재판을 하는 법정에도 거짓이 있고 하나님 앞에서 진실만을 전달해야 할 성직자들의 마음속에도 욕심과 거짓이 있다는 사실입니다. 그러므로 하나님께서 전도서를 통해서 해 아래 있는 존재들은 모두 악하다고 말씀하신 것입니다.

[전도서 3장 16절] 내가 해 아래서 또 보건대 재판하는 곳에 악이 있고 공의를 행하는 곳에도 악이 있도다.

상기의 말씀은 정의를 가지고 공정하게 재판을 해야 하

는 법정에도 악이 있고 공의를 행해야 하는 신성한 교회(성전)안에도 악이 있다는 것입니다. 결국 이 말씀은 해 아래 있는 사람들에게는 비록 법관이나 목회자라 해도 진실이나 공의가 없다는 것입니다. 즉 사람들이 가장된 진실과 위장된 공의를 가지고 이것이 진실이다 공의다 하면서 자신도 속고 남도 속이며 살고 있다는 것입니다. 이렇게 사람들이 진실한 삶을 살지 못하고 거짓과 외식(外飾)된 삶으로 고통을 받으며 살아가는 것은 인간들이 세상에 태어날 때부터 욕심과 탐심을 가지고 태어났기 때문입니다.

이 말은 욕심이 없는 자들, 즉 하나님의 생명으로 거듭난 의인들은 천상으로 올라가고 이 세상에 절대로 태어나지 않는다는 것입니다.

이렇게 인간들이 이 세상에 태어난 것은 전생에서 욕심과 탐심으로 인한 죄의 문제를 완전히 해결하지 못하여 이생에 다시 태어났다는 것입니다. 그러므로 이 세상 사람들은 신앙생활을 통하여 모든 욕심을 버리고 하나님의 생명으로 거듭나야 합니다. 만일 이 세상에서 하나님의 생명으로 거듭나 하나님의 아들이 된다면 천국으로 들어가 윤회(輪廻)하는 이 세상에 다시 태어나지 않게 됩니다.

이와 같이 사람들이 이 세상에 태어났다는 자체가 모두

죄인이요 욕심의 존재라는 것을 알아야 합니다. 기독교인
들이 교리를 통해서 말하고 있는 원죄는 아담으로부터 이
어받은 죄가 아니라 자신이 전생에 지은 죄를 말합니다. 왜
냐하면 하나님은 공의의 하나님으로 절대로 타인이 지은
죄를 자신에게 전가하시지 않기 때문입니다.

이 말은 자신이 전생에 쌓은 업, 즉 자신이 행한 선업
(善業)이나 악업(惡業)을 이생에서 복이나 화로 받는 것이
지, 다른 사람이 행한 선이나 악 때문에 자신이 복을 받거
나 저주를 받지 않는다는 것입니다. 이렇게 전생에서 자신
이 지은 업으로 인해 복도 받고 저주도 받는 것입니다. 그
러므로 이 세상에 태어난 사람들은 전생에 자신이 지은 죄
를 하나님의 말씀을 통해서 모두 깨끗이 씻어야 합니다. 만
일 이 세상에서 하나님의 말씀으로 전생에 지은 죄업과 현
생에서 지은 죄를 모두 깨끗이 씻으면 천국으로 들어가 다
시 이 세상에 태어나지 않습니다. 이 때문에 하나님께서 해
아래 있는 존재들, 즉 이 세상에 존재하고 있는 자들은 모
두가 죄인이라 말씀하신 것입니다.

하나님께서 전생에 있던 죄인들을 이 세상에 다시 보내
주신 것은 신앙생활을 통해서 인간들 안에 자리 잡고 있는
죄 성, 즉 욕심을 모두 버리고 하나님의 생명으로 거듭나라

는 뜻에서 입니다. 그러나 불행하게도 오늘날 기독교인들은 자신의 죄 성을 깊이 깨닫지 못하고 오직 예수님께서 우리의 죄를 대속하여 주셨다는 삯꾼목자들의 말만을 믿고 의인의 자리에 앉아서 자신의 욕심을 버리려 하지 않고 있습니다.

예수님께서 이 세상에 오셔서 죄를 대속하여 주신 것은 유대인들이나 오늘날 기독교인들이 아니라 오직 예수를 믿고 그의 말씀을 듣고 영접한 예수님의 열두 제자였습니다. 왜냐하면 그 많은 유대인들 가운데 예수를 구주로 믿고 따르면서 예수님의 입에서 나오는 생명의 말씀을 먹으며 날마다 죄를 씻은 자들은 오직 예수님의 열두 제자들뿐이었기 때문입니다.

이렇게 예수님의 제자들은 전생에 지은 죄와 현생에 지은 죄를 씻기 위하여 예수님의 말씀을 날마다 일용할 양식으로 먹은 것입니다. 그런데 오늘날 기독교인들은 전생에 지은 죄나 현생에 짓는 죄와 전혀 상관없이 기독교의 이신칭의 교리에 의해서 죄 사함을 받고 모두 의인이 되었다고 믿고 있습니다.

문제는 오늘날 기독교인들이 예수를 믿음으로 죄 사함을 받고 의인이 되었다는 것은 기독교의 교리이며 목회자들의 말이지 예수님이나 하나님의 말씀이 아니라는 것입니다. 이렇게 목회자들이 하나님의 말씀을 왜곡하여 구원을 시키며 하나님이 말씀하시는 전생과 윤회도 모두 부정을 하고 있습니다.

(3) 성경 속에 숨겨있는 전생과 윤회

오늘날 기독교인들은 자신이 온 전생이나 죽어서 가는 내생이 어딘지도 모르면서 예수를 믿는다는 이유 하나로 천국에 간다고 믿고 있습니다. 그러나 천국을 들어간다는 것은 기독교인들의 주장이며 하나님은 그렇게 말씀하고 있지 않다는 것입니다. 이렇게 오늘날 기독교인들은 하나님의 섭리 가운데 전생과 현생과 내생을 오고 가며 윤회하고 있다는 사실조차도 모르면서 천국 갈 수 있다고 큰소리치고 있습니다.

더욱 심각한 문제는 오늘날 기독교인들이 지금도 하나님께서 말씀하시는 전생이나 윤회를 전적으로 부정을 하고 있다는 것입니다. 그 이유는 위에서 말씀드린 바와 같이 콘스탄티누스 대제가 성경에 기록된 전생과 윤회에 대한 말씀들을 모두 삭제해 버리고 기독교에는 전생과 윤회가 없다고 교리로 정해 놓았기 때문입니다. 하나님의 말씀은 일점일획(一點一劃)이라도 가감(加減)하지 말라고 명하셨는데도 불구하고 콘스탄티누스 대제는 이렇게 엄청난 죄를 범한 것입니다. 그러나 하나님께서는 오늘날 이 세대들을 위하여 전생과 윤회의 말씀들을 성경 속에 부분적으로 감추어 놓으셨고 또한 자연만물(自然萬物)에 나타난 자연계시(自然啓示)를 통해서도 전생과 윤회를 항상 보여 주고 있습니다.

농부가 지난해에 추수한 씨를 봄에 심어야 여름을 지나면서 잘 성장하여 가을에 곡식을 맺는 것이며, 가을철에 추수한 곡식을 겨울 동안 곳간에 저장해서 내년 봄에 다시 심어야 열매를 맺을 수 있습니다. 이와 같이 인간들도 전생에 존재하던 육신이 죽어서 분리된 혼(씨)이 다시 이생에 육신의 옷을 입고 태어난 것이며 이생에서 육신이 입고 있던 몸이 죽으면 육신 안에 들어있던 혼이 내생에 또 다른 육신의 옷을 입고 태어나게 되는 것입니다.

그런데 만일 전생의 생명인 혼이 없다면 절대로 이생에 인간으로 태어날 수 없습니다. 그러나 혼적존재가 하나님의 말씀으로 거듭나 영적존재가 된 자들은 윤회에서 벗어나 천국으로 들어가 이 세상에 다시 태어나지 않게 됩니다.

이렇게 하나님께서 성경과 자연계시를 통해서 말씀하고 계신 전생과 윤회를 기독교회는 모두 부정을 하고 있는 것입니다. 결국 전생과 윤회를 부정하고 있는 것은 기독교의 교리이며 하나님께서는 성경을 통해서 전생이나 윤회를 분명하게 말씀하고 있습니다.

이제부터 하나님께서 성경을 통해서 말씀하시는 전생과 윤회의 말씀들을 살펴보기로 하겠습니다.

[전도서 1장 4절, 9–11절] 한 세대는 가고 한 세대는 오되 땅은 영원히 있도다. 이미 있던 것이 후에 다시 있겠고 이미 한일을 후에 다시 할찌라 해 아래는 새것이 없나니 무엇을 가리켜 이르기를 보라 이것이 새 것이라 할 것이 있으랴 우리 오래 전 세대에도 이미 있었느니라 이전 세대를 기억함이 없으니 장래 세대도 그 후 세대가 기억함이 없으리라.

상기의 말씀에 한 세대는 가고 한 세대는 오되 땅은 영원히 있다고 말하는 땅은 지구나 대지를 말하는 것이 아니라 사람의 존재를 비유하여 말하고 있습니다. 그러므로 한 세대는 가고 한 세대는 오면서 돌고 있다고 말씀하시는 것은 이 세상에 존재하던 사람이 죽어서 떠나가고 이 세상을 떠났던 사람이 다시 오는 것이지 새롭게 태어나는 것이 아니라는 말씀입니다. 즉 사람이 입고 있던 옷이 낡아지면 헌 옷을 벗고 새 옷으로 갈아입듯이 전생에 존재하고 있던 영혼이 이생에서 육신의 몸을 새로 입고 다시 태어나는 것이며 현생에 존재하고 있는 사람이 죽으면 육신의 몸을 벗고 그 영혼이 내생에 다른 몸으로 들어가 태어나는 것입니다. 즉 전생에 사람의 존재가 있었기 때문에 그 영혼이 이생에 다시 육신의 옷을 입고 태어날 수 있는 것이지 전생의 영혼이 없다면 이생에 태어날 수 없다는 것입니다.

이 말은 현생에 내가 존재하기 때문에 내생에 다시 태어나는 것이지 현생에 내 존재가 없다면 절대로 내생에 태어날 수 없다는 뜻입니다.

이와 같이 하나님께서는 이 세상에 존재하고 있는 모든 것은 새것이 하나도 없으며 이미 이전 세대, 즉 전생에 있던 것들이 현생에 존재하고 있는 것이며 현생에 존재하고 있는 것들은 다시 장래(내생)에 존재할 것들이라고 말씀하고 있습니다.

하나님께서 이렇게 죄 많은 인간들을 전생과 현생과 내생을 오고 가게 하며 돌리고 있는 것은 땅에 속한 사람들을 하나님의 말씀으로 창조하여 하늘에 속한 하나님의 아들을 만드시겠다는 것입니다. 그럼에도 불구하고 하나님의 백성들이 지금도 전생과 현생과 내생을 오고 가면서 영적인 하나님의 아들로 창조 받지 못하고 영원히 육신의 존재(땅)로 머물고 있다고 한탄(恨歎)하시는 것입니다.

　　그러므로 사람들은 현생에서 신앙생활을 올바르고 진실하게 하여 자신이 지은 모든 죄를 날마다 깨끗이 씻고 하나님의 아들로 거듭나야 합니다. 그런데 만일 현생에서 신앙생활을 하면서도 자신 안에 있는 욕심과 탐심을 버리지 못하고 오직 자기 욕심을 채우기 위해서 신앙생활을 한다면 다시 고통과 괴로움이 계속되는 내생에 태어나 많은 고통을 받게 됩니다. 하나님께서 전도서를 통하여 해 아래 새 것이 없다고 하신 것은 이 세상에 하나님의 생명으로 거듭난 하나님의 아들이 없다는 것입니다.

　　또한 사람들이 전생을 모르고 있는 것은 하나님께서 인간들에게 이전 세대, 즉 전생을 기억하지 못하도록 하셨기 때문입니다. 요즈음 심령학자들이 사람들에게 최면(催眠)을 걸어서 잠재의식(潛在意識) 속에 있는 전생을 부분적으로나마 조금 보고 느끼게 하는 것은 바로 이러한 이유 때문입니다. 하나님은 예레미야서를 통해서 인간들의 전생을 더욱 분명하게 말씀하고 있습니다.

[예레미야 1장 4-5절] 여호와의 말씀이 내게 임하니라 이르시되 내가 너를 복중에 짓기 전에 너를 알았고 네가 태에서 나오기 전에 너를 구별하였고 너를 열방의 선지자로 세웠노라.

상기의 말씀은 하나님께서 예레미야를 복중에 짓기 전에 이미 알고 계셨고 태에서 나오기 전에 구별하여 선지자로 세웠다고 말씀하고 있습니다. 이 말씀 중에 어미의 태에서 나오기 전은 이미 예레미야의 생명이 잉태된 후이기 때문에 현생이라 할 수 있으나 어미의 복중에 짓기 전은 예레미야의 생명이 어미의 뱃속에 잉태되기 전을 말하기 때문에 분명히 전생을 말하는 것입니다. 왜냐하면 복중에 짓기 전이라 함은 사람의 몸에 씨가 잉태하기 전이라는 말로서 예레미야가 어머니의 뱃속에 생명이 잉태하기 전부터 이미 존재하고 있었다는 말씀입니다.

이 말은 하나님께서 예레미야가 전생에 있을 때부터 이미 알고 계셨으며 어미의 태에서 나오기 전에 구별하여 열방(列邦) 중에 선지자로 세우셨다는 말씀입니다.

이와 같이 예수님께서도 마태복음 11장 15절의 말씀을 통하여 오리라 한 엘리야, 즉 하나님께서 말라기서를 통하여 보내주시겠다고 약속하신 엘리야가 이미 와 있다고 말씀하고 계십니다. 예수님께서 이렇게 말씀하신 것은 전생에 존재하고 있던 엘리야가 이 세상에 다시 왔다는 것을 분명히 말씀하고 있는 것입니다.

[말라기 4장 5-6절] 보라 여호와의 크고 두려운 날이 이르기 전에 내가 선지 엘리야를 너희에게 보내리니 그가 아비의 마음을 자녀에게로 돌이키게 하고 자녀들의 마음을 그들의 아비에게로 돌이키게 하리라 돌이키지 아니하면 두렵건대 내가 와서 저주로 그 땅을 칠까 하노라 하시니라.

[마태복음 11장 14-15절] 만일 너희가 즐겨 받을찐대 오리라 한 엘리야가 곧 이 사람이니라 귀 있는 자는 들을찌어다.

[마태복음 17장 11-14절] 예수께서 대답하여 가라사대 엘리야가 과연 먼저 와서 모든 일을 회복하리라 내가 너희에게 말하노니 엘리야가 이미 왔으되 사람들이 알지 못하고 임의로 대우하였도다 인자도 이와 같이 그들에게 고난을 받으리라 하시니 그제야 제자들이 예수의 말씀하신 것이 세례 요한인 줄 깨달으니라.

상기 말라기서의 말씀은 하나님께서 말라기 선지자를 통하여 하나님의 백성들에게 엘리야 선지자를 다시 보내서 죄로 말미암아 하나님과 분리된 너희의 마음을 하나로 만드시겠다고 약속하신 말씀입니다. 그런데 마태복음을 통하여 예수님께서 제자들에게 하시는 말씀은 하나님께서 말라기를 통해서 약속하신 말씀대로 오리라 한 엘리야, 즉 하나님께서 다시 보내 주시겠다고 약속하신 엘리야 선지자가 세례 요한의 몸으로 이미 너희 앞에 와 있다는 말씀입니다.

　　즉 전생에 계시던 엘리야 선지자가 죽어서 세례 요한의 몸을 입고 다시 오셨다는 것입니다. 그런데 유대인들은 세례 요한의 몸으로 오신 엘리야 선지자를 전혀 모르고 있습니다.

　　이것은 유대인들이 하나님의 약속을 믿지 않고 또한 하나님이 말씀하시는 전생과 윤회를 믿지 않기 때문입니다. 이렇게 하나님의 약속대로 다시 오신 세례 요한(엘리야)은 광야에 있는 자들을 향하여 회개하라고 외치며 주님이 오실 수 있도록 주의 길을 예비하며 그의 첩경을 평탄케 하고 있는데, 이것은 광야에 있는 하나님의 백성들에게 예수님을 영접(迎接)할 수 있도록 그들의 잘못된 신앙과 더러워진 마음을 깨끗케 하는 것입니다. 그러나 하나님의 백성들은 이러한 세례 요한의 외침을 외면하고 예수님을 영접하지 않는 것을 볼 수 있습니다.

만일 하나님께서 보내 주신 세례 요한의 외침을 들었다면 예수님을 영접하였을 것입니다. 문제는 유대인들이나 오늘날 기독교인들도 전통적으로 지켜오는 유전이나 기독교의 교리 때문에 하나님께서 성경을 통하여 말씀하고 있는 전생과 윤회에 대하여 모두 부정을 하고 있다는 것입니다. 이렇게 하나님께서는 욥기서나 예레미야서 그리고 마태복음 등을 통하여 전생에 대하여 분명하게 말씀하고 있으나, 교리로 의식화(意識化)된 고정관념(固定觀念) 때문에 하나님의 말씀을 볼 수 있는 눈과 들을 수 있는 귀가 모두 가려져 보지 못하고 듣지도 못하고 있습니다.

그러므로 성경은 하나님의 생명으로 거듭난 하나님의 아들들만이 볼 수 있고 성경에 감추어져 있는 영적인 비밀도 드러내어 말할 수 있는 것입니다. 욥기서에서는 전생을 더 구체적으로 말씀하고 있습니다.

[욥기서 3장 11-19절] 어찌하여 내가 태에서 죽어 나오지 아니하였었던가 어찌하여 내 어미가 낳을 때에 내가 숨지지 아니하였던가 어찌하여 무릎이 나를 받았던가 어찌하여 유

방이 나로 빨게 하였던가 그렇지 아니하였던들 이제는 내가 평안히 누워서 자고 쉬었을 것이니 자기를 위하여 거친 터를 수축한 세상 임금들과 의사들과 함께 있었을 것이요 혹시 금을 가지며 은으로 집에 채운 목백들과 함께 있었을 것이며 또 부지중에 낙태한 아이 같아서 세상에 있지 않았겠고 빛을 보지못한 아이들 같았었을 것이라 거기서는 악한 자가 소요를 그치며 거기서는 곤비한 자가 평강을 얻으며 거기서는 갇힌 자가 다 함께 평안히 있어 감독자의 소리를 듣지 아니하며 거기서는 작은 자나 큰 자나 일반으로 있고 종이 상전에게서 놓이느니라.

하나님께서는 욥기서를 통해 욥이 출생하기 전의 전생에 대하여 분명하고도 확실하게 말씀하고 있습니다. 상기의 말씀은 하나님께서 동방의 의인이라는 욥에게 사단을 보내서 욥의 모든 재물과 자녀들을 거두게 한 후 몸에 악창까지 나게 하여 심한 고통을 받을 때 욥이 한 말입니다.

욥이 처음 시험에는 주신 자도 여호와요 취하신 자도 여호와라고 하면서 시험을 잘 이겨냈으나, 고통이 점차 가중되니까 욥도 별수 없이 자신이 이 세상에 태어난 것을 몹시 후회하면서 간접적으로 하나님을 원망(怨望)하고 있는 장면입니다.

　욥은 처음에 자신이 어미의 태에서 죽어서 나오지 않은 것을 원망하고 있으며 욥의 두 번째 원망은 어미의 태에서 나왔다 해도 자기가 어미의 젖을 빨지 않았다면(죽었다면) 지금 전생에서 평안히 누워 자고 있었을 것이라고 전생을 그리워하고 있습니다.

　세 번째는 욥이 이 세상에 태어나지 않았다면 지금 그곳(전생)에 있는 임금들과 의사들과 함께 편히 있었을 것이라고 전생을 그리워하고 있는 것입니다. 욥의 네 번째 원망은 자기가 이 세상에 태어나지 않았다면 부지중에 낙태한 아이와 같이 혹은 아직 세상에 태어나지 않아 빛도 보지 못한 아이들과 함께 있었을 것이라고 말하고 있습니다.

　다섯째 욥은 상기의 말씀을 통해서 자신이 태어나기 전의 세계(전생)를 소개하고 있는데 그 곳은 악한 자들의 소요도 없고 곤비한 자도 평강을 얻으며 갇힌 자도 감독자의 소리를 듣지 아니하며 거기서는 작은 자나 큰 자나 동일하며 종들도 상전에게 자유스러운 곳이라고 소개하고 있습니다.

　이렇게 하나님께서는 욥기서를 통해서 하나님의 백성들에게 전생을 분명하게 말씀하고 있으나 기독교인들은 기독교의 교리 때문에 전생을 무조건 부정하며 인정하지 않을 뿐만 아니라 전생을 말하면 무조건 이단자로 배척을 하고 있습니다. 이러한 처사는 기독교인들이 말로는 하나님의 말씀을 절대 권위라고 하지만 실제로는 하나님의 말씀보다 교리가 더 큰 권위가 있다는 것을 말해주고 있습니다.

그러므로 오늘날 목회자들도 콘스탄티누스 대제와 같이 아무리 하나님의 말씀을 올바로 증거(證據) 하여도 그 말씀이 교리에 어긋나면 모두 이단으로 정죄를 하고 있는 것입니다. 이와 같이 예수님과 사도들이 하나님의 백성인 유대인들에게 하나님의 말씀을 오류없이 그리고 진실하게 전파하였으나 유대인들은 이단자로 취급을 하며 온갖 핍박(逼迫)을 한 것은 바로 전통적으로 내려오는 유대교의 교리 때문이었습니다.

이상의 말씀과 같이 기독교는 전생이나 윤회가 있다는 것을 부정하고 있지만 하나님은 전생과 윤회가 있다는 것을 분명하게 말씀하고 계십니다. 그런데 만일 하나님의 말씀에 전생이나 윤회가 없다면 하나님의 공의가 존재할 수 없게 됩니다. 왜냐하면 하나님은 공의의 하나님으로 인간들 어느 누구에게나 공평하시며 편견(偏見)이 없으신 분이신데 현실은 전혀 다르기 때문입니다. 그 이유는 자연 만물의 생성 과정이나 사람들이 이 세상에 태어날 때의 상황이나 조건을 살펴보면 잘 알 수 있습니다. 하나님께서 공의로우신 분이라면 인간들이 이 세상에 태어날 때 어느 누구나 동일한 조건과 다 같은 환경에서 태어나게 하셔야 합니다.

그럼에도 불구하고 어떤 사람은 열악한 환경에서 태어나 멸시(蔑視)와 천대(賤待)를 받으며 고통 속에서 살아가며, 어떤 사람은 좋은 환경에서 태어나 항상 존경을 받아가며 편안히 살아가는 사람이 있는 것입니다. 오늘날 기독교인들은 이러한 현실을 바라보면서도 하나님이 공의로우신 분이라고 말할 수 있단 말인가? 지금도 어떤 아이는 종이나 거지의 아비로부터 태어날 때부터 종이나 거지의 신분이 되어 많은 고통과 천대를 받고 살아가며, 어떤 사람은 태어날 때부터 주인의 신분이나 왕의 신분으로 태어나 존경을 받으며 풍요 속에서 살아가고 있습니다.

또한 어떤 민족은 좋은 환경에서 백인으로 태어나며 어떤 민족은 열악한 환경에서 검둥이로 태어나 멸시천대(蔑視賤待)를 받으며 살아가고 있습니다. 그런가 하면 사람이 태어나는 모습도 각기 다른데 어떤 사람은 키가 커서 걱정을 하며 반대로 어떤 사람은 키가 작아서 걱정을 하고 어떤 여자는 얼굴이 미인으로 태어나 사람들의 시선을 끌며 살아가고 어떤 여자는 태어날 때부터 추한 모습으로 태어나 평생을 고민하고 살아가고 있습니다. 또한 어떤 사람은 건강하게 태어나 장수하며 행복하게 사는데 어떤 사람은 태어날 때부터 불구의 몸이나 병약한 몸으로 태어나 평생을 괴로움과 고통 속에서 불행하게 살아가거나 단명하여 이 세상을 떠나가는 사람이 있습니다.

이러한 현실을 바라볼 때 좋은 환경에서 태어나 행복하게 잘 살고 있는 사람들은 하나님을 공의로우신 하나님 혹은 사랑의 하나님이라고 찬양할지 모르지만 불우한 환경과 열악한 조건을 가지고 태어나 평생을 괴로움 속에서 불행하게 살아가는 사람들은 하나님이 공의로우신 분이라 말할 사람은 단 한 사람도 없다고 생각합니다.

이렇게 현생만 바라본다면 하나님처럼 편견(偏見)이 많고 불의한 하나님은 없습니다. 그러나 이러한 모든 일들은 하나님의 뜻과 성경을 통하여 말씀하고 있는 인간들의 전생과 하나님의 공의를 모르기 때문입니다.

(4) 하나님의 공의

하나님의 공의는 사람이 무엇을 심든지 심은 대로 거두

게 하시며 행한 대로 심판하시는 것이 공의입니다. 즉 사람들이 전생에 무엇을 심으며 어떻게 살았느냐 하는 삶에 따라 현생에서 심은 대로 혹은 행한 대로 공정하게 보응(報應) 하시는 것이 바로 하나님의 공의입니다. 하나님은 인간들의 전생에 대한 삶의 결과에 따라서 자신이 행한 대로 일점일획(一點一劃)의 오차도 없이 공정하게 보응 하십니다. 그런데 만일 이 세상에 태어나는 사람들에게 전생이 없다면 하나님의 공의는 여지없이 무너지게 됩니다. 왜냐하면 사람들이 태어나는 조건이나 상황이 각기 다르기 때문입니다. 만일 전생이 없다면 하나님의 공의는 증명할 수도 존재할 수도 없게 됩니다.

　이렇게 중요한 전생을 기독교인들은 지금까지 부정하고 있습니다. 이렇게 하나님의 공의는 전생의 삶의 결과에 따라 이 세상에 태어나는 사람에게 그에 상응하는 환경과 여건을 주시는 것인데, 이것을 사람들은 타고나는 운명 혹은 사주팔자라고 말하고 있습니다. 이와 같이 내생에 각 사람에게 나타날 운명이나 사주팔자도 하나님께서 사람들이 현생에서 행한 삶의 결과에 따라 공정하게 베풀어주시는 것입니다. 그러므로 현생의 삶은 하나님의 백성들은 물론 불신자들에게도 아주 중요한 것입니다. 오늘날 기독교인들이 현생에서 신앙생활을 하나님의 뜻대로 열심히 하여 하나님의 생명으로 거듭난다면 천국으로 들어가 윤회되는 이 세상에 다시 태어나지 않고 하나님의 나라에서 영원히 살게 됩니다.

이와 같이 사람들의 모든 운명이나 사주팔자는 우연적으로 주어지는 것이 아니라 하나님께서 각 사람이 전생에 쌓은 업보에 따라 한 치의 오차도 없이 보응하시는 것입니다. 즉 사람들이 전생이나 현생에 선을 행한 자들은 복을 받고 악을 행한 자들은 고통을 받는 것인데 이를 불교에서는 인과응보라 말하고 있습니다. 이처럼 사람들의 내생 역시 현생의 삶에 따라 하나님께서 공정하게 결정하시는 것입니다. 그러므로 하나님의 백성들이 인과응보가 계속되는 윤회 속에서 하루속히 벗어나려면 신앙생활을 하나님의 뜻대로 올바르게 하여 하나님의 아들로 거듭나야 합니다.

이상의 말씀과 같이 하나님은 인간들의 생사화복을 주관하시는 분으로 사람들이 이 세상에서 무엇을 하며 어떻게 살았는지의 결과에 따라 공정하게 심판하여 보응하시는 분이십니다. 그러함에도 불구하고 기독교인들은 이러한 하나님의 공의나 전생을 모르고 성경에 나타난 전생과 윤회를 부정하고 있습니다. 그런데 불교인들은 대부분 전생과 윤회가 있다는 것을 믿고 있거나 이미 알고 있다는 사실입니다. 불교인들이 말하는 불교의 근본사상은 해탈(부활)이며 인간들이 전생과 현생과 내생을 오고 가며 돌고 도는 윤회는 사람들의 업보에 의한 인과응보 때문이라 말하고 있습니다.

그러므로 인간들이 이 세상에 태어난 것은 전생에 자신의 업보(業報), 즉 전생의 죄업 때문에 이 세상에 태어난 것이며 이 세상에서 잘 살고 못사는 것도 전생의 업보에 따라 결정된 것입니다. 그러나 부처님의 가르침으로 열심히 수행을 하며 마음을 깨끗이 닦아 해탈이 되면 윤회되는 이 세상에서 벗어나 극락세계로 들어가게 됩니다.

결국 불교인들이 말하는 해탈은 기독교에서 말하는 부활과 같은 의미인데 불교인들이 해탈이 되어 들어가는 극락(極樂)은 곧 천국(天國)을 말하는 것으로써 용어만 다른 것입니다. 즉 불교의 자비와 기독교의 사랑은 근본적으로 동일한 것이며 기독교에서 말하는 안식과 불교에서 말하는 피안의 세계도 용어만 다르지 모두 동일한 곳을 말하고 있습니다. 이것은 하늘에 있는 태양을 해라고 부른다하여 태양이 둘이 있는 것이 아니라는 뜻입니다. 이와 같이 반야와 하나님 그리고 예수님과 부처님도 용어만 다를 뿐 동일하신 분인데 인간들이 신에 대한 무지와 인간들의 욕심 때문에 하나님을 이분화 시켜놓은 것입니다. 그런데 놀라운 것은 오늘날의 하나님은 각종 교리에 따라 다르고 각 종파마다 다르며 교파에 따라 각기 다르다는 사실입니다.

그러므로 하나님께서는 십계명을 통하여 나는 너의 하나님 여호와라고 말씀하시면서 너희는 나 외에 다른 신(다른 하나님)을 섬기지 말라고 엄히 명하고 있습니다. 이와 같이 하나님은 만유의 주인이시며 모든 만물을 주관하시는 유일신으로 어느 특정한 종교의 소유물이 아니라는 것을 명심해야 합니다.

하나님은 인간들뿐만 아니라 공중에 나는 새나 산에서 살아가는 짐승들이나 들에 외롭게 자라는 풀 한 포기까지도 모두 주관하시는 천상천하(天上天下)의 절대 무위한 신이십니다. 또한 하나님은 인간들의 생사화복은 물론 우주만물 모두를 주관하시면서 지금도 선을 행한 자에게는 복을 주시고 악을 행한 자에게는 고통을 주십니다. 이렇게 모든 인간들이 타고나는 운명과 사주팔자는 하나님께서 전생의 삶을 보시고 현생의 운명을 결정하신 것이며 또한 현생의 삶을 보시고 내생의 운명을 결정하시는 것입니다.

그러므로 인간들의 현생의 삶과 신앙생활의 결과에 따

라 내생의 운명이 결정되어 지는데 불신자들은 이를 사주팔자(四柱八字)라고 말합니다. 그런데 하나님은 사람들이 무엇을 심든지 심은 대로 거두게 해 주신다는 하나님의 공의를 갈라디아서를 통해서 이미 말씀하고 있습니다.

(5) 하나님의 공의에 의한 인과응보

[갈라디아서 6장 7-9절] 스스로 속이지 말라 하나님은 만홀히 여김을 받지 아니하시나니 사람이 무엇으로 심든지 그대로 거두리라 자기의 육체를 위하여 심는 자는 육체로부터 썩어진 것을 거두고 성령을 위하여 심는 자는 성령으로부터 영생을 거두리라. 우리가 선을 행하되 낙심하지 말찌니 피곤하지 아니하면 때가 이르매 거두리라.

상기의 말씀은 사람들이 이 세상에서 무엇을 심든지 자기가 심은 대로 거두게 해 주신다는 하나님의 공의를 말씀하고 있습니다. 이 말씀은 원인에 의해서 결과가 주어진다는 뜻으로 불교에서 말하는 인과응보(因果應報)와 동일한 것입니다. 결국 사람들이 이 세상에서 무엇을 행하며 살았느냐에 따라 하나님께서 행한 대로 갚아 주신다는 말입니다. 즉 사람들이 자기 육신을 위하여 욕심대로 살면 반드시 멸망하게 되고 하나님의 뜻대로 하나님의 나라와 그의 의를 행하며 사는 자들은 하나님께서 영원한 생명을 주시겠다는 말씀입니다.

이와 같이 천국도 예수를 믿기만 하는 자들이 들어가는 것이 아니라 하나님의 뜻대로 행한 자들만이 들어가는 것입니다. 그런데 오늘날 기독교인들은 신앙생활을 자기 욕심을 채우기 위해서 하면서도 예수를 믿기 때문에 천국에 들어간다고 믿고 있습니다. 그러나 하나님은 상기의 말씀을 통해서 성령을 위해서 심은 자만이 영생을 거둘 수 있다고 분명하게 말씀하고 있습니다. 이 때문에 야고보서를 통해서 행함이 없는 믿음은 죽은 믿음이라고 분명하게 말씀하고 있는 것입니다.

하나님의 백성들이 하나님을 존경하고 신뢰하는 것은 하나님의 공의와 진실 때문입니다. 그런데 만일 하나님에게 공의(公義)가 없고 진실이 없다면 하나님은 신이라 할 수가 없고 또한 사람들이 하나님을 믿고 의지할 수도 없습니다. 오늘날 기독교인들은 하나님께서 영원 전부터 영원까지 진실하시며 공의로우신 분이라는 것을 알아야 합니다.

[욥기 34장 11-12절] 사람의 일을 따라 보응하사 각각 그 행위대로 얻게 하시나니 진실로 하나님은 악을 행치 아니하시며 전능자는 공의를 굽히지 아니 하시느니라.

하나님은 각 사람이 행하는 일에 따라 보응을 하시며 사람들은 자신이 쌓은 업과 선악의 행위에 따라 보응을 받는다는 말씀입니다. 그런데 하나님은 진실하시고 공의로우시기 때문에 보응하실 때 어느 곳에도 치우침이 없이 그리고 한 치의 실수도 없이 공정하게 심판하신다는 말씀입니다. 그러나 사람들은 자신이 행한 죄과를 모르고 심판대에서 억울하다고 불평을 합니다.

이들은 세상에 있을 때 예수를 믿는다는 이유 하나로 모든 죄를 사함 받고 천국으로 들어가는 줄로 믿고 있었던 자들입니다. 그러므로 하나님은 오늘날 기독교인들에게 지옥문 앞에서 슬피 울며 이를 갈고 있는 모습을 보여주고 있는 것입니다.

[잠언 24장 12절] 네가 말하기를 나는 그것을 알지 못하였노라 할찌라도 마음을 저울질 하시는 이가 어찌 통찰하지 못하시겠으며 네 영혼을 지키시는 이가 어찌 알지 못하시겠

느냐 그가 각 사람의 행위대로 보응하시리라.

하나님의 백성들이 하나님을 가리켜 전지전능하신 분이라고 신앙고백을 하고 있습니다. 이 말은 하나님은 모든 것을 아시며 모든 것을 하실 수 있는 분이라는 말입니다. 그런데 상기의 말씀을 보면 마지막 심판 때 사람들이 하나님 앞에서 자신의 죄를 알지 못한다고 항변을 하고 있습니다.

그러나 하나님은 졸지도 주무시지도 아니하면서 사람들의 마음을 항상 저울로 달듯이 감찰(監察)하고 계시기 때문에 이미 모든 것을 알고 계시며 각 사람들의 행위에 따라 한 치의 오차도 없이 정확히 판단하셔서 보응(報應) 하신다는 말씀입니다.

요즈음 사람들이 하는 말을 비밀리에 녹음을 하고 사람의 행동을 비디오 테입에 담아 보관을 하는 것을 볼 수 있습니다. 이와 같이 사람들이 무심코 하는 말이나 행동이 모두 하늘의 행위록에 기록되고 있다는 것을 알아야 합니다.

이와 같이 하나님께서 사람들의 선악의 삶에 따라 행한 대로 심판하시고 행한 대로 보응하시는 이유는 하나님의 백성들을 복과 징계를 통하여 구원시켜 천국으로 인도하기 위함입니다.

인간들은 이 세상에 태어난 것은 전생에서 하나님의 뜻을 모르고 자신의 욕심에 따라 살았기 때문입니다. 이렇게 전생에서 자기 욕심을 따라 신앙생활을 한 자들이 천국으로 들어가지 못하고 이 세상에 다시 태어난 것입니다. 결국 이 세상에 태어난 것은 전생에서 하나님의 뜻을 이루지 못했기 때문인데 현생에서도 하나님의 뜻을 이루지 못한다면 내생에 지옥과 같은 환경에 다시 태어나 많은 고통을 받게 됩니다.

그러므로 사람들이 이 세상을 살아가는 목적이나 신앙의 목적은 반드시 하나님의 뜻을 이루기 위한 것이라야 합니다. 즉 거짓된 인간의 마음을 진실 된 하나님의 마음으로 바꾸어 하나님의 생명으로 거듭나야 합니다.

이렇게 천국은 예수를 믿기만 하는 자들이 가는 곳이 아니라 예수를 통해서 자신의 욕심과 모든 죄악을 버리고 하나님의 생명으로 거듭난 하나님의 아들들만이 가는 곳입니다. 그런데 하나님의 백성들이 이 세상에서 신앙생활을 하고도 천국에 들어가지 못하는 이유는 이러한 하나님의 뜻을 망각하고 신앙생활을 모두 자기 욕심을 채우기 위해서 하기 때문입니다.

(6) 욕심으로 하는 기복신앙

오늘날 기독교인들이 신앙생활을 하는 목적은 자기 안에 들어있는 욕심을 버리려는 것이 아니라 자신의 욕심을 채우기 위해서 합니다. 이것은 기독교인들뿐만 아니라 타종교인들도 동일하다고 생각합니다. 왜냐하면 사람들이 이세상에 태어날 때부터 전생의 욕심을 가지고 왔기 때문입니다. 이 말은 전생에서 자신 안에 들어있는 욕심을 버리지 못했기 때문에 천국으로 들어가지 못하고 이 세상에 다시 태어났다는 말입니다.

그러므로 신앙생활을 하는 목적은 반드시 자기 안에 들어있는 욕심을 버리기 위해서 해야 합니다. 그런데 기독교인들은 이러한 사실조차도 모르기 때문에 욕심을 버리려하지 않고 오히려 욕심을 채우기 위해서 신앙생활을 하고 있습니다.

이 때문에 하나님은 성경을 통해서 하나님의 백성들에게 욕심은 곧 죄며 죄가 장성하면 사망하게 된다고 분명하게 말씀하고 있는 것입니다.

[야고보서 1장 14-15절] 오직 각 사람이 시험을 받는 것

은 자기 욕심에 끌려 미혹됨이니 욕심이 잉태한즉 죄를 낳고 죄가 장성한즉 사망을 낳느니라.

상기의 말씀과 같이 사람들이 이 세상에서 시험을 받아 고통을 받는 것은 모두 자기 안에 있는 욕심 때문인데, 그 욕심이 곧 죄이며 죄가 계속 쌓이면 결국 멸망을 받아 죽게 된다는 말씀입니다. 이와 같이 하나님의 백성들이 하나님을 믿고 예수를 믿는다 하여도 자기 안에 있는 욕심을 버리지 못한 자들은 신앙생활을 오래하여 장로가 되고 목사가 되었다 해도 절대로 천국에 갈 수 없을 뿐만 아니라 하나님 앞에 가면 오히려 더 큰 형벌을 받게 된다는 사실을 알아야 합니다.

그러므로 오늘날 하나님의 백성들은 신앙생활을 통해서 사리사욕의 모든 욕심을 버리고 하나님의 생명으로 거듭나기 위하여 최선의 노력을 다해야 합니다. 그런데 진실한 삶을 살기 위해서는 하나님의 말씀을 통해서 먼저 진실한 존재가 되어야 하는 것입니다. 하나님은 진실이시며 하나님의 나라 역시 진실만이 존재하는 곳입니다. 그렇기 때문에 이 세상에서 하나님의 말씀으로 진실하게 거듭나지 못한 어둠의 거짓존재들은 하늘나라에 갈 수 없고 설령 그

곳에 간다 해도 그곳에서 도저히 살아갈 수가 없습니다. 왜냐하면 빛 안에 어둠이 존재할 수 없듯이 의인들이 존재하는 곳에서 죄인들이 함께 살기란 지옥보다 더 힘들기 때문입니다.

이와 같이 천국은 예수님과 같은 하나님의 아들들, 즉 세상의 빛과 소금과 같이 진실하신 분들이 계신 곳으로 어둡고 부패한 죄인들은 도저히 살수가 없는 곳입니다. 예수님은 길이요 진리요 생명으로서 본성 자체가 진실이십니다. 그러므로 진실을 말할 수 있는 분은 예수님과 하나님의 생명으로 거듭난 하나님의 아들들입니다. 왜냐하면 본질 자체가 진실하지 않은 자는 절대로 진실을 말할 수 없기 때문입니다. 그러므로 오늘날 하나님의 백성들은 진실하게 살기 위해 노력을 할 것이 아니라 진실한 존재가 되기 위하여 노력해야 합니다.

오늘날 이 사회가 거짓과 외식(外飾)으로 부패(腐敗)된 것은 진실이 없기 때문이며 또한 진실하고 정직한 마음으로 이 세상의 빛과 소금이 되어야 하는 기독교인들이 더 부패하여 하나님의 사명을 제대로 감당하지 못했기 때문입니다. 그런데 그보다 더 중요한 것은 거짓과 욕심을 버리도록 양들을 진실하게 인도해야 할 목회자들이 기복신앙(祈福信

仰)을 부추기며 오히려 욕심을 가중(加重)시키고 있기 때문입니다. 결국 오늘날 이 세상이 이렇게 부패된 것은 기독교회가 부패되었다는 증거요 기독교회가 부패되었다는 것은 곧 목회자들이 부패되었다는 말입니다.

[로마서 3장 10-18절] 기록한바 의인은 없나니 하나도 없으며 깨닫는 자도 없고 하나님을 찾는 자도 없고 다 치우쳐 한가지로 무익하게 되고 선을 행하는 자는 없나니 하나도 없도다 저희 목구멍은 열린 무덤이요 그 혀로는 속임을 베풀며 그 입술에는 독사의 독이 있고 그 입에는 저주와 악독이 가득하고 그 발은 피 흘리는데 빠른지라 파멸과 고생이 그 길에 있어 평강의 길을 알지 못하였고 저희 눈앞에 하나님을 두려워함이 없느니라 함과 같으니라.

상기의 말씀은 오늘날 하나님의 백성들에게 많은 충격을 주는 말씀입니다. 왜냐하면 이 세상에 의인이 없다는 말씀이나 깨닫는 자도 없다는 말씀도 받아들이기 힘든데 선을 행하는 자나 하나님을 찾는 자 조차도 없다고 말씀하고 있기 때문입니다. 하나님께서 이렇게 하나님의 백성들에게 경고로 하시는 말씀은 하나님의 백성들이 하나님을 날마다 소리치며 찾고 있지만 하나님을 찾는 목적이 저희의 목구멍 때문이라는 말씀입니다.

이 말은 하나님의 백성들이 하나님을 찾고 예수를 믿는 목적이 욕심을 버리고 하나님의 아들로 거듭나기 위함이 아니라 자신의 욕심을 채우기 위해서 하고 있다는 뜻입니다. 그럼에도 불구하고 오늘날 목회자들이나 교인들이 한결같이 욕심에 치우쳐 무익한 신앙생활을 하고 있습니다.

이렇게 삯꾼목자들이 욕심 때문에 자신의 영리를 채우기 위한 목적으로 하나님의 말씀을 가감(加減)하여 교인들을 속이고 있는데, 이는 하나님을 두려워함이 없기 때문이라 말씀하고 있습니다. 오늘날 기독교인들은 예수를 믿음으로 이미 모든 죄를 사함 받고 하나님의 아들이 되어 의인의 자리에 앉아 있습니다.

그러나 이것은 기독교인들의 믿음과 주장일 뿐 하나님은 오늘날 기독교인들을 의인이나 하나님의 아들로 인정을 하시지 않습니다. 왜냐하면 예수만 믿으면 죄 사함을 받아 하나님의 아들이 된다는 것은 기독교회의 이신칭의 교리이며 오늘날 목사들의 말이지 예수님은 그렇게 말씀하신 적이 없기 때문입니다.

[마태복음 7장 21-23절] 나더러 주여 주여 하는 자마다 천국에 다 들어 갈 것이 아니요 다만 하늘에 계신 내 아버지의 뜻대로 행하는 자라야 들어가리라.

[야고보서 2장 26절] 영혼 없는 몸이 죽은 것 같이 행함이 없는 믿음은 죽은 것이니라.

상기의 말씀은 예수님께서 나더러 주여 주여 하며 믿는다 하여 천국에 들어가는 것이 아니라 오직 하늘에 계신 내 아버지의 뜻대로 행한 자들이 들어간다고 분명히 말씀하고 있습니다. 또한 야고보서를 통해서도 영혼이 없는 몸이 죽은 것같이 행함이 없는 믿음은 죽은 것이라고 말씀하고 있습니다.

이렇게 예수님은 나를 믿는 것은 구원의 시작이며 하나님의 아들로 거듭나 천국에 들어가려면 내 음성을 직접 들어야 하고, 내가 주는 말씀을 날마다 일용할 양식으로 먹어야 하며, 이런 과정을 통해서 요한의 상태에 이르면 천국을 침노하듯이 쳐들어가야 한다고 말씀하십니다. 즉 애굽의 교리신앙은 오직 예수를 믿는 신앙이며 광야의 신앙은 가나안에 계신 예수님을 소망 중에 바라보며 시험과 연단을

받는 신앙이며 가나안에 들어간 자는 사랑(생명)의 예수님
이 주시는 말씀을 일용할 양식으로 먹을 때 비로소 하나님
의 아들로 거듭나 천국으로 들어가게 되는 것입니다.

이러한 구원의 과정을 거치지 않고 예수만 믿었던 자들
은 결국 심판을 받아 지옥문 앞에서 슬피 울며 이를 갈게
되는 것입니다. 지옥문 앞에서 지금 슬피 울고 있는 자들은
세상에서 신앙생활을 할 때 천국은 오직 예수를 믿기만 하
면 누구나 들어간다는 삯꾼목자와 거짓목자들의 말을 철저
하게 믿었던 자들입니다.

그러므로 오늘날 기독교인들은 지금이라도 성경을 통
해서 구원의 길과 과정을 분명히 알아야 합니다. 그리고 지
금부터라도 올바른 신앙생활을 하여 하나님의 생명으로 거
듭나야 합니다. 이렇게 성경과 예수님이 말씀하시는 구원
의 과정을 통해서 하나님의 생명으로 거듭나면 천국으로
들어가 윤회되는 이 세상에서 벗어나 내생에 다시 태어나
지 않게 되는 것입니다.

이상의 말씀과 같이 하나님께서는 성경을 통해서 인간
들의 전생(前生)과 윤회(輪廻)를 말씀하시면서 하나님의 백
성들이 현생에서 하나님의 생명으로 거듭나지 못하면 내생
에 그 사람의 상태에 따라 육신의 몸을 입고 다시 태어나게

된다고 말씀하십니다. 즉 천국에 들어가지 못해 다시 내생에 태어나는 자들은 현생에서 행한 대로 태어나는데 선을 행한 자는 좋은 환경에서 건강한 몸으로 태어나고 욕심에 따라 악을 행한 자는 열악한 환경에 약하고 비천한 몸으로 태어나게 하신다는 것입니다. 그러나 하나님의 뜻에 따라 성령을 위하여 심은 자는 영생을 얻어 윤회되는 이 세상에서 벗어나 영원한 천국으로 들어가게 됩니다.

　이렇게 하나님은 이생에서 무엇을 행하고 심었느냐에 따라 일점의 오차도 없이 계산하여 적절한 환경과 몸을 준비하여 내생에 태어나게 하십니다. 사람들은 이러한 사실을 모르기 때문에 이생에서 잘살고 못사는 것이 모두 자신의 사주팔자 때문이다, 혹은 타고난 운명(運命)이라 말하는 것입니다. 그러나 사람이 이 세상에 태어나 잘살고 못사는 것 그리고 죽고 사는 것이 모두 자신에게 달려있는 것입니다. 왜냐하면 하나님께서는 사람이 무엇을 심든지 심은 그대로 거두게 하시기 때문입니다.

　이 때문에 하나님의 백성들이 아무리 예수를 믿고 신앙생활을 열심히 한다 해도 하나님의 뜻대로 행하지 않는다면 하나님의 아들로 거듭날 수 없고 천국에도 들어 갈 수 없습니다.

이 말은 이생에서 신앙생활을 하나님의 뜻대로 하지 않고 자기욕심을 채우기 위해서 한 자들은 내생에 지옥과 같은 환경에서 불구의 몸으로 태어나 고통을 받게 된다는 뜻입니다. 이 때문에 하나님의 백성들이 설령 천국에 들어가지 못한다 해도 내생에 좋은 환경에 건강한 몸으로 태어나려면 하나님의 뜻대로 올바른 신앙생활을 해야 합니다. 현생에 자신의 신앙생활과 자신이 행한 모든 삶은 내생에 자신의 태어나는 고가점수이며 생활기록부가 되는 것입니다.

　하나님께서는 지금 이 순간에도 우리의 삶을 감찰(監察)하시며 영생을 위해 성령을 심는 자는 생명록에 기록하시며 육체를 위하여 썩어질 것을 심는 자는 행위록에 기록하고 계신다는 것을 명심해야 합니다. 이렇게 천국으로 가는 것과 지옥으로 가는 것은 모두 자신이 지은 업에 의해서 결정되어 지는 것입니다. 이 때문에 천국에 들어가려면 하나님의 뜻대로 올바른 신앙생활을 하여 하나님의 아들로 거듭나야 합니다.

　왜냐하면 하나님의 나라는 하나님의 생명으로 거듭난 하나님의 아들들만 살 수 있는 곳이기 때문입니다. 만일 이 세상에서 신앙생활을 올바로 하여 하나님의 아들로 거듭나면 천상에 올라 다시는 윤회되는 이 세상에 태어나지 않게 됩니다.

　그러므로 오늘날 기독교인들은 하나님의 뜻대로 올바른 신앙생활을 하여 하나님의 아들로 거듭나야 하며 불교인들은 부처님의 뜻대로 신행생활을 하여 모두 부처가 되어야 합니다. 만일 기독교인들이 거듭나 하나님의 아들이 되고 불교인들이 해탈하여 부처가 된다면 부처와 예수는 둘이 아니라 하나라는 것과 반야(般若)와 하나님은 동일한 유일신이라는 것을 알게 될 것입니다.

　또한 부처님의 자비와 예수님의 사랑이 동일하다는 것과 불교인들이 가는 극락과 기독교인들이 가는 천국도 모두 동일한 곳이라는 것과 부활과 해탈 역시 동일한 사건임을 확연히 알게 될 것입니다.

　이상의 말씀과 같이 부처님께서 불자들에게 성불하여 부처가 되라고 말씀하신 것은 부처님의 가르침에 따라 올바른 신행생활을 한다면 누구나 부처가 될 수 있기 때문에 하신 말씀입니다. 그러므로 오늘날 불자들은 전도(顚倒)된 몽상(夢想)과 지금까지 쌓아놓은 고정관념(固定觀念)을 모두 벗어 버리고 부처님의 가르침에 따라 올바른 신행생활을 해야 합니다.

　그런데 무명의 중생들이 윤회에서 벗어나 해탈하여 부

처가 되려면 반드시 육바라밀(六波羅蜜) 과정을 모두 통과
해야 합니다. 부처님께서 가르쳐 주신 육바라밀(六波羅蜜)
은 무명의 중생들이 지옥계에서 아귀계와 축생계와 수라계
와 인간계를 거쳐 천상계로 올라 부처가 되는 길을 말합니
다.

이 때문에 오늘날 불자들이 생로병사(生老病死)의 윤회
(輪廻)에서 벗어나 부처가 되려면 먼저 부처님이 가르쳐주
신 육바라밀(六波羅蜜)에 대하여 올바로 알아야 하고 또한
부처님이 가신 육바라밀의 길을 걸어가야 합니다.

이제 부처님께서 말씀하신 육바라밀(六波羅蜜)에 대하
여 자세히 살펴보겠습니다.

인내

참고 인내하므로 고통을 이기고
마음의 희락을 맛본다

참지 못함으로 고통을 부르며
화를 자청하고 괴로움에 시달린다

참고 인내하며 견딜 수 있는것은
진리로 말미암음이어라

진리를 사랑하는 자만이
참 평강을 알리라

진리와 함께한 평강은
영원한 평강이어라

4. 육계(六界)와
육바라밀(六波羅蜜)

부처님이 말씀하시는 육계(六界)는
중생들이 살아가는 세계를 그 마음과 생각의 상태에 따라
여섯으로 분류하여 지옥(地獄), 아귀(餓鬼), 축생(畜生),
수라(修羅), 인간(人間), 천상(天上)으로 말씀하신 것이며,

육계(六界)와 육바라밀(六波羅蜜)

　부처님이 말씀하시는 육계(六界)는 중생들이 살아가는 세계를 그 마음과 생각의 상태에 따라 여섯으로 분류하여 지옥(地獄), 아귀(餓鬼), 축생(畜生), 수라(修羅), 인간(人間), 천상(天上)으로 말씀하신 것이며, 육바라밀(六波羅蜜)은 지옥(地獄)에서 나와 천상(天上)으로 올라 부처가 되는 길을 보시(布施), 지계(持戒), 인욕(忍辱), 정진(精進), 선정(禪定), 지혜(智慧)로 말씀하신 것입니다. 왜냐하면 중생들이 입고 있는 육신(肉身)은 모두 같지만 그 마음이나 생각은 각기 다르며 살아가는 세계도 그 상태에 따라서 각기 다르기 때문입니다.

　즉 중생들은 그 상태에 따라서 지옥의 존재와 아귀의 존재와 축생의 존재와 수라의 존재와 인간의 존재와 천상의 존재로 분리되어 있다는 것입니다. 그러므로 수행(修行)하는 길도 머물고 있는 세계와 상태에 따라서 보시, 지계, 인욕, 정진, 선정, 지혜로 각기 다른 것입니다. 그러므로 중생들이 생로병사(生老病死)의 윤회(輪廻)에서 벗어나 해탈(解脫)하여 부처가 되려면 반드시 육바라밀(六波羅蜜)을 행해야 하는 것입니다.

이제 해탈(解脫)의 길인 육계(六界)와 육바라밀(六波羅蜜)에 대해서 자세히 알아보기로 하겠습니다.

① 지옥계(地獄界) : 지옥에서 벗어나는 첫째 길 –
　　　　　　　　　　보시(布施)

지옥(地獄)이라는 단어를 문헌에서 찾아보면 "지하에 있는 감옥, 고통이 가득한 세계, 현생에 악업(惡業)을 행한 자들이 사후에 고통 받는 곳" 등으로 나타나 있습니다. 이 때문에 오늘날 불교인들이나 기독교인들이나 한결같이 지옥은 이생에서 죄를 범한 사람들이 죽은 후에 고통 받는 곳으로 알고 있습니다.

즉 지옥은 뜨거운 불가마 속과 같은 곳으로 귀신들이나 독사 같은 뱀들이 사람들에게 고통을 주는 곳으로 알고 있다는 것입니다. 그러나 부처님은 지옥을 장소적 개념보다 존재적 개념으로 말씀하고 있습니다. 지옥은 중생들의 탐, 진, 치(貪, 瞋, 癡)로 인한 악업에 의해서 육신의 고통과 정신적 고통을 받고 살아가는 존재들을 말씀하고 있습니다.

이렇게 지옥(地獄)은 내생에는 물론 현생에도 분명히 존재하고 있습니다. 결국 지옥(地獄)이나 극락(極樂)은 전생이나 현생이나 그리고 내생에도 동일하게 존재하고 있다는 것입니다. 그런데 부처님께서 말씀하시는 지옥은 삼악도 (三惡道)의 하나로서 자신이 지은 악업 때문에 온갖 고통을 받으며 살아가는 존재들을 말하고 있습니다.

부연하면 지옥(地獄)은 땅의 감옥(監獄)에 갇혀 있다는 말인데 부처님께서 말씀하시는 지옥의 진정한 의미는 사람의 영혼이 육신 안에 갇혀 있다는 것입니다. 왜냐하면 인간의 존재는 본래 흙으로 창조된 땅, 즉 지수화풍(地水火風)의 존재이기 때문에 지옥에 갇혀 있다는 것은 육신 안에 영혼이 갇혀 있다는 것입니다.

이렇게 지옥은 자신의 영혼이 욕심 때문에 육신에 사로잡혀서 육신에 종노릇 하고 살아가는 자들을 말합니다. 그러므로 해탈(解脫)은 욕심으로 인해 육신 안에 갇혀있는 영혼이 육신 속에서 벗어나 자유(自由)로운 상태에서 육신을 정복하고 다스리는 존재를 말하는 것입니다. 결국 해탈은 육신에 갇혀있던 영혼이 육신으로부터 벗어나 자유자재(自由自在)하는 존재들을 말합니다.

중생들은 자신 안에 있는 욕심, 즉 탐(貪), 진(瞋), 치(癡) 때문에 항상 번뇌망상(煩惱妄想)의 고통과 생로병사(生老病死)의 윤회(輪廻) 속에서 살고 있습니다. 이렇게 현생의 지옥은 전생에 지은 악업(惡業)과 현생에서 짓는 악업으로 인하여 지옥과 같은 고통을 받으며 살아가고 있는 사람들을 말합니다.

이런 자들이 현생에서 선업(善業)을 쌓아 지옥에서 벗어나지 못하고 죽는다면 그 영혼은 내생(來生)에 더 깊은 지옥으로 떨어져 더 큰 고통을 받고 살게 됩니다. 즉 이 세상을 살면서 지옥에서 벗어나지 못하고 죽은 사람은 내생에도 다시 지옥과 같은 열악(劣惡)한 환경에서 태어나거나 지체 부자유자와 같은 육신의 몸속으로 들어가 태어나게 된다는 것입니다. 그런데 만일 현생에서 육바라밀(六波羅蜜)을 열심히 행하여 해탈이 된다면 현생에서도 극락(極樂)과 같은 삶을 살 뿐만 아니라 내생에 다시 윤회(輪廻)하지 않는 천상(天上)으로 올라가 부처님들과 함께 영원히 살게 되는 것입니다. 이렇게 지옥은 욕심 때문에 육신의 고통과 번뇌망상(煩惱妄想)의 고통을 받고 살아가는 존재들을 말하며 극락(極樂)은 현생에서 육바라밀의 과정을 모두 마치고 해탈하여 성불(成佛)한 부처님을 극락(極樂)이라 말씀하고 있는 것입니다.

결국 부처님께서 육계(六界)를 통해서 말씀하고 계신 지옥(地獄)은 육신의 고통과 정신적인 고통 속에서 죽지 못해 살아가는 자, 즉 현생에서 지옥과 같은 삶을 살고 있는 존재들을 말씀하고 있습니다. 그런데 지옥(地獄)도 다 같은 지옥이 아니라 사람의 상태와 차원에 따라 각기 다른 지옥으로 구분되고 있습니다. 즉 지옥은 사람들이 지은 죄의 양과 질에 따라 상 지옥, 중 지옥, 하 지옥으로 구분된다는 것입니다.

고통이 심한 하 지옥은 태어날 때부터 기형아나 저능아로 태어나 평생을 멸시와 천대를 받으며 고통 속에서 살아가는 사람들을 말하며, 중 지옥은 종이나 노동자의 신분으로 태어나 평생을 육적인 고통을 받고 살아가는 자들을 말하며, 상 지옥은 정신적인 고통은 받으나 비교적 편안한 삶을 살아가는 자들을 말합니다.

현생에 지옥 속에서 살아가는 자들은 전생에서 탐, 진, 치(貪, 瞋, 癡)로 인한 욕심 때문에 악업을 쌓고 살다가 이생에 다시 태어난 자들입니다. 결국 중생들은 전생(前生)에 지은 죄업(罪業)을 이생에서 받고 이생에서 지은 악업은 내생(來生)에서 받게 되는 것입니다.

이렇게 지옥계는 중생들 안에 자리 잡고 있는 삼독(三毒), 즉 탐(貪), 진(瞋), 치(癡)의 척도(尺度)에 따라 결정되어지는데 탐, 진, 치(貪, 瞋, 癡)란 사람이 가지고 있는 욕심과 분 냄과 어리석음을 말합니다. 사람들이 세상을 살아가면서 괴로움과 고통을 받는 근원적 원인은 모두가 탐, 진, 치(貪, 瞋, 癡) 때문입니다. 그러므로 중생들이 받는 삼재(三災), 즉 수재(水災) 화재(火災) 풍재(風災)로 인한 불의의 사고나 질병이나 기근과 같은 재앙들은 모두 탐, 진, 치(貪, 瞋, 癡)로 인해 발생되는 것입니다.

이렇듯 지옥 속에 살고 있는 중생들은 탐, 진, 치(貪,瞋, 癡)로 인한 삼재(三災)의 고통 속에서 지옥을 오르락내리락 하면서 윤회(輪廻)하고 있는 것입니다. 그러므로 지옥의 고통에서 영원히 벗어나려면 먼저 자신 속에 자리 잡고 있는 탐, 진, 치(貪, 瞋, 癡)를 알아야 합니다. 그런데 불행한 것은 불자들도 악업(惡業)의 근원이 되는 탐, 진, 치(貪, 瞋, 癡)를 분명하게 모르는 상태에서 신행생활을 하고 있는 것입니다.

탐(貪)이란 인간내면에 자리 잡고 있는 욕심을 말씀하는 것이며 진(瞋)이란 사람들의 성급한 성격, 즉 혈기로 인한 분 냄을 말합니다. 그런데 욕심이 생겨나고 혈기가 일어나는 이유는 치(癡) 때문입니다. 왜냐하면 모든 고통과 괴로움은 탐심과 분 냄 때문에 일어나는데 탐(貪), 진(瞋)의 근원이 바로 치(癡)이기 때문입니다.

치(癡)란 인간의 어리석음을 가리키는 말인데 어리석음은 인간의 무지(無知), 즉 무식(無識)을 말합니다. 결국 중생들이 부처님의 뜻이나 진리를 모르는 무지 때문에 욕심을 내고 혈기를 부린다는 것입니다. 그러므로 부처님께서 이렇게 무지(無知)한 중생들을 가리켜 무명(無明)의 중생이라 말씀하시는데, 무명(無明)이란 빛이 없다는 말이며 빛이 없다는 말은 곧 부처님의 말씀이 없다는 것입니다.

결국 지옥이란 진리의 빛이 없는 어둠 속에서 악업으로 인해 고통을 받고 살아가는 중생들의 세계를 말합니다. 그러므로 무명(無明)의 중생들이 지옥의 고통에서 벗어나려면 탐, 진, 치(貪, 瞋, 癡)를 버리고 자비심(慈悲心)을 가져야 합니다. 자비심이란 상대방을 이해하고 감싸며 긍휼과 사랑으로 가난한 이웃에게 베푸는 것입니다. 이렇게 중생들이 고통의 지옥에서 벗어나려면 취하려는 욕심을 버리고 항상 베풀며 살아가야 합니다. 왜냐하면 전생과 현생에서 불의(不義)로 취한 업(業)만큼 베풀고 살아야 지금까지 지은 죄업들이 모두 상쇄(相殺)되기 때문입니다.

이 때문에 부처님께서 지옥에서 벗어나는 길을 보시(布施)라 말씀하신 것입니다. 그런데 욕심으로 가득차 있는 중생들이 보시(布施)를 행하며 살아간다는 것은 그리 쉬운 일이 아닙니다. 왜냐하면 지금까지 도적 같은 심보로 남의 것을 취하고 살았지 베풀며 살지 않았기 때문입니다. 또한 보시(布施)를 행하려면 반드시 자신의 헌신과 희생이 따라야 하기 때문입니다. 그러나 소수의 불자들이지만 지금도 불쌍한 이웃이나 수행자들을 찾아서 보시(布施)를 행하면서 살아가는 자들이 있습니다.

결국 지옥에서 나올 수 있는 길은 지옥계에서 선한 마음을 가지고 고통 받는 이웃을 돌보며 보시(布施)를 행하는 것입니다. 이렇게 중생들이 지옥에서 벗어나는 길은 육바라밀(六波羅蜜)의 첫 단계이며 첫 관문인 보시행을 끊임없이 행해야 하는 것입니다. 그런데 부처님께서 말씀하고 있는 보시(布施)는 자신이 복을 받기 위하여 욕심을 가지고 행하는 보시가 아니라 아무런 조건이나 사심(私心)없이 진실한 마음으로 베푸는 것을 말합니다.

이렇게 부처님의 뜻에 따라 진실한 마음으로 가난한 이웃들이나 수행자들을 도우며 보시 행으로 공덕을 쌓은 자들이 지옥에서 벗어나 아귀계(餓鬼界)로 들어가게 되는 것입니다.

② 아귀계(餓鬼界) : 아귀에서 벗어나는 둘째 길 –
지계(持戒)

아귀계(餓鬼界)란 어떤 세계를 말하며 아귀란 무슨 뜻일까? 아귀(餓鬼)란 단어의 뜻은 굶주려 음식물을 찾는 자, 기갈로 고통을 받고 있는 자, 음식에 걸신들린 자 등의 의미입니다. 며칠 굶은 사람이 미친 듯이 밥을 먹는 것을 보면 아귀같이 먹는다는 말을 합니다. 이렇게 먹을 것을 탐(貪)하는 자, 즉 식탐이 많은 자들을 가리켜 아귀라 말합니다. 그런데 지옥에서 보시행(布施行)을 마치고 아귀계(餓鬼界)로 나온 자들이 다시 식탐(食貪)을 한다면 전혀 이치에 맞지 않습니다. 그러므로 부처님께서 말씀하신 아귀(餓鬼)의 진정한 뜻은 육신의 양식에 굶주린 자들을 가리키는 말이 아니라 진리에 굶주린 자, 즉 부처님의 말씀에 갈급한 자들을 말합니다.

왜냐하면 이들이 지옥에서 아귀계(餓鬼界)로 나온 것은 육신의 양식이 없어 나온 것이 아니라 부처님의 말씀을 찾아 나왔기 때문입니다. 이렇게 아귀계에 있는 자들은 육신의 양식에 굶주린 자들이 아니라 부처님의 말씀이 없어 걸신들린 귀신처럼 갈급한 마음으로 부처님의 진리를 찾아

헤매는 자들을 말합니다. 이렇게 진리에 걸신들린 아귀들을 성경에서는 나그네, 고아, 과부라고 말합니다. 그러므로 아귀계(餓鬼界)는 지옥에서 벗어난 자들이 천상에 오르기 위해 부처님의 계율(戒律)을 열심히 지키며 수행하는 자들이 모인 세계입니다. 이와 같이 아귀(餓鬼)들이 원하고 찾는 것은 육신의 양식이나 혹은 이 세상의 지식이나 부귀영화가 아니라 오직 부처님께서 주시는 계율이며 부처님의 가르침을 받아 그의 뜻대로 수행하는 것입니다. 아귀(餓鬼)들이 축생(畜生)계로 나아가려면 부처님의 계율(戒律)을 받아 열심히 정진수행(精進修行)을 해야 합니다. 왜냐하면 부처님의 계율(戒律)에 따라 강도 높은 훈련과 연단을 받지 않으면 지옥계에서 탐(貪), 진(瞋), 치(癡)로 굳어진 마음이 절대로 부서지지 않기 때문입니다.

이렇게 아귀들은 삼독(三毒)인 탐(貪), 진(瞋), 치(癡)를 날마다 버리고 부처님의 계율에 따라 수행정진(修行精進)을 하며 살아가는 자들입니다. 이 때문에 부처님께서 아귀계(餓鬼界)에서 축생계(畜生界)로 나가는 길을 지계(持戒)라고 말씀하신 것입니다. 그러므로 아귀들은 오직 부처님의 계율(戒律)을 받아서 지키며 부처님의 계율에 따라 끊임없이 수행정진을 하고 있는 것입니다. 이것은 성경에 이스

라엘 백성들이 애굽(지옥계)에서 광야로 출애굽한 후 광야에서 율법(계율)을 지키며 강한 훈련을 받은 것과 같습니다. 그런데 부처님의 계율(戒律)을 지키기 위해서는 먼저 삼귀의(三歸依)를 해야 합니다.

삼귀의(三歸依)

삼귀의란 삼보(三寶)이신 불(佛:부처님), 법(法:계율), 승(僧:스님)께 귀의하여 삼보를 믿고 의지하며 그의 가르침에 따라 수행하는 것을 말합니다.

첫째 : 승려(僧:스님)가 계신 승단, 즉 스님이 계신 단체나 모임, 즉 사찰(절)에 귀의하여 지은 업장들을 참회하며 마음의 수련을 해야 합니다.

둘째 : 부처님의 법(法:계율)에 귀의하여 부처님이 주신 계율을 통해서 탐, 진, 치를 버리기 위해 수행정진을 해야 합니다.

셋째 : 부처님(佛)께 귀의하여 부처님을 믿고 공경하며 부처님의 가르침을 받아야 합니다.

상기와 같이 삼귀의(三歸依)는 부처님과 계율과 승단에 귀의하여 삼보를 믿고 공경하며 그의 가르침을 통해서 수행정진을 하는 것입니다. 그런데 삼귀의를 한 불자는 반드시 수행의 순서에 따라 승(僧), 법(法), 불(佛)로 단계적으로 수행을 해야 합니다. 이것은 학생이 처음에 들어가는 곳은 초등학교이며, 초등학교의 과정을 모두 마쳐야 중학교에 입학 할 수 있고, 중학교를 졸업해야 고등학교로 들어갈 수 있는 것과 같습니다.

이렇게 중생들이 처음 귀의하는 곳은 승려가 계신 승단이며 승단에서 신행생활을 모두 마친 자가 계율을 지키며 수행을 할 수 있고 계율에 따라 수행을 모두 마친 자가 부처님의 가르침을 받게 되는 것입니다. 이것은 성경에 애굽에서 신앙생활을 하던 이스라엘 백성들이 광야로 출애굽(출가)을 하여 광야에서 율법을 통한 연단과 훈련을 마치고 가나안 땅으로 들어가 예수님의 가르침을 받은 것과 같습니다. 이렇게 지옥계에서 나와 부처님께 삼귀의(三歸依)를 하여 수행정진을 하고 있는 아귀들은 반드시 부처님의 계율(戒律)에 따라서 수행정진을 해야 합니다.

아귀(餓鬼)들이 지켜야 할 부처님의 계율은 모두 십계(十戒)로 되어 있는데 이것은 성경에 기록되어 있는 십계명과 동일한 것입니다. 성경에 기록된 십계명은 석가모니 부처님이 태어나시기 약 천 년 전에 하나님께서 모세를 통해서 주신 것입니다. 부처님이 불자들에게 주신 십계는 지옥계를 벗어나 아귀계로 나온 아귀들은 물론 모든 불자들이 지켜야 할 부처님의 법이며 명령입니다.

이제 십계에 대해서 좀 더 구체적으로 살펴보기로 하겠습니다.

십 계(十戒)

첫 째 : 불살생계(不殺生戒) - 산 목숨을 죽이지 말라.

　부처님께서 "산 목숨을 죽이지 말라"는 말씀은 살아있는 생물은 모두 죽이지 말라는 뜻입니다. 이 말은 동물이나 곤충들에게 국한된 것이 아니라 생명을 가진 식물도 죽이지 말라는 뜻입니다. 왜냐하면 식물도 살아있는 생명체이기 때문입니다. 그런데 스님들이나 수행불자들은 이 계율을 지키기 위해 살아 있는 짐승들은 물론 파리나 모기 한 마리도 죽이지 않지만 살아있는 채소나 나물들은 마음대로 채취하여 먹고 있습니다. 이러한 행위는 부처님의 계율을 반쪽만 지키는 것이라 생각할 수도 있습니다.

　그러나 부처님께서 산 목숨을 죽이지 말라는 진정한 뜻은 생명을 가진 곤충이나 짐승 혹은 식물들을 죽이지 말라는 뜻이 아니라 사람의 영혼을 죽이지 말라는 뜻으로 하신 말씀입니다. 이 때문에 성경에 기록된 십계명에는 "살생(殺生)하지 말라"가 아니라 "살인(殺人)하지 말라"로 기록되어 있는 것입니다.

　그러므로 이 계명에 숨겨진 화두(話頭)의 비밀은 사람들

의 영혼을 죽이지 말고 구원하고 살려서 모두 부처를 만들
라는 뜻입니다.

둘   째 : 불투도계(不偸盜戒) − 훔치거나 도적질하지
말라.

오늘날 스님들이나 불자들은 부처님께서 훔치지 말라는
둘째 계율의 뜻을 단순히 세상에 있는 다른 사람의 물건이
나 돈을 도적질 하지 말라는 의미로 알고 있습니다. 그러나
부처님께서 남의 것을 훔치지 말라는 진정한 뜻은 세상에
속한 물건이나 재물을 훔치지 말라는 것이 아니라 부처님
의 말씀을 도둑질하여 자기 것으로 만들지 말라는 뜻입니
다. 이러한 계율(戒律)을 모르는 몰지각(沒知覺)한 스님들
은 부처님의 말씀을 도적질 하여 자기의 것으로 만들어 불
자들의 재물을 탈취(奪取)하고 영혼까지 죽이고 있는 것입
니다. 이 때문에 부처님은 지금도 너희는 나의 것을 도적질
하지 말라고 명하고 계신 것입니다.
성경 십계명에는 이 계율이 "도적질 하지 말라"로 기록
되어 있는데 이는 "훔치지 말라"는 말씀과 동일한 것입니
다.

셋 째 : 불음계(不淫戒) - 음행하지 말라.

부처님께서 음행(淫行)을 하지 말라는 뜻은 간음을 하지 말라는 의미입니다. 부처님의 이 계율을 지키기 위해 신실한 스님들이나 수행을 하는 불자들은 끓어오르는 정욕도 참아가며 음행을 하지 않으려고 많은 노력을 하고 있습니다. 그러나 부처님이 불자들에게 음행을 하지 말라는 진정한 뜻은 여자를 취하여 간음(姦淫)을 하지 말라는 뜻이 아니라 부처님의 말씀을 취하여 자기 사리사욕(私利私慾)을 채우지 말라는 뜻입니다.

그럼에도 불구하고 오늘날 일부의 패역(悖逆)한 스님들은 부처님의 말씀을 취하여 자신의 사리사욕을 취하려고 얼마나 애를 쓰고 있습니까?

오늘날 부패한 스님들이 영혼을 구제한다는 명목으로 사찰이나 선원 혹은 포교당들을 세워 놓고 자기 욕심을 채우기 위해 부처님의 말씀을 팔아서 사찰을 대형화 해가며 심지어 기업화(企業化) 해가고 있는 것을 볼 수 있습니다. 이러한 스님들이 바로 음행을 하는 자들입니다. 이 때문에 부처님께서 음행을 하지 말라는 뜻은 부처님의 말씀을 취하여 자기 욕심을 채우지 말라는 뜻입니다.

성경에 기록된 십계명에는 이 계율이 "너희는 간음하지
말라"로 기록되어 있습니다.

넷　째 : 불망어계(不妄語戒) – 거짓말을 하지 말라.

　오늘날 불자들은 부처님께서 "거짓말하지 말라"는 계율
을 단순히 사람들 간에 거짓말을 하지 말라는 정도로 알고
있습니다. 그러나 부처님께서 거짓말을 하지 말라는 진정
한 의미는 부처님의 말씀을 더하고 감하여 만든 비 진리,
즉 왜곡(歪曲)된 교리나 계율을 가지고 거짓증거를 하거나
불자들을 가르치지 말라는 뜻입니다.
　이 말씀의 진정한 뜻은 부처님의 말씀으로 죽어가는 영
혼들을 구제하고 살려서 생로병사(生老病死)의 윤회에서
벗어나게 하여 모두 부처를 만들라는 것인데 이러한 부처
님의 뜻을 망각하고 부처님의 말씀을 모두 기복으로 바꾸
어 불자들에게 오히려 욕심을 불어넣고 있는 것입니다.
　오늘날 스님들이 신도들에게 부처님을 잘 믿고 시주(施
主)를 많이 하면 부처님으로부터 많은 복을 받아 잘살 수
있고, 모든 일도 잘된다고 미혹(迷惑)하며 운수대통(運數大
通) 만사형통(萬事亨通)의 복을 빌어주는 것이 바로 부처님

의 말씀을 왜곡하여 거짓증거를 하는 행위입니다. 부처님
은 이러한 행위를 하는 자들에게 "거짓말을 하지 말라"고
엄히 명하시는 것입니다. 성경에는 이 계율을 "너희는 거짓
증거 하지 말라"로 기록되어있는데 이는 동일한 말씀입니
다.

하나님께서 하나님의 백성들에게 "거짓증거를 하지 말
라"고 명하시는 것은 오늘날 목회자들도 거짓증거를 하고
있기 때문에 하시는 말씀입니다.

다섯째 : 불음주계(不飮酒戒) - 술을 마시지 말라.

다섯째 계율은 부처님께서 불자들에게 "술 마시지 말
라"는 말씀입니다. 이 때문에 스님들은 술을 마시지 않는데
어떤 스님은 술은 마시지 않아도 곡차(곡주)는 마시는 분들
이 있습니다. 그런데 부처님께서 마시지 말라는 술은 세인
들이 즐겨 마시는 술을 말씀하신 것이 아닙니다.

부처님이 말씀하시는 술은 누룩이 섞여 있는 말씀, 즉
부처님의 정확무오(正確無誤)한 말씀을 가감시켜 만들어
놓은 오염된 비 진리를 받아먹지 말라는 뜻입니다. 왜냐하
면 수행불자들이 오염된 비 진리를 먹으면 비 진리에 의식

화(意識化)되어 부처님의 말씀을 받아들일 수 없고 해탈에도 이를 수 없기 때문입니다.

이 때문에 마시는 술은 먹어도 큰 문제가 없지만 가감된 비 진리를 먹으면 영원히 구제받지 못하고 멸망하게 됩니다. 이 때문에 술을 먹지 말라는 뜻은 오염된 비 진리를 받아먹지 말라는 뜻입니다. 이렇게 부처님께서 말씀하시는 술은 부처님의 말씀을 가감시켜 만든 비 진리, 즉 사람들이 영리를 취하기 위해서 부처님의 말씀을 가감시켜 만들어 놓은 각종 교리(敎理)나 규범(規範) 혹은 제도(制度)나 각종 의식들을 말합니다. 그러므로 오늘날 불자들은 오직 부처님의 말씀과 계율만을 받아 마음속에 간직하고 부처님의 말씀에 따라서 신행생활을 해야 합니다.

여섯째 : 불도식향만계(不塗飾香鬘戒) - 치장을 하거나 향을 바르지 말라.

여섯째 계율은 치장을 하거나 향을 바르지 말라는 말씀입니다. 도식향만(塗飾香鬘)이라는 뜻은 칠을 하고 장식을 하고 향을 발라 아름답게 꾸미는 것을 말합니다. 그러므로 이 말씀은 수행불자에게 화려한 옷을 입거나 장신구(裝身

231

具)를 달아 몸을 꾸미지 말며 얼굴이나 머리에 향이나 기름을 바르지 말라는 뜻으로 생각할 수 있습니다. 그러나 부처님은 그러한 뜻으로 말씀하신 것이 아니라는 것입니다.

불자들이 반드시 알아야 할 것은 부처님이 하신 모든 말씀들은 세상의 일들을 말씀하시는 것이 아니라 모두 진리와 관계되어 있다는 것을 알아야 합니다. 왜냐하면 부처님은 진리이시고 또한 부처님은 오직 시대신(是大神)이신 반야의 뜻을 행하고 이루시는 분이기 때문입니다. 이 때문에 부처님께서 치장을 하거나 향을 바르지 말라는 것은 불자들이 부처님의 몸을 치장을 하거나 부처님의 얼굴이나 머리에 향을 바르지 말라는 뜻입니다.

그런데 부처님의 몸은 진리이시기 때문에 부처님의 몸을 치장하거나 향을 바르지 말라는 것은 곧 부처님의 말씀을 가감하거나 왜곡하여 중생들을 미혹하지 말고 부처님의 말씀을 미화시키지 말라는 뜻입니다.

그럼에도 불구하고 오늘날 스님들은 부처님의 각종 형상들을 만들어 금과 보석으로 장식하고 있으며 또한 스님들은 부처님의 말씀을 화려하게 미화시켜 불자들에게 설법을 하고 있는 실정입니다. 이러한 행위들은 모두 부처님의 계율을 범하는 행위입니다.

일곱째 : 불가무관청계(不歌舞觀聽戒) - 노래하는 것이
나 춤추는 것을 보거나 듣지 말라.

　부처님께서 노래하는 것이나 춤을 추는 것은 보지도 말
고 듣지도 말라고 말씀하십니다. 왜 그럴까? 오늘날 사람
들의 세상사는 즐거움은 음악회나 가요프로 등을 통해서
노래를 듣는 것이며 텔레비전이나 극장을 통해 무희들의
춤추는 것을 보고 즐거워하는 것입니다. 그러면 이 계율은
수행불자들에게만 국한(局限)해서 하시는 말씀이라 생각할
수 있습니다.

　그러나 부처님께서 노래하는 것이나 춤추는 것을 보거
나 듣지 말라는 뜻은 세상 사람들이 하는 노래나 춤을 보거
나 듣지 말라는 뜻이 아니라 부처님이 가르쳐주신 말씀의
의미나 뜻도 모르고 제멋대로 설법을 하거나 그 잘못된 설
법을 듣고 즐겁다고 춤을 추는 사람들을 보지 말고 그들이
전하는 말도 절대로 듣지 말라는 뜻입니다.

　왜냐하면 잘못된 설법을 듣거나 그들이 행하는 의식에
따라 신행생활을 하면 영혼이 병들어 멸망하게 되기 때문
입니다.

여덟째 : 불좌고광대상계(不坐高廣大牀戒) – 높고 넓고 큰 평상에 앉지 말라.

부처님은 여덟째 계율을 통해서 "높고 넓고 큰 평상에 앉지 말라"고 하십니다. 부처님이 말씀하시는 큰 평상은 커다란 식탁을 말하는 것이 아니라 사람이 앉기도 하고 누워 잠을 잘 수도 있는 평상을 말하고 있습니다. 그러면 부처님께서 말씀하시는 높고 넓고 큰 평상은 어떤 상을 말하는 것일까? 높은 것은 교만(驕慢)을 나타내고 넓은 것은 욕심을 말하며 평평한 큰 상은 안일함이나 안주(安住)하는 것을 말하고 있습니다.

그러므로 부처님께서 높고 넓은 큰 평상에 앉지 말라는 진정한 뜻은 해탈을 위해 수행을 하는 불자들은 교만하지 말고, 욕심을 내지 말고, 지금 머물고 있는 곳에서 편안히 안주하지 말라는 뜻으로 하신 말씀입니다.

왜냐하면 수행불자들이 마음이 교만해지거나 탐심을 가진다면 지옥으로 떨어지게 되고 마음이 편안하면 나태(懶怠)하게 되어 수행의 길을 갈 수가 없기 때문입니다.

수행 불자들이 마음을 닦는다는 것은 곧 부처님의 말씀이나 법을 통해서 날마다 교만하고 강퍅한 마음을 깨고 부수어 겸손하게 만드는 것입니다. 이 때문에 성경에도 "마음이 교만한 자는 패망의 선봉에 있는 자"라 말씀하고 있습니다.

아홉째 : 불비시식계(不非時食戒) : 때가 아니면 먹지 말라

부처님은 "때가 아니면 밥을 먹지 말라"고 말씀하고 있습니다. 불자들은 이 말씀을 단순히 식사는 정해진 시간에 맞추어 하라는 뜻으로 알고 있습니다. 왜냐하면 식사를 제 시간에 하지 않으면 소화불량이 생길 수 있고 준비하는 사람도 힘들어지기 때문입니다. 그런데 부처님께서 과연 식사를 제 시간에 맞추어 하라는 것을 계율로 말씀을 하셨을까 하는 것입니다.

왜냐하면 식사를 제때에 하라는 말은 자라면서 부모님으로부터 항상 들어온 말이며 병원의 의사들도 위장병이 있는 환자에게 자주 하는 말이기 때문입니다. 이 때문에 부처님께서 때가 아니면 식사를 하지 말라는 말씀은 그러한 의미가 아니라 화두(話頭)로 말씀하셨다는 것을 알아야 합니다. 왜냐하면 무명의 중생들이 먹는 양식은 밥이지만 수행불자들이 먹는 양식은 밥이 아니라 부처님의 말씀이기 때문입니다. 이 때문에 성경에도 하나님의 백성들이 먹고 사는 양식은 떡이 아니라 하나님의 입에서 나오는 말씀으로 사는 것이라 말씀하고 있습니다. 이와 같이 부처님께서 먹지 말라는 양식은 밥이 아니라 부처님의 입에서 나오는 말씀을 뜻하고 있는 것입니다.

그러므로 부처님께서 때가 아니면 먹지 말라는 말씀의 진정한 뜻은 부처님의 말씀이나 법이 아닌 비 진리는 먹지 말라는 것입니다. 수행불자들이 만일 가감된 비 진리, 즉 오염(汚染)된 말씀을 먹으면 멸망을 받아 지옥으로 들어가게 됩니다. 이 때문에 부처님은 아홉째 계율을 통해서 부처님의 말씀이 아닌 것, 즉 오염된 부처님의 말씀이나 변질된 말씀은 절대로 먹지 말라는 뜻으로 말씀하신 것입니다.

열 째 : 불축금은보계(不蓄金銀寶戒) – 금, 은, 보석을 모으지 말라.

부처님은 수행불자들에게 마지막으로 지키라고 주신 계율(戒律)은 "금이나, 은이나, 보화(寶貨)를 모으거나 쌓지 말라"는 것입니다. 부처님께서 마지막 계명으로 금, 은, 보화를 쌓지 말라는 것은 불자들이나 스님들은 물론 수행불자들의 마음속에도 금은보화(金銀寶貨)를 쌓으려는 욕심이 있기 때문입니다. 그러므로 수행자들은 절대로 금은보화에 탐(貪)을 내거나 축적(蓄積)을 하지 말라는 것입니다. 그런데 부처님께서 말씀하신 금이나 은이나 보화는 실제 금은보화를 말씀하신 것이 아니라 부처님의 말씀과 계율(戒律)을 화두(話頭)로 말씀하신 것입니다.

그러므로 수행자나 스님들은 그 말씀과 계율을 받아서 쌓아만 둘 것이 아니라 진리에 비추어 자신의 상을 깨고 부수면서, 또한 무지에서 벗어나지 못하는 무명의 중생들에게 부처님의 말씀과 계율을 나누어 주어 죽어가는 영혼들을 구제하는 이타 행을 해야 하는 것입니다. 다시 말해서 법 보시(法 布施)를 행할 때 공덕이 쌓여 자신의 업을 상쇄시킬 수 있기 때문입니다.

그런데 부처님의 말씀과 법을 가감하여 만든 불교의 교리와 각종 제도를 머리에 쌓아 상을 만들어 가지고 있는 스님이나 불자들은 부처님의 뜻에 따라 해탈(解脫)하여 부처가 되려는 마음보다 부처님의 말씀을 이용하여 재물을 쌓아 세상에서 부귀영화(富貴榮華)를 누리려는 마음이 더 크기 때문입니다.

오늘날 사찰들이 점차 세속화(世俗化)되고 기업화(企業化)되어 가고 있는 것은 스님들 안에 욕심이 자리잡고 있다는 것을 말해주는 것입니다. 때문에 옛말에 "스님이 염불에는 생각이 없고 잿밥에 가 있다"는 말이 있는 것입니다. 그러므로 부처님께서 마지막 계율(戒律)을 통해서 수행불자들에게 금은보화(金銀寶貨)를 쌓지 말라고 명하시는 것은 세속의 금은보화는 물론 부처님의 말씀으로 만들어 놓은 각종교리나 제도(制度)들을 쌓아 자기 안에 상을 만들지 말라는 것입니다.

　이상과 같이 부처님께서 수행불자들에게 지키라고 주신 십계는 세상의 윤리(倫理)나 도덕(道德)이나 세상의 법을 잘 지키라는 것이 아니라 부처님의 진리를 올바로 알고 올바로 지키며 수행을 하라는 뜻입니다.

　오늘날 아귀계(餓鬼界)의 상태에서 수행을 하고 있는 스님들이나 수행불자들은 부처님의 계율(戒律)을 지키기 위해서 많은 노력을 하고 있습니다. 이렇게 부처님의 계율에 따라 수행을 하고 있는 자들은 살생(殺生)하지 말라는 계명 때문에 파리나 모기 한 마리도 죽이지 않으며 남의 물건을 훔치지 말라는 계명을 지키기 위해 땅에 떨어져 있는 동전 하나도 취하지 않습니다.

또한 음행(淫行)하지 말라는 계명을 지키기 위해 끓어오르는 정욕도 참고 살아가는데 어떤 수행자들은 여자들의 얼굴을 보지 않으려고 아예 땅만 보고 걷는 사람도 있습니다. 그럼에도 불구하고 일부 패역(悖逆)한 스님들은 거짓말을 수시로 하며 육류도 거침없이 먹고 또 어떤 스님들은 술은 물론 간음도 불사하는 분들도 있습니다. 왜냐하면 이들은 부처님의 뜻을 이루려는 것이 아니라 자신의 욕심(慾心)과 탐심(貪心)을 채우기 위해서 스님노릇을 하는 자들이기 때문입니다.

오늘날 스님들이 점점 부패해가는 것은 부처님의 가르침에 따라 욕심을 버리려는 것이 아니라 오히려 욕심을 채우려 하기 때문입니다. 이런 자들은 부처님이 말씀하신 인과응보(因果應報)나 부처님의 계율(戒律)을 범한 죄의 형벌이 얼마나 무섭고 크다는 것을 모르기 때문입니다. 이들은 부처님께서 가르쳐 주신 계율(戒律)을 세상의 법이나 윤리도덕(倫理道德) 정도로 생각하고 있습니다. 그러나 부처님께서 말씀하시는 계율은 위에 설명한 바와 같이 모두 화두(話頭)로 되어 있는 것입니다.

이상과 같이 부처님께서 말씀하신 십계의 말씀들은 표면에 나타난 문자 그대로 본다면 누구나가 쉽게 알 수 있는 평범한 말씀 같으나 모두 "화두(話頭)"로 되어있기 때문에 말씀 속에 감추어져 있는 비밀들은 무명의 중생들이 알 수가 없는 것입니다. 이 때문에 오늘날 스님들이나 불자들은 혜안(慧眼)이 없어 부처님께서 하신 말씀들을 문자적으로 해석하여 지킬 수밖에 없는 것입니다.

이렇게 오늘날 불자들은 부처님의 계율(戒律)을 세상의 법이나 윤리도덕(倫理道德) 차원의 교리로 지키고 있기 때문에 평생 동안 수행을 해도 해탈이 되지 않는 것입니다. 그러므로 불자들이 성불하여 부처가 되려면 반드시 오늘날 살아계신 부처님을 찾아 그의 가르침에 따라 수행(修行)을 해야 합니다. 왜냐하면 부처님의 말씀은 모두 화두(話頭)로 되어 있기 때문에 혜안(慧眼)이 없는 스님들은 부처님의 뜻이나 천상으로 가는 길을 알지 못하기 때문입니다. 그러나 소수의 무리지만 지금도 깨달으신 부처님을 모시고 그의 가르침에 따라 올바른 수행을 하는 자들도 있습니다.

이런 자들은 세상을 돌아보거나 세상을 생각할 겨를도 없이 오직 부처님의 말씀과 계율만을 생각하며 강도 높은 훈련을 받고 있는 자들인데 이러한 수행의 과정을 모두 마친다는 것은 여간 힘들고 어려운 일이 아닙니다. 이렇게 아귀(餓鬼)의 세계를 벗어나기 위해서는 부처님의 계율(戒律)

을 통하여 그동안 세상에서 쌓아 놓은 탐, 진, 치(貪, 瞋, 癡)와 번뇌망상(煩惱妄想)을 모두 버려야 합니다. 이러한 수행과 훈련의 모든 과정을 마쳤을 때에 아귀계에서 벗어나 축생계로 들어가게 되는 것입니다.

③ 축생계(畜生界) : 축생의 탈을 벗는 셋째 길 - 인욕(忍辱)

축생(畜生)이라는 말은 소나 돼지나 양과 같은 짐승들을 가리키는 말인데 부처님께서 말씀하시는 축생은 실제 짐승들이 아니라 축생의 상태에 있는 중생들을 말합니다. 지금까지 지옥에 있는 중생들이 지옥에서 벗어나려면 보시(布施)를 열심히 행하여야 한다는 것과 아귀계로 나온 불자들은 부처님의 계율(戒律)인 십계(十戒)를 열심히 지키며 수행을 해야 아귀계(餓鬼界)에서 벗어나 축생(畜生)계로 들어갈 수 있다는 것입니다.

불자들은 이 말씀을 통해서 중생들이 한 세대를 살아가면서 깨달아 부처가 되는 것이 아니라 지옥계(地獄界)에서 벗어나 아귀계(餓鬼界)로 진입한다는 것도 얼마나 힘들고 어렵다는 것을 알아야 합니다. 이렇게 불자들이 천상에 올라 부처가 되려면 육바라밀(六波羅蜜)을 통해서 죄업을 씻으며 전생에 자신이 쌓아 놓은 잘못된 고정관념(固定觀念)과 더러운 마음을 한 꺼풀씩 모두 벗어야 합니다. 이러한 과정을 통해서 전생과 현생의 악업(惡業)을 하나하나 벗고 부처님과 같이 정결한 마음이 될 때 천상(天上)에 올라 부처가 되는 것입니다.

그런데 안타까운 것은 대부분의 사람들이 지옥세계에서 아귀계로 한번 나와 보지도 못한 채 수 억겁을 지옥에서 오르락내리락하면서 윤회(輪廻)하고 있는 것입니다. 이렇게 중생들이 아귀(餓鬼)나 축생(畜生)의 상태에 이르기 위해서도 수많은 세대를 윤회(輪廻)하면서 힘든 수행의 과정을 거쳐야 하는 것입니다. 부처님께서는 축생(畜生)의 상태까지를 삼악도(三惡道)라고 말씀하시는데 삼악도란 삼악(三惡)과 삼도(三道)를 말합니다.

삼악(三惡)은 지옥의 악과 아귀(餓鬼)의 악과 축생(畜生)의 악을 말하며 삼도(三道)는 삼악에서 벗어나는 세 길을 말합니다. 삼도(三道)는 부처님께서 말씀하신 보시(布施), 지계(持戒), 인욕(忍辱)을 말하는데, 중생들이 삼악(三惡)에서 벗어나려면 삼도(三道)를 통해서 끊임없이 정진해야 하는 것입니다. 그런데 축생(畜生)계에 머물고 있는 수행자들이 축생계에서 벗어나려면 무엇보다 오래 참고 인내하는 인욕(忍辱)의 수행을 끊임없이 행해야 합니다. 그러므로 부처님께서 축생계에서 벗어나는 길을 인욕(忍辱)이라 말씀하신 것입니다.

축생(畜生)들이 받는 인욕(忍辱)은 수행과정에서 발생되는 각종 치욕과 모욕을 참고 견디는 것인데 이것은 마치 주인의 명령과 지시에 따라서 무조건 순종하며 살아가는 머슴이나 종과 같이, 혹은 군인이 되기 위하여 훈련소에서 모진 훈련을 받고 있는 훈련병과 같이 부처님의 계율(戒律)과 명령에 절대 복종을 하면서 모든 고통과 괴로움을 참는 것입니다.

축생(畜生)계에서 인욕(忍辱)의 과정을 밟고 있는 수행자들은 실제의 축생들과 같이 때로는 주인의 무거운 짐을 등에 지고 열심히 걸어가는 나귀와 같이 혹은 멍에를 씌워 놓은 소가 묵묵히 밭을 가는 것과 같이 그리고 사람을 등에 싣고 채찍을 맞아 가며 정신없이 달려가는 말과 같이 무조건 순종하는 자들입니다. 또한 이들은 자기 주인의 식탁을 위하여 자신의 몸을 희생하는 돼지나 닭과 같이 그리고 제사상 위에 오르는 각종 해산물이나 과일과 같이 아무런 불평 없이 순종을 하며 제물까지 되어야 하는 것입니다.

이렇게 축생의 탈(脫)을 벗기 위해서는 수많은 치욕(恥辱)을 참으면서 인내(忍耐)해야 합니다. 짐승의 탈을 벗고 인간이 된다는 것은 무척이나 힘들고 어려운 일입니다. 결국 축생(畜生)의 상태에서 인간(人間)이 되기 위해서는 이러한 과정의 훈련을 통과하여 축생(畜生)의 속성(屬性)과 성품(性品)이 모두 죽어 없어질 때 부처님의 속성과 성품으로 다시 태어나게 되는데 이것을 부분적인 해탈이라 말합니다. 이와 같이 축생들이 축생의 탈을 벗고 인간이 되려면 반드시 인욕(忍辱), 즉 모든 굴욕을 참고 견디는 인내심(忍耐心)이 있어야만 합니다. 그런데 오직 육바라밀(六波羅蜜)을 따라 수행하고 있는 축생들이 참고 인내해야 할 인욕(忍辱)은 그 무엇보다 오염된 비 진리를 가지고 신앙생활을 하고 있는 불자들로부터 오는 비난과 핍박을 견디어 내는 일입니다. 왜냐하면 부처님의 오류 없는 진리는 불교의 전통과 교리로 만들어진 비 진리와 항상 대적관계에 있기 때문입니다.

　이렇게 오직 부처님의 말씀만을 붙잡고 천상을 향해 달려가는 수행자들은 육신적인 고통을 참는 것보다 비 진리를 소유하고 있는 자들로부터 오는 각종 핍박(逼迫)과 유혹(誘惑)을 참아 내기가 더 어렵고 힘든 것입니다. 이러한 인욕(忍辱)의 과정을 모두 마친 자라야 비로소 축생의 탈(脫)을 벗고 수라(修羅)의 세계에 이르게 되는 것입니다. 이렇게 축생들이 수라계(修羅界)에 들어가기도 힘들고 어렵지만 천상에 올라 부처가 되려면 축생계에서 받는 고통보다 더 큰 고통들을 모두 참고 이겨내야 하는 것입니다.

④ 수라계(修羅界) : 인간으로 해탈하는 넷째 길 – 정진(精進)

육바라밀(六波羅蜜) 중에 지옥, 아귀, 축생의 삼계를 형이하학적(形而下學的)인 육신과 정신세계라면 수라, 인간, 천상의 삼계는 형이상학적(形而上學的)인 정신과 마음의 세계라 할 수 있습니다.

이 말은 지옥, 아귀, 축생의 존재들은 육신과 생각을 정결케 하는 세계이며 수라계(修羅界)부터는 정신과 마음을 정결케 하는 세계라는 말입니다. 그러므로 삼악도(三惡道)에서 벗어나 수라계(修羅界)에 있는 수행자들은 날마다 더러운 마음을 깨끗하게 씻어 부처님의 마음과 같이 정결케 되어야 합니다. 수라(修羅)라는 말은 아수라(阿修羅)라는 단어의 준말로 단어의 뜻은 "싸우기를 좋아하는 귀신"이라는 말입니다.

아수라(阿修羅)라는 단어는 사람들이 많이 모인 장소에서 갑자기 화재나 폭발사고가 발생했을 때 출입구를 향해 속히 빠져 나오려고 정신없이 아우성치며 서로 뒤엉켜 몸싸움을 할 때 사용하는 말입니다. 그런데 부처님께서 말씀하시는 수라(修羅)의 뜻은 이러한 몸싸움이 아니라 수행자들이 전도된 몽상과 탐, 진, 치(貪, 瞋, 癡)로 인해 일어나는 번뇌망상(煩惱妄想)에서 하루속히 벗어나기 위해 자신과 싸우고 있는 자들을 가리키는 말입니다.

이렇게 천상을 향해 가는 수행자들은 자신 안에서 일어나는 갈등과 더불어 세상으로부터 오는 각종 유혹과 싸우기 위해 항상 전쟁을 하게 됩니다. 그런데 만일 수행자가 이러한 싸움에서 패배하게 되면 파계승이 되어 속세로 돌아가게 되는 것입니다. 사람들이 십년공부 나무아미타불이라고 하는 말은 바로 이 싸움에서 패배한 파계승들의 입에서 나온 말입니다.

이렇게 마음을 닦는 수행자들은 자신 안에 자리 잡고 있는 욕심과 속세의 미련을 버리기가 힘들고 어렵다는 것입니다. 그런데 그동안 잘못된 불교의 교리와 제도의 틀 속에서 의식화(意識化)된 고정관념(固定觀念)으로부터 벗어나기는 더욱 힘든 것입니다. 이렇게 오온(五蘊)으로 구성된 자신의 존재, 즉 이 세상으로부터 지금까지 배우고 경험한 것들로 쌓아놓은 자신의 존재를 부수고 버리기가 어렵고 힘들다는 것입니다. 그러므로 부처님께서 수라계(修羅界)에서 벗어나기 위해 자신과 싸우고 있는 수행자들에게 가르쳐주신 길이 바로 정진(精進)입니다.

정진(精進)이라는 단어의 뜻은, "정력을 다하여 나아가는 것, 열심히 노력하는 것, 악을 버리고 선을 닦는 것, 앞만 보고 달려가는 것" 등의 의미입니다. 그런데 부처님께서 말씀하시는 정진(精進)의 뜻은 모든 생각과 마음을 모두 내려놓고 오직 한 생각과 한 마음으로 천상을 향해 전심으로 달려가라는 것입니다.

병들어 죽어가는 환자들에게 가장 중요하고 시급한 일은 병원으로 달려가 치료를 받는 것입니다. 이렇게 병들어 죽어가는 사람은 만사를 제쳐 놓고 오직 살려는 일념(一念)으로 병원을 찾아가 의사에게 살려 달라고 애원을 합니다. 왜냐하면 자신의 생명이 경각(頃刻)에 있기 때문에 아무리 중요한 일이나 약속이 있어도 안중에 없기 때문입니다.

이와 같이 수라계(修羅界)에 있는 수행자들은 속세의 미련을 모두 버리고 오직 천상을 향해 일심전력(一心專力)으로 정진(精進)하는 자들입니다. 일심전력(一心專力)이라는 말은 자신의 목적을 이루기 위해서 오직 한 마음을 가지고 최선의 노력을 다한다는 말입니다. 이렇게 수라계(修羅界)에서 정진(精進)을 하고 있는 수행자들의 소망과 목적은 오직 천상에 올라 부처가 되는 것인데 천상에 오르기 위해서는 먼저 수라계(修羅界)에서 벗어나 인간계로 들어가야 합니다. 그런데 수라계를 벗어나려면 그 무엇보다도 부처님의 말씀이 있어야 합니다.

왜냐하면 어둠 속을 항해하는 배가 등대의 불빛이 없으면 향방을 모르듯이 무명(無明) 가운데 있는 수행자들은 부처님의 말씀이 없으면 아무리 몸부림을 쳐도 그곳에서 나올 수가 없기 때문입니다. 그러므로 수라계(修羅界)에 머물고 있는 수행자들은 부처님의 말씀을 붙잡고 전심을 다해 인간계를 향해 정진해야 하는 것입니다.

⑤ 인간계(人間界) : 인간계에서 천상에 오르는 길 – 선정(禪定)

인간이라는 단어는 사전에 "사람사이, 사람들이 사는

곳, 중생들이 윤회(輪廻)하는 곳, 사람의 세계" 등으로 설명되어 있습니다. 이렇게 인간이란 사람을 말하며 인간계란 사람들이 모여 사는 세계를 말하고 있습니다. 그러나 부처님이 말씀하시는 인간이나 인간계는 사람들이 살고 있는 이 세상을 말하는 것이 아니라, 지옥, 아귀, 축생, 수라의 세계를 벗어나 인간으로 해탈(解脫), 즉 중생(重生)한 자들의 세계를 말합니다.

역학(易學)자들은 사람들이 이 세상에 태어날 때 각기 자신의 띠 (十二支 : 子丑寅卯辰巳午未申酉戌亥)를 가지고 태어나는데 모두 짐승의 띠를 가지고 태어나며 사람의 띠를 가지고 태어나는 사람은 한 사람도 없다고 합니다. 이것은 이 세상에 태어나는 인간들의 외형은 모두 사람의 탈을 쓰고 있으나 인간내면의 상태는 짐승들과 같다는 것을 말해 주는 것입니다.

그런데 열두 띠 중에 상징적 동물이 하나 있는데 바로 용(龍)이란 짐승입니다. 용(龍)은 사람들의 눈에 보이지 않는 추상적 짐승 혹은 상징적인 동물 정도로 생각하고 있습니다. 그런데 이 용이 바로 천상에 올라 부처님으로 성불(成佛)할 수 있는 인간의 존재입니다.

수많은 짐승들 중에서 성불하여 부처가 될 수 있는 짐

승은 오직 용뿐인데 부처님은 용의 상태에 있는 존재들을
육바라밀(六波羅蜜)을 통해서 인간(人間)이라 말하는 것입
니다. 이렇게 부처님께서 말씀하시는 인간은 짐승의 탈을
벗고 중생(重生)한 영적인 존재들을 말합니다.

이 말씀을 통해서 불자들은 짐승의 상태에서 벗어나 진
정한 인간(人間)이 된다는 것도 얼마나 힘들고 어렵다는 것
을 알아야 합니다. 그런데 이런 과정을 통해서 인간으로 중
생(重生)하였다 해도 성불(成佛)하여 부처가 되려면 다시
인간계에서 벗어나 천상(天上)계로 올라가야 하는 것입니
다.

이렇게 부처님께서 말씀하시는 인간은 수라(修羅)와 천
상(天上)사이에서 수행하고 있는 수행자들을 가리키는 말
입니다. 그러면 인간계에 있는 인간들이 천상에 오르려면
어떻게 해야 할까? 그 길이 바로 부처님께서 말씀하시는
선정(禪定)입니다. 그러면 선정은 무슨 의미일까? 선정(禪
定)이라는 단어의 뜻은 "차분한 마음으로 명상하는 것, 마
음의 번뇌(煩惱)를 가라앉히는 것, 사념(思念)을 없애는 것,
마음을 동요시키지 않는 것" 등으로 기록되어 있습니다. 그
런데 부처님께서 말씀하시는 선정(禪定)의 진정한 뜻은 부
처님의 마음에 이르기 위해 자신의 생각과 마음을 한 곳으

로 집중하여 고요하고 청정(清淨)한 상태가 되는 것을 말합니다. 이렇게 선정은 정신을 통일하여 삼매경(三昧境), 즉 무아(無我)의 경지에 들어가는 것입니다.

수도승이나 수행자들이 가부좌(跏趺坐) 자세로 벽을 향해 날마다 참선(參禪)을 하는 것은 오직 삼매경(三昧境)에 이르기 위해서입니다. 그런데 아무리 참선(參禪)을 해도 삼매경(三昧境)에 이르기가 쉽지 않고, 혹 잠시 삼매의 경지에 이른다 해도 지속이 되지 않습니다. 그 이유는 부처님께서 말씀하시는 선정(禪定)의 의미를 잘 모르기 때문이라 생각합니다. 선정(禪定)은 조용히 앉아서 참선(參禪)을 한다해서 번뇌망상(煩惱妄想)이 떠나가고 마음이 청정(清淨)해지는 것이 아니라 진리의 빛, 즉 부처님의 말씀과 그의 가르침에 의해서 조금씩 닦아져 청결(清潔)하게 되어지는 것입니다.

그러므로 진정한 선정(禪定)은 부처님의 말씀을 화두(話頭)로 삼고 주야로 묵상을 하면서 자신이 지금까지 가지고 있던 잘못된 생각과 마음을 부처님의 생각과 마음으로 하나하나 바꾸어 나가는 것입니다. 이런 과정을 통해서 지금까지 자신이 소유하고 있던 생각과 마음을 모두 버리고 부처님의 생각과 마음으로 변화될 때 삼매(三昧)의 경지에 이르게 되는 것입니다. 불자들이 이런 수행의 과정을 통해서 삼매의 경지에 들어가면 반드시 해탈(解脫)이 됩니다. 스님들이 도(道)를 닦는다는 말은 곧 마음(心)을 닦는다는 말인데, 이 말은 인간의 더러워진 마음을 진리(眞理)를 통해서 깨끗하게 씻는다는 말입니다. 이렇게 인간의 상태에 있는 사람이 부처님의 말씀을 통해서 마음을 깨끗이 닦아서 청정심(淸淨心)이 된다면 곧 성불하여 부처가 되는 것입니다.

그러므로 인간의 상태에서 마음을 닦는다는 것은 매우 중요한 일입니다. 이렇게 인간계에서 벗어나 천상에 올라 부처가 되려면 부처님의 가르침을 받아서 마음을 닦아 부처님의 마음에 이르는 수행의 과정을 통과해야 합니다. 그런데 인간의 상태에서 부처가 되려면 무엇보다 부처님께서 가르쳐 주신 삼학(三學)을 지켜 행해야 합니다.

왜냐하면 인간들이 천상에 올라 부처가 되려면 반드시 삼학(三學)을 통하여 부처님의 자비(慈悲)와 지혜(智慧)를 갖추어야 하기 때문입니다.

자비(慈悲)는 심적(心的) 측면에서의 사랑과 긍휼의 품성을 갖추는 것이며 지혜(智慧)는 정신적이며 지적(知的)인 능력을 갖추는 것입니다

삼 학(戒, 定, 慧)

첫째 − 계학(戒學) : 불자들이 지켜야 할 부처님의 계율
둘째 − 정학(定學) : 모든 생각을 버리고 마음을 닦아서 고요하고 평안한 경지에 이르게 하는 부처님의 가르침
셋째 − 혜학(慧學) : 부처님의 지혜를 통해서 진리를 깨달아 견성에 이르는 가르침

인간계에 있는 인간들이 천상에 올라 부처가 되려면 반드시 삼학(三學)을 통한 자리(自利)와 이타 행(利他 行), 즉 상구보리(上求菩提)와 하화중생(下化衆生)을 행해야 합니다. 상구보리(上求菩提)는 자신이 성불하기 위해 정진하는 것이며 하화중생(下化衆生)은 아귀(餓鬼)계와 축생(畜生)계와 수라(修羅)계에 머물고 있는 자들을 가르치고 훈련시켜 인간으로 중생(重生)시키는 것을 말합니다.

이렇게 인간들이 천상(天上)에 올라 부처가 되려면 아귀와 축생(畜生)과 수라(修羅)계에 있는 자들을 부처님의 자비심(慈悲心)으로 열심히 가르치고 도와주는 이타(利他)를 행해야 합니다. 그런데 인간들이 천상에 오르기 위해서는 그 무엇보다 반야(般若)를 전적으로 의지해야 합니다.

왜냐하면 석가모니 부처님께서도 행심반야바라밀다시(行深般若波羅蜜多時)에 해탈하여 관자재보살(觀自在菩薩)이 되셨기 때문입니다.

　행심반야바라밀다(行深般若波羅蜜多)라는 뜻은 부처님께서 피안(彼岸)(천상)에 오르기 위해서 오직 반야(般若)를 의지하며 열심히 육바라밀(六波羅蜜)을 행하였다는 뜻입니다. 이렇게 반야(般若)를 믿고 의지하며 이타(利他)를 행할 때에 반야(般若)의 도우심으로 천상계인 부처님의 세계로 들어가게 되는 것입니다.

　이와 같이 인간들이 해탈하여 부처가 되는 것은 인간의 노력이나 자신의 의지만으로 되는 것이 아니라 반야(般若)의 전적인 도움이 있어야 된다는 것을 명심해야 합니다.

　이렇게 인간들은 반야(般若)의 존재를 절대 신으로 믿고 의지하며 부처님의 자비심(慈悲心)으로 날마다 이타(利他)를 행할 때 해탈이 되어 천상에 올라 부처가 되는 것입니다.

⑥ 천상계(天上界) : 지혜의 본체가 되는 길 – 지혜(智慧)

천상계(天上界)란 하늘의 세계 또는 신(부처님)들의 세계라는 말인데, 부처님께서 말씀하시는 천상계는 반야(般若)의 세계, 즉 무상정등정각(無上正等正覺)의 세계를 말합니다. 이렇게 천상의 세계는 육바라밀(六波羅蜜)을 통해서 해탈하여 성불하신 부처님들의 세계를 말하고 있습니다. 그런데 부처님들이 계신 천상의 세계도 모두 동일한 것이 아니라 깨달음의 상태와 그 차원에 따라 각기 그 위(位)가 다르다는 것을 알아야 합니다. 즉 부처님이 계신 열반의 세계에 1차원에는 관자재보살(觀自在菩薩) 부처님이 계시고 2차원에는 보리살타(菩提薩陀) 부처님이 계시며 3차원에는 삼세제불(三世諸佛)이 계신다는 것입니다.

이것은 기독교에서 말하는 삼위(三位)의 하나님, 즉 성부(聖父)하나님, 성령(聖靈)하나님, 성자(聖子)하나님과 동일한 것입니다. 이것은 부처님의 세계와 하나님의 세계는 용어만 다를 뿐 모두 동일한 세계라는 말입니다. 단지 무지한 중생들이 혜안(慧眼)이 없고 영안이 없어 다르게 보고 다르게 말할 뿐입니다.

그러므로 인간계에서 천상계에 들어와 관자재보살(觀自在菩薩) 부처님이 된다 해도 2차원의 보리살타(菩提薩陀) 부처님이 되기 위해서는 지혜(智慧), 즉 반야(般若)의 지혜(생명)를 가지고 오계(五界)에서 고통 받고 있는 중생들을 제도하여 성불(成佛)을 할 수 있도록 이타 행(利他 行)인 하화중생(下化衆生)을 끊임없이 행해야 합니다. 이렇게 오계(五界)에서 생로병사의 윤회(輪廻) 속에서 고통 받고 있는 중생들을 구제하여 성불을 시키면 보리살타(菩提薩陀) 부처님이 되는 것입니다.

　그런데 이타를 행하여 보리살타(菩提薩陀) 부처님이 된 후에도 무상정득정각(無上正等正覺)인 삼세제불(三世諸佛)로 완성되기 위해서는 반드시 반야(般若)를 의지해야 하며 반야(般若)의 지혜를 가지고 끊임없이 이타(下化衆生)를 행해야 합니다. 왜냐하면 보리살타(菩提薩陀) 부처님이 이타를 행치 않으면 구경열반(究境涅槃)에 이르러 삼세제불(三世諸佛)이 될 수 없기 때문입니다. 이 때문에 석가모니 부처님께서 해탈을 하여 부처님이 되신 후에 그의 여생을 자신의 몸을 불태우며 하화중생을 하신 것입니다.

　석가모니 부처님은 그 결과 구경열반(究境涅槃)에 들어가 무상정등정각(無上正等正覺)의 지혜에 이르러 삼세제불

(三世諸佛)이 되신 것입니다.

　이와 같이 해탈하여 관자재보살이 되었다 하여도 삼세제불(三世諸佛)로 완성되기 위해서는 끊임없이 하화중생(下化衆生)을 계속해야 합니다. 천상의 세계는 반야(般若)의 세계이며 무상정등정각(無上正等正覺)의 세계입니다. 이 세계는 근원적 반야(般若)의 지혜를 말하는데 이 지혜를 가리켜 아뇩다라삼먁삼보리(阿耨多羅三邈三菩提)라 말합니다. 그러므로 부처님은 반야(般若)를 가리켜 시대신주(是大神呪)요 시대명주(是大明呪)요 시무상주(是無上呪)요 시무등등주(是無等等呪)라 말씀하시는 것인데, 주(呪)라는 뜻은 진언(眞言-진리의 말씀)이라는 것입니다.

　이렇게 반야(般若)는 이 우주 만물을 초월하여 계신 제일 큰 신(是大神呪)으로 한없이 밝고 깨끗하시며(是大明呪) 반야(般若) 이상의 신이나 지혜는 존재하지 않으며(是無上呪) 이 말씀과 비교할 어떤 말씀도 없다(是無等等呪)는 것을 알아야 합니다. 또한 삼세제불(三世諸佛) 부처님은 중생들을 모든 괴로움과 고통 속에서 건져주시는 무한한 원력을 가지고 계시기 때문에 반야(般若)는 곧 능제일체고(能除一切苦)라 말씀하고 있습니다.

　또한 반야(般若)는 진실불허(眞實不虛), 즉 반야의 본체는 진실이시며 영원히 변치 않는 진리로서 그 안에는 거짓이나 가식이 전혀 없다는 뜻입니다. 이렇게 석가모니 부처님은 반야(般若)를 신이라고 분명하고도 확실하게 말씀하고 있습니다.

그런데도 불구하고 지금까지 스님들이나 불자들은 불교의 교리로 인한 전도몽상(顚倒夢想) 때문에 불교에는 신이 존재하지 않는다고 신을 전적으로 부정해 온 것입니다. 그러나 신이 없는 신앙은 죽은 신앙이며 마치 생명이 없는 쭉정이와 같은 신앙입니다. 이 때문에 출가승이나 수행자들이 그토록 열심히 마음을 닦으며 수행을 하고 고행을 해도 해탈이 되지 않는 것입니다. 그러므로 불자들이 무엇보다 시급한 일은 불교가 말살해 버린 반야(般若)의 신을 다시 되찾아 불자들의 신으로 모셔 들여야 합니다.

왜냐하면 불자들이 반야(般若)를 신으로 모시지 않으면 예불시간이나 법회시간에 반야심경(般若心經)을 아무리 독경(讀經)을 하고 법문을 들어도 그것은 공염불에 지나지 않으며 헛된 지식과 의식에 불과하기 때문입니다. 이렇게 불자들이 지금까지 반야(般若)를 모르는 것은 마치 자기 손에 보화(寶貨)를 쥐고 있으면서도 그 보화를 보지 못하는 것과 같은 형상(形象)입니다.

그러므로 오늘날 불자들은 반야심경(般若心經)의 육바라밀(六波羅蜜)을 통해서 반야(般若)를 신으로 받아들여야 하며 반야를 믿고 의지하여 성불(成佛)에 이르도록 힘써야 합니다. 또한 불자들은 육바라밀(六波羅蜜)을 통해서 자신이 육계(六界) 중 어느 세계에 머물고 있는지를 확실히 알아야 합니다. 그리고 이 세상사는 동안에 혜안(慧眼)이 열린 부처님을 찾아서 그의 올바른 가르침을 받아야 합니다. 이렇게 부처님을 통해서 육바라밀(六波羅蜜)을 열심히 정진수행(精進修行) 한다면 모두 생로병사(生老病死)의 윤회에서 벗어나 천상에 올라 부처가 될 것입니다.

　이상과 같이 육바라밀(六波羅蜜)을 통해서 생로병사(生老病死)의 윤회(輪廻)에서 벗어나 부처가 되는 길을 알아보았습니다.

5. 진리를 통해서 보는 자신의 운명과 사주팔자

분명한 것은 이 세상에서 일어나는 모든 일들은
모두 원인이나 근거가 있기 때문에 발생한다는 것을
부정할 수 없는 사실입니다.
이 때문에 사람이 타고나는 운명이나 사주팔자도
우연히 주어진 것이 아니라
인연에 따라 필연적으로 주어진 것입니다.

진리를 통해서 보는 자신의 운명과 사주팔자

사람들이 이 세상에 태어날 때는 누구나 자신의 운명이나 사주팔자를 타고 난다고 말합니다. 그러면 자신에게 주어지는 운명이나 사주팔자는 우연적으로 주어지는 것일까? 아니면 필연에 의해 나타나는 것일까? 우연이란 아무런 원인이나 근거 없이 돌발적으로 나타나는 것을 말하며 필연이란 원인이 있기 때문에 발생되는 것을 말합니다.

이 문제는 지금까지 주역이나 철학을 연구하는 사람과 기독교인들의 주장이 각기 다르기 때문에 아직도 분명한 결정을 내리지 못하고 있습니다. 그러나 분명한 것은 이 세상에서 일어나는 모든 일들은 모두 원인이나 근거가 있기 때문에 발생한다는 것을 부정할 수 없는 사실입니다.

이 때문에 사람이 타고나는 운명이나 사주팔자도 우연히 주어진 것이 아니라 인연에 따라 필연적으로 주어진 것입니다. 그러므로 이러한 사실을 아는 자들은 필연이라 말하며, 이러한 사실들을 모르고 있는 자들은 우연이라 말하는 것입니다.

사람들은 이 세상을 살아가면서 어느 누구나 선업이나, 아니면 악업을 지으며 살아가고 있습니다. 선업은 선한 마음으로 행한 일들이 하나하나 쌓여 모이는 것이며 악업 또한 욕심이나 악심을 품고 저지른 일들이 하나하나 쌓여 만들어지는 것입니다. 이렇게 사람들은 각기 자기가 원하는 대로 선을 행하며 살아가거나 아니면 악을 행하며 살아가지만 후에는 반드시 자신이 행한 대로 그에 대한 값을 받게 됩니다. 옛말에 콩을 심은 데는 콩이 나고 팥을 심은 데는 팥이 난다는 말과 같이, 선을 행한 자는 복을 받아 행복하게 살아가지만 악을 행한 자는 반드시 고통을 받으며 불행하게 살아가게 됩니다.

그런데 아무것도 심지 않은 사람은 추수 때에 아무것도 거둘 수 없고 받을 것도 없듯이 게으르고 나태하여 아무것도 심지 않은 자는 가난과 굶주림의 고통을 받게 됩니다. 이와 같이 사람들이 전생에 지은 업은 현생에 나타나는 것이며 현생에서 지은 업은 내생에 나타나게 되는 것입니다. 이렇게 사람이 무엇으로 심던지 심은 대로 거두며 행한 대로 받게 되는 것입니다.

이러한 사실을 모르는 무지한 중생들은 자신의 운명이나 생사화복이 모두 하나님의 탓이나 조상 탓 아니면 팔자 탓이라 오해를 하며 신세타령을 합니다. 그러나 인간들의 생사화복은 모두 시대신(是大神)인 반야(般若)가 주관하시는 것인데 반야는 사람들이 세상을 살아가면서 어떻게 살며 무엇을 심었느냐에 따라 심은대로 보응하시는 것입니다.

반야를 기독교에서 하나님이라 말하고 있는데 반야나 하나님은 동일한 시대신(是大神)이며 유일신(唯一神)입니다. 이렇게 인간들의 생사화복은 자신의 삶과 행위에 따라 반야(하나님)께서 공정하게 보응하신다는 것입니다. 결국 사람들이 복을 받아 잘살고 화를 당해 못살고 그리고 일찍 단명하고 장수하는 모든 것이 모두 자신의 업에 의해서 결정되어 진다는 것입니다. 그런데 역학자들의 말을 믿고 살아가는 산모들은 태속에 있는 아기를 인위적으로 좋은 사주팔자에 맞추어 출산하려고 애쓰는 사람들이 있습니다.

그러면 자연의 섭리, 즉 반야의 섭리를 무시하고 부모가 원하는 좋은 날과 좋은 시에 맞추어 아기를 태어나게 한다 해서 정말 전생에 지은 업과 관계없이 이생에서 아무런 고통 없이 행복하게 잘살 수 있단 말인가? 이런 자들은 마치 콩을 심어놓고 팥이 나오기를 바라고 팥을 심어 놓고 콩이 나오기를 바라는 사람과 같습니다.

이런 자들은 자연의 섭리와 반야(하나님)의 섭리를 모두 파괴하는 자들입니다. 반야는 이러한 죄를 범하는 자들을 중죄로 다스리며 내생에 더 큰 벌을 받게 하신다는 것을 명심해야 합니다.

　반야의 섭리를 모르는 무지한 인간들은 반야께서 정하신 인간의 한계를 넘어 신들의 세계에 도전하는 사람들이 있습니다. 그것은 인간들이 반야의 성역을 침범하여 줄기세포를 이용하여 양이나 소 혹은 개나 돼지를 복제하여 만들어내며 심지어 사람까지 복제하여 복제인간을 만들려고 하는 것입니다. 그러나 이러한 행위는 인간들이 창조주이신 반야의 영역에 도전하는 행위들로 반야께 엄청난 죄를 범하는 것이며 인류의 종말을 앞당기게 만드는 행위들입니다.

　성경을 보면 창세기에 인간들이 타락하고 범죄함으로 하나님이 진노하셔서 인류를 홍수로 모두 멸하시고 다시 원시 시대로 돌려놓았던 일들을 볼 수 있습니다. 하나님은 범죄 한 인간들을 멸하시겠다는 것을 경고하시고 회개시키기 위해 노아를 통해서 산위에 배를 120년 동안 만들게 하셨습니다. 그런데 사람들은 하나님의 경고하심을 모르고 산위에 배를 만들고 있는 노아를 비웃고 조롱까지 한 것입니다.

　결국 이들은 홍수로 모두 멸망을 당했고 하나님의 뜻대

로 살아간 노아의 가족만이 지금까지 대를 이어오고 있는 것입니다.

　그런데 과학문명이 극도로 발달된 인간들이 너무 반야 (하나님)의 섭리를 무시하고 엄청난 범죄를 하고 있는 것입니다. 이 때문에 대기의 오존층이 파괴되고 기상이변이 일어나고 태풍과 지진이 일어나고 또한 굶주림의 기아와 경제공황 그리고 조류독감이나 신종 바이러스등 각종질병을 통해서 경종(警鐘)을 울리고 있는 것입니다. 오늘날 인간들은 이 세상이 반야(般若)에 의해서 창조되었다는 것과 인간들의 생사화복이 모두 반야의 섭리에 의해서 운행되고 있다는 사실을 알아야 합니다.

　그러므로 피조물인 인간들은 반야의 섭리를 파괴하는 행동을 하거나 반야(하나님)의 뜻을 망각해서는 절대로 안됩니다. 왜냐하면 인간들뿐만 아니라 이 우주공간에 존재하는 모든 자연만물들은 모두 반야에 의해 창조된 피조물들로서 반드시 반야의 섭리 안에서 순응하며 살아가야 하기 때문입니다. 이 때문에 인간들은 반야의 영역을 침범하거나 반야의 자연법칙을 위반해서는 절대로 안 됩니다.

　인간들이 윤회로 이어지는 전생과 현생 그리고 내생은 모두 반야의 섭리에 의해서 이루어지는 것이며, 또한 인간들에게 나타나는 사주팔자나 생사화복도 반야의 섭리와 공의에 의해 주어지는 것입니다.

　　그런데 하나님과 예수를 구주로 믿고 있는 기독교인들은 전생이나 윤회 그리고 타고나는 사주팔자에 대해서 모두 부정하거나 외면을 하고 있습니다. 이렇게 기독교인들은 모두 전생이나 윤회를 부정을 하고 있지만 하나님은 성경을 통해서 분명하게 전생과 윤회를 말씀하고 계십니다. 인간들이 타고나는 운명이나 사주팔자는 전생에서 자신이 살았던 삶의 신상명세서나 생활기록부와 같은 것입니다. 그러므로 어떤 사람은 현생에서 좋은 환경에서 태어나 잘살고 또 어떤 사람은 열악한 환경에서 태어나 고통 받고 사는 것은 전생에 자신이 지은 업보 때문입니다.

　　때문에 이생에서 잘사는 사람이나 못사는 사람은 자신에게 다가오는 현실을 모두 자신의 책임으로 받아들여야 합니다. 그런데 이러한 사실들을 모르는 사람은 재앙이나 환란을 당해 고통이 올 때나 혹은 자신이 하고 있는 사업이나 하는 일들이 잘 풀리지 않으면 만신집이나 철학원을 찾아가 자기나 가족들의 사주를 봅니다. 주역에서 사주는 네 기둥이라는 의미로 자신이 태어난 년, 월, 일, 시를 말합니다.

그런데 사주를 보면 자신의 성격이나 직업 혹은 운세는 대충 맞는데 정확성은 없고, 더욱 앞으로 되어 질 일에 대해서는 불투명 합니다. 왜 그럴까? 그 이유는 사주에 연, 월, 일, 시는 있는데 분과 초가 없기 때문입니다. 이 세상에 태어나는 사람 중에 사주가 같은 사람은 수도 없이 많이 있습니다. 그러나 분과 초까지 같은 사람은 단 한 사람도 없습니다. 왜냐하면 일초도 백분의 일 혹은 천분의 일로 나누어지기 때문입니다.

　올림픽에서 경기하는 자들을 보면 1초나 혹은 0.1초 차이로 금메달과 은메달이 결정되고 그보다 0.01초차로 은메달이 금메달로 바뀌는 것을 종종 봅니다. 이와 같이 사람의 운명도 태어난 해와 달과 그리고 날과 시가 모두 같다 해도 분, 초가 다르면 운세가 큰 차이로 다르게 나타납니다.

　이와 같이 사람이 태어나는 사주가 같다 해도 분, 초는 사람마다 각기 다릅니다. 즉 같은 날 같은 시에 태어난 쌍둥이라 해도 분이나 초가 틀리면 많은 차이가 있다는 것입니다. 이렇게 사람들에게 나타나는 운명이나 모든 만사는 년, 월, 일, 시는 물론 분, 초에 따라 많은 차이가 있습니다.

　왜냐하면 한날한시에 한배 속에서 태어나는 쌍둥이도 팔자나 운명이 각기 다르기 때문입니다. 그런데 오늘날 역학자들은 사주(년,월,일,시)만을 가지고 보고 판단하기 때문에 사람들의 운세를 세밀하고 정확하게 볼 수가 없는 것입니다.

　이 때문에 역학자들은 사람의 성품이나 직업 등 지나간 일들은 비교적 잘 맞추는데 앞으로 일어날 일에 대해서는 분명하게 제시하지 못하는 것입니다. 왜냐하면 역학자 자신도 자신에게 일어날 일에 대해서는 잘 모르기 때문입니다. 결국 인간들이 주역으로 볼 수 있는 사주는 년, 월, 일, 시의 한계에 머물러 있어 그 이상의 일들은 모르고 있기 때문에 분, 초에 숨겨있는 인간들의 운명은 역학자라해도 알 수 없고 볼 수도 없는 것입니다. 이렇게 사람들이 타고나는 사주팔자는 각 사람의 성품과 연관성이 있습니다. 사람이 타고나는 성품을 천성이라고도 말하는데 이 성품이 곧 전생에 형성된 자신의 존재이며 또한 현생으로 이어진 자신의 운명이요 사주팔자인 것입니다.

　그러므로 사람이 팔자대로 산다는 것은 곧 그 사람의 타고난 성품대로 살아간다는 말과 같은 것입니다. 이 말은 전생의 존재인 자신의 성품과 지은 업들이 이생에 태어나는 사주팔자가 되는 것이며 현생의 성품과 그에 따른 업들은 내생으로 이어져 사주팔자가 정해진다는 말입니다.

이렇게 인간들의 사주팔자나 생, 사, 화, 복은 모두 이러한 과정 속에서 일어나는 일들입니다. 이 때문에 오늘날 기독교인들이 천국에는 못 들어간다 해도 내생에 좋은 곳에 태어나려면 이생에서 신행생활을 통해서 성품을 조금씩이라도 바꾸어야 하며 또한 날마다 좋은 업을 쌓아야 하는 것입니다. 그러므로 인생의 진정한 의미와 신행생활은 자신이 타고난 성품과 사주팔자를 날마다 바꾸어 가는 것입니다. 그런데 자신의 성품과 사주팔자를 바꾸려면 반드시 반야께서 보내주시는 생불(生佛), 즉 오늘날의 산부처를 믿어야 하고 그 말씀을 영접해야 합니다. 왜냐하면 오늘날의 부처님만이 죄인들의 죄를 사해줄 수 있고 정결한 부처님의 성품으로 변화시켜 해탈(解脫)시킬 수 있기 때문입니다.

이렇게 반야께서 바라고 원하시는 신행생활은 지금 자신이 가지고 있는 욕심과 탐심의 성품을 버리고 날마다 새롭게 변화를 받아 부처님의 진실한 성품으로 바꾸는 것입니다. 즉 반야께서는 인간들에게 신행생활을 통해서 욕심과 탐심으로 인한 죄의 속성을 모두 버리고 진실과 의의 속성으로 바꾸어 부처님으로 해탈(解脫) 되라는 것입니다.

이렇게 올바르고 진실한 신행생활을 통해서 자신이 타고난 성품을 날마다 바꾸어 나아갈 때 자신의 사주팔자나 운명은 모두 바뀌게 됩니다. 그런데 문제는 신행생활을 십년, 이십년 혹은 평생을 한 사람들도 타고난 성품이나 사주팔자는 절대로 변하지 않는다는 것입니다. 왜 그럴까?

　그 이유는 잘못된 스님들이 불자들에게 기복을 강조하며 오히려 욕심을 더 불어 넣어 마음을 강퍅하게 만들기 때문입니다. 이 때문에 신행생활을 하면 할수록 욕심이 더 많아지고 교만해지는 것입니다. 그러나 부처님을 믿고 따르며 신행생활을 하는 자들은 부처님의 말씀을 통해서 날마다 욕심을 버리게 되고 진실한 마음으로 변화되기 때문에 천성도 변화되고 사주팔자도 바뀌게 되는 것입니다. 이렇게 부처님은 욕심과 탐심이 많은 불자들의 마음을 진리로 변화시켜 모두 부처를 만들려고 하십니다.

　그런데 지옥계에 존재하는 수많은 불자들이 스님들을 통해서 열심히 신행생활을 하였지만 그들은 성품이 변하여 부처님으로 해탈 된 사람은 별로 없습니다. 왜 그럴까? 그것은 오늘날의 생불, 즉 반야의 생명으로 해탈된 부처님을 믿지 않고 아직 해탈되지 못한 스님들만 믿고 따랐기 때문입니다. 결국 부처님을 믿고 따른 부처님의 제자들만이 생로병사(生老病死)의 윤회(輪廻)에서 벗어나 부처로 태어난 것입니다.

그러나 스님들을 믿고 신행생활을 하였던 불자들은 지금까지 해탈하지 못하여 생, 로, 병, 사가 계속되는 윤회의 틀 속에서 아직도 윤회하고 있는 것입니다.

이렇게 진정한 신행생활은 부처님의 제자들과 같이 삼독(三毒)인 탐(貪), 진(瞋), 치(癡)를 버리고 해탈하여 부처가 되는 것입니다. 이와 같이 반야나 부처님의 뜻은 무명의 중생들이 부처님의 말씀을 통해서 해탈하여 부처가 되는 것입니다.

이것은 성경을 통해서 예수님이 말씀하시는 하나님의 뜻과 동일합니다. 성경을 보면 예수님께서 제자들에게 하나님의 뜻이 하늘(예수)에서 이루어진 것 같이 땅(제자들)에서도 이루어지게 해 달라고 하나님께 기도하라고 가르쳐 주고 있습니다. 이 기도문은 하나님의 백성들이 말씀(진리)을 통해서 죄 사함을 받고 하나님의 생명으로 거듭나서(해탈) 하나님의 아들(부처)이 되게 해 달라는 뜻입니다.

하나님의 백성들이 신앙생활을 하는 목적과 기도해야 할 제목은 바로 땅(중생)이 하늘로 거듭나서(해탈) 하나님의 아들(부처)이 되는 것입니다. 그런데 하나님의 백성들이 지금까지 하나님을 믿고 예수를 믿고 신앙생활을 해도 하나님의 아들로 거듭나지 못하고 계속 윤회하고 있는 것은 육신의 복만을 추구하고 하늘(부처)이 되기 위해서는 기도를 하거나 구하지 않기 때문입니다. 그러므로 야고보 사도는 너희가 얻지 못한 것(하나님의 생명)은 구하지 않기 때문이며 구하여도 받지 못한 것은 정욕(욕심)으로 쓰려고 잘못 구한 것이라 말씀하고 있습니다.

야고보 사도의 말씀과 같이 오늘날 기독교인들은 하나님의 생명이나 하나님의 아들로 거듭나기 위해서는 구하지도 않고 기도하지도 않고 있습니다. 왜냐하면 기독교인들은 예수를 믿음으로 구원받은 것은 물론이고 이미 하나님의 아들로 거듭났다고 생각하고 있기 때문입니다. 그러나 예수님이나 하나님은 기독교인들이 하나님의 아들로 거듭났다는 것을 절대로 인정하지 않으십니다.

왜냐하면 기독교인들이 구원을 받은 것이나 거듭났다고 믿고 있는 것은 목사님의 말씀이나 기독교의 이신칭의 교리에 의한 것이지 예수님이나 하나님은 기독교인들을 아들로 낳거나 인정한 적이 없기 때문입니다. 그럼에도 불구하고 오늘날 기독교인들은 이러한 말씀과는 전혀 상관없이 예수를 믿음으로 모두 하나님의 아들이 되어 의인의 자리에 앉아 있는 것입니다. 이들이 바로 자칭 하나님의 아들로서 건강하다는 자요 본다는 자요 의인들입니다. 이 때문에 예수님께서 이 땅에 오셔서 건강하다는 자들과 본다고 하는 의인들은 모두 버려두고 병든 자, 소경된 자, 죄인들을 찾아가 구원시킨 것입니다.

예수님은 오늘날도 변함없이 하나님의 말씀 때문에 기독교인들로부터 소외된 나그네, 고아, 과부들을 찾아가 위로해 주시며 구원하고 계십니다. 오늘날 기독교인들은 성경에 지옥문 앞에서 슬피 울며 이를 갈고 있는 자들이 과연 어떤 자들이며 누구인가를 생각해 보아야 합니다. 그들은 예수님 당시 본다고 하는 유대인들이요, 오늘날 자칭 하나님의 아들이라고 착각하고 있는 기독교인들은 아닐까? 이들이 다시 돌이킬 수도 없고 회개해도 소용없는 지옥문 앞에서 그토록 슬피 울고 있는 것은 삯꾼목자들과 거짓선지자들에게 철저히 속았기 때문입니다.

이들은 날마다 성경을 읽고 때때로 성경공부까지 하면서도 하나님께서 성경에 제시하신 구원의 길과 그 과정을 모두 무시하고 삯꾼목회자들의 말을 더 믿고 따랐기 때문입니다. 그보다 참 목자가 인도하는 생명의 길은 힘들고 어렵기 때문에 넓고 평탄하며 아주 쉽고 간단한 멸망의 길을 택했기 때문입니다. 그 길이 바로 죽기 직전 오 분의 여유만 있어도 예수를 믿고 시인만 하면 구원받아 천국에 들어간다는 길입니다.

그러나 하나님께서 성경을 통해서 말씀하시는 구원과 생명으로 가는 과정은 기복신앙인 애굽(세상)교회에서 벗어나 힘들고 어려운 광야교회로 들어가는 것이며, 광야교회를 거쳐 진리와 생명이 있는 가나안교회로 들어가 예수님이 주시는 생명의 말씀을 먹고 하나님의 아들로 거듭나는 것입니다. 이것은 지옥계에 사는 중생들이 육바라밀을 통해서 천상에 올라 부처가 되는 것과 동일합니다.

이렇게 구원과 생명으로 가는 길을 성경에 분명하게 제시하고 있으며 하나님의 생명으로 거듭나게 할 수 있는 구원자들은 예수님과 사도들이며 또한 오늘날 하나님의 아들로 실제 거듭난 자들이라 말씀하고 있습니다. 그런데 아직 하나님의 아들로 거듭나지 못한 자들은 비록 자신이 목회를 하고 있는 제사장이나 목사라 해도 교인들의 성품을 변화시키거나 하나님의 아들로 거듭나게 할 수 없는 것입니다. 그러므로 아직 하나님의 생명으로 거듭나지 못한 목회자들은 단지 예수를 믿음으로 우리가 낳음을 받아 아들이 되었다는 것을 믿으라고 계속 강조하며 교인들을 의식화 하고 있는 것입니다.

오늘날 소경된 인도자가 누구인가? 아직 하나님의 아

들로 거듭나지 못한 자요 하늘나라를 보지 못하는 자가 아닌가?

예수님은 이런 자들이 바로 삯꾼목자요 천국 문을 닫아 놓고 자신도 들어가지 않고 남들도 못 들어가게 하는 자라고 말씀하고 있습니다. 그러므로 오늘날 기독교인들이 생로병사의 윤회에서 벗어나 천국으로 들어가려면 먼저 삯꾼목자나 거짓 선지자로부터 하루속히 벗어나야 합니다. 왜냐하면 삯꾼목자들은 생명도 진리도 없을 뿐만 아니라 천국 가는 길조차도 모르기 때문입니다.

예수님께서 너희는 소경된 인도자를 따라가지 말라고 말씀하신 것은 바로 이런 이유 때문입니다. 그러므로 교인들은 신앙생활을 통해서 자신의 품성이 하나님의 성품으로 날마다 변화가 되어야만 하며 목회자들은 교인들의 품성을 하나님의 말씀으로 날마다 변화시켜 하나님의 아들로 거듭나게 해야 합니다.

그런데 교인들이 신앙생활을 아무리 오래해도 자신의 성품이나 사주팔자가 바뀌지 않는다면 지금 자신을 인도하는 목자는 참 목자가 아니라는 것을 알아야 합니다. 이렇게 교인들이 자신이 믿고 따르는 목자에 대해서 확실히 아는 것은 매우 중요합니다. 그런데 교인들이 자신을 인도하고 있는 목자를 분명하게 알기는 그리 쉽지 않습니다.

그러나 지금 나를 인도하는 목자가 나의 운명과 사주팔자를 날마다 바꾸어 하나님의 생명으로 거듭나게 하고 있다면 그가 바로 오늘날의 구원자요, 참 목자입니다. 이렇게 나를 구원하는 목자가 목사이던지 스님이던지 혹은 신부이던지 그것은 아무 상관이 없습니다. 왜냐하면 내가 신앙생활을 하는 목적은 영혼이 구원받아 영원한 생명으로 거듭나는 것이기 때문입니다.

그러므로 내 영혼이 살수만 있다면 나를 구원하는 목자가 예수님이든지 부처님이든지 그리고 성경이든지 불경이든지 그것은 문제가 되지 않습니다. 진리는 어느 특정한 종교나 어떤 사람들의 전용물이 아니며 예수님이나 부처님역시 그렇습니다

이와 같이 성경을 통해서 예수님이 말씀하시는 하나님의 뜻은 불경을 통해서 부처님이 말씀하시는 반야(般若)의 뜻과 동일합니다. 하나님, 즉 반야의 뜻은 무명의 중생들이 육바라밀(六波羅蜜)을 통해서 지옥계에서 벗어나 천상계에 올라 해탈하여 부처가 되는 것입니다. 그런데 불교인들이 신행생활을 하는 목적은 해탈하여 부처가 되려는 것이 아니라 부처님을 통해서 육신의 복을 받아 이 세상에서 행복

하게 잘 살려는 욕심으로 하고 있다는 것입니다.

　이 때문에 신행생활을 평생 동안 해도 부처님의 뜻도 모르고 고통 속에서 살다가 이 세상을 떠나 내생에 다시 태어나게 되어 더 큰 고통을 받게 되는 것입니다.

　불자들의 진정한 신행생활은 부처님의 말씀을 통해서 자신의 성품을 부처님의 성품으로 날마다 바꾸는 것입니다. 이렇게 부처님의 말씀을 통해서 자신의 성품을 바꾸면 바뀐만큼 자신이 가지고 태어난 운명이나 사주팔자가 바뀌게 되는 것입니다.

　그런데 부처님의 말씀을 통해서 부처님의 마음으로 모두 바뀌어 해탈하여 부처가 되면 윤회되는 이 세상에서 벗어나 슬픔도 괴로움도 죽음도 없는 천상계인 극락으로 들어가게 되는 것입니다. 그러므로 오늘날 불자들은 부처님을 통해서 복만 받으려 하지 말고 신행생활을 통하여 자신의 성품을 바꾸고 팔자를 바꾸어 해탈하여 부처가 되어야 하는 것입니다. 왜냐하면 부처님을 믿어 복을 받아 이 세상에서 잘 살려고 하는 신행생활은 만신이나 믿는 무속신앙이기 때문입니다.

　부처님은 세상의 썩어질 복을 주시기 위해서 오신 분이 아니라 죄 가운데 죽어가는 죄인들을 구원하고 살려서 영원한 생명을 주시기 위해 오신 분이십니다.

　때문에 오늘날 불자들은 신행생활을 하는 목적이 오늘날 살아계신 부처님(생불)을 통해서 죄 사함을 받고 부처님의 생명으로 해탈되어 부처가 되기 위함이라야 합니다. 그러면 반드시 타고난 운명이나 사주팔자에서 벗어나게 되고 생로병사의 윤회에서도 벗어나 영원한 부처님의 세계로 들어가게 되는 것입니다.

　결국 진정한 신행생활은 부처님(생불)의 말씀을 통해 자신이 가지고 태어난 운명과 사주팔자를 바꾸어 가는 것이며 생로병사의 윤회에서 벗어나 부처가 되는 것입니다. 이 글을 읽는 모든 분들이 하루속히 생로병사(生老病死)의 윤회(輪廻)에서 벗어나 모두 부처님의 생명으로 해탈되어 부처가 되기를 바라는 바입니다.

환난의 날

환난 날의 잡힌 마음이
등불을 밝히는구나

부끄러운 줄 모르며 달려 가더니
어리석음을 깨닫고 후회하면서

지난밤의 쑤시던 뼈마디가
쉬지 아니하였다면

흑암 중에
잡히지 않은 마음이

고생의 날 보내는 자가
광명을 볼 수 있었던가

6. 지금까지 베일에 쌓여 있던
귀신들의 실체

귀신은 사람이 죽어서
혼이 육신으로부터 분리되어
구천을 떠돌고 있는 혼령을 말합니다.

지금까지 베일에 쌓여 있던 귀신들의 실체

이 세상에 귀신은 과연 존재하는가? 하는 문제는 어제나 오늘의 일이 아니라 수천 년 전부터 논란이 되어온 일들입니다. 이 문제는 아직도 확실한 결론을 내리지 못한 상태에서 사람들 간에 귀신이 있다는 사람과 없다는 사람으로 평행선을 이루고 있습니다. 이렇게 대부분의 사람들은 귀신이 없다고 부정을 하지만 귀신을 직접 목격한 사람이나 귀신을 모시고 함께 살고 있는 사람들은 분명히 존재하고 있다고 말합니다.

사람들이 일반적으로 알고 있는 귀신은 어릴 때 어른들의 이야기를 통해서 들은 것과 사람들이 만든 만화나 영화를 통해서 보고 알고 있는 것이 전부입니다.

일반 사람들은 귀신을 육안으로 볼 수 없기 때문에 사람들이 꾸며낸 이야기나 전설에 나오는 이야기 정도로 알고 있을 뿐, 귀신이 실제 존재한다고 믿는 사람은 그리 많지 않습니다. 그러나 귀신을 모시고 있는 만신들이나 현재 귀신이 들려있는 사람의 경우는 전혀 다릅니다. 왜냐하면 이런 사람들은 날마다 귀신과 함께 살고 있기 때문에 사람보다 귀신을 더 잘 알고 있으며 부모보다 귀신들을 더 지극

정성으로 모시고 있기 때문입니다.

그런데 만일 귀신들이 실제 존재한다면 어떤 모습을 하고 있으며 어떻게 살아가고 있을까? 영화 속에 나오는 드라큐라와 같이 흉측스러운 얼굴에 날카롭고 긴 이를 가진 마귀의 형상으로 사람들의 피를 빨아먹고 살아갈까? 아니면 긴 코와 긴 손톱에 시커먼 옷을 입고 날아다니며 사람들을 괴롭히는 마귀할멈일까? 아니면 흰 치마저고리에 검은 머리를 풀어 내리고서 피를 흘리고 있는 한 서린 여인의 모습일까? 그도 아니면 머리에 뿔을 달고 도깨비 방망이를 들고 있는 흉측한 도깨비의 형상일까?

사람들 나름대로 상상을 하고 있지만 귀신들을 실제로 본 사람들은 위와 같이 귀신들이 여러 모양으로 다양하게 나타난다고 말합니다. 즉 굶주린 귀신, 헐벗은 귀신, 피를 흘리고 있는 귀신, 자신의 억울함을 호소하는 귀신, 교통사고를 당해 팔다리가 없어진 귀신, 물에 빠져 옷이 흠뻑 젖은 귀신 등이 있으며, 어린 동자로부터 처녀, 총각, 군인, 할아버지, 할머니로도 나타나는데 때로는 뱀이나 괴물로도 다양하게 나타난다고 합니다.

그리고 귀신들도 사람을 괴롭히며 해를 입히는 귀신이 있고 자신의 억울함을 호소하는 귀신이 있으며 반대로 사람이 어려움과 위험에 처해 있을 때 도와주는 귀신이 있고 또한 재물이나 돈을 벌 수 있도록 도와주는 귀신 등 여러 부류의 귀신들이 있습니다.

귀신들은 내는 소리도 각기 다른데 여성이나 남성의 음성도 있고 노인이나 어린이의 음성도 있으며 때로는 바람 소리나 괴성 혹은 짐승의 소리도 냅니다. 이렇게 귀신들을 수시로 보거나 함께 생활하는 자들은 귀신의 모습이나 음성을 꿈속이나 환상 속에서 보고 듣는 것이 아니라 현실의 사람들을 보듯이 그리고 사람과 대화를 하듯이 대화를 합니다. 그런데 귀신을 모르는 사람들은 이렇게 귀신과 함께 생활하는 사람들을 정신 나간 사람 혹은 미친 사람이라 말하고 있습니다.

문제는 귀신을 보는 사람들은 귀신들을 수시로 보며 귀신과 대화도 하는데, 귀신을 보지 못하는 사람들은 평생 동안을 살아도 단 한 번도 귀신을 보지 못하는데 있습니다. 이렇게 귀신을 날마다 보며 살고 있는 사람들은 귀신이 있다고 말하는 것이며, 귀신을 한 번도 보지 못한 사람들은 없다고 말하는 것입니다.

귀신은 두 종류로 나눌 수 있는데 사람들을 괴롭히는 악신이 있고 사람을 도와주는 선한 신이 있습니다.

그러므로 악한 귀신에게 잡혀있는 사람들은 많은 고통을 당하지만 선한 귀신에게 잡혀있는 사람은 오히려 귀신의 도움을 받고 살아갑니다. 귀신은 주로 무당들이 모시고 있는데 무당을 만신이라고도 부릅니다. 만신은 사람들의 길흉을 점쳐주며 사람에게 당면한 화는 물러가고 복을 받게 해달라고 귀신에게 빌며 굿을 합니다. 그러면 만신이 모시고 있는 귀신이 나서서 화는 피하고 복을 받게 도와줍니다. 이 때문에 어려운 일을 당한 사람들이나 고통을 받고 있는 사람들은 만신 집에 가서 재앙은 피하고 복을 받게 해달라고 굿을 하는 것입니다.

　이러한 귀신들은 만신 집에만 있는 것이 아니라 부처라는 이름을 가지고 스님들 안에 들어가 부처님 노릇을 하고 있으며 또한 예수라는 이름을 가지고 목사님들 안으로 들어가 예수님 노릇을 하고 있는 것입니다. 그런데 이렇게 귀신들린 스님들은 부처님이 자기 안에 계시다고 큰소리치며 목사님들은 자기 안에 하나님이 계시다고 호령을 하는 것입니다. 이렇게 귀신들린 자들은 만신은 물론 부처님과 예수님 노릇까지 하면서 사람들에게 길흉을 예언하고 부분적으로 표적과 이적도 가끔 행하기 때문에 사람들은 모두 신처럼 받들고 섬기고 있습니다.

그러면 이들의 배후에서 왕 노릇을 하는 귀신들의 정체
는 과연 무엇일까? 귀신은 사람이 죽어서 혼이 육신으로부
터 분리되어 구천을 떠돌고 있는 혼령을 말합니다. 즉 혼령
이 살아있는 육체 안에 들어 있으면 사람이지만 육체에서
분리되면 귀신이라 말합니다.

　　이렇게 귀신들은 모두 사람이 죽어서 구천을 떠돌고 있
는 영혼들을 말하는데 만신의 죽은 혼령이 사람 안으로 들
어가면 만신 노릇을 하게하고 부처님을 모시던 스님의 죽
은 혼령이 스님이나 불자 안으로 들어가면 부처님 노릇을
하게 되고 예수 믿다가 죽은 혼령이 목사나 교인들 안으로
들어가면 예수 행세를 하는 것입니다.

　　사람들은 미친 사람을 보고 귀신이 들렸다고 말합니다.
사람이 귀신 들렸다는 것은 귀신이 와서 붙어 있다는 말입
니다. 이렇게 귀신들은 기가 약한 사람에게 달라붙어서 사
람을 좌지우지 하면서 함께 살아갑니다.

　　성경에서도 예수님께서 더러운 귀신 들려 고통 받는 사
람을 보시고 귀신을 쫓아내는 것을 볼 수 있습니다. 그런데
귀신도 사람에게 해를 입히는 악신이 있고 반대로 고통당
하는 사람을 도와 주는 선한 신이 있습니다. 그러면 악신들
은 어떤 사람들에게 접근하여 해를 입히며 선한신은 어떤

사람들에게 접근하여 도움을 주는가? 악신은 주로 마음이 더럽고 부정적인 사고를 가지고 있는 자, 즉 사회에서 소외된 자나 마음에 큰 상처를 받은 사람들에게 접근하여 이용을 하거나 해를 입힙니다. 그러나 선신은 긍정적이고 진실한 마음을 가지고 있는 사람이 어려움을 당할 때 도움을 줍니다.

이렇게 이 세상에 선한 귀신과 악한 귀신이 공존하고 있는 것과 같이 신앙의 세계에도 거룩한 성령과 더러운 마귀와 사탄이 있습니다. 그런데 성령이나 마귀는 사람이 오라면 오고 가라면 가는 존재가 아니라 사람의 마음이나 생각의 상태를 보고 접근도 하고 사라지기도 합니다. 즉 사람의 상태에 따라 성령이 들어오거나 아니면 귀신이 들어오는 것이며 또한 몸속에 들어온 귀신이 떠나가기도 합니다.

그것은 하나님의 말씀이 기록된 성경을 통해서 보면 잘 알 수 있습니다. 성경에 사람의 몸이 바로 성령이 거하는 성전이라고 말씀하고 있으며 또한 마리아라는 여인에게 성령이 임했다고 말씀하고 있습니다. 즉 사람의 몸이 바로 거룩한 영이 거하는 집이요 처소라는 것입니다. 이와 같이 더러운 마귀나 귀신이 거하는 집도 바로 사람의 몸입니다. 이렇게 마음이 깨끗하고 진실한 사람에게는 성령이 오시는 것이며 마음이 더럽고 거짓된 사람에게는 귀신(악령)이 들어오는 것입니다. 그러면 귀신들은 어느 때 어떻게 들어오는가?

도둑은 주인이 외출하여 잠시 비어 있는 집 혹은 연약한 노인이나 어린아이들이 있는 집을 골라서 들어와 도둑질을 하는 것과 같이, 귀신들도 넋(혼)을 잃고 살아가는 사람이나 혹은 소심하고 의지가 약한 사람을 선택하여 접근합니다. 또한 사기꾼들이 아무 사람이나 붙잡고 사기를 치는 것이 아니라 욕심이 많고 귀가 여린 사람에게 접근하여 사기를 치듯이, 귀신들도 허황된 꿈에 사로잡혀 있는 자나 의지가 약한 자 그리고 마음이 침울하거나 사기성이 농후한 사람들을 찾아가는 것입니다.

귀신들은 이런 사람들에게 자주 접근하다가 기회가 오면 몸속으로 들어가 자리를 잡게 됩니다. 이렇게 귀신이 들어와 있는 자를 귀신 들린 자 혹은 미친 사람이라 말하는 것입니다. 귀신 들린 사람은 다른 귀신들을 보기도 하고 다른 귀신과 대화도 잘 합니다.

사람들은 귀신 들린 사람이 허공을 바라보고 혼자 중얼거리며 대화를 하는 것을 보고 미쳤다고 말하지만 귀신 들린 사람은 그 옆에 죽은 혼령이 와서 있기 때문에 대화를 하는 것입니다. 결국 귀신 들린 자는 귀신을 보기 때문에 귀신과 대화를 하고 있는 것이며 정상적인 사람은 귀신을 볼 수도 없고 그들의 소리도 들을 수 없기 때문에 미쳤다고 말하는 것입니다. 그러나 창 너머에서 불고 있는 바람이 자기 눈에 안 보인다고 바람이 없다고 말하면 안 됩니다. 기독교인들도 불신자들이 자기 눈에 하나님이 보이지 않는다고 하나님이 없다고 말하면 한심하게 바라보며 책망하거나 조소를 합니다. 그러면서도 귀신을 보는 자들이 귀신이 있다고 말하면 미쳤다고 하면서 상대도 하지 않으려 합니다. 그러나 기독교인들도 기도를 할 때 허공을 바라보며 하나님과 대화를 한다고 중얼거립니다.

이렇게 기도하는 모습을 바라보고 불신자들이 미쳤다고 말한다면 기독교인들은 무슨 말을 하겠습니까? 예수님은 남의 눈에 티를 보고 책망하기 전에 자신의 눈에 들어 있는 들보를 먼저 보라고 말씀하고 있습니다. 기독교인들이 기도에 심취할 때 가끔 환상으로 보이는 예수님이나 천사들을 보고 대화를 합니다. 이런 모습은 마치 미친 사람이 환영을 보고 대화를 하는 것이나 조금도 다를 바가 없습니다.

그러므로 기독교인들이 귀신과 대화를 하는 사람들을

비웃고 비난하기 전에 귀신들의 세계를 올바로 알아야 합니다. 세상은 눈에 보이는 육의 세계가 있고 육안으로 볼 수 없는 혼의 세계와 영의 세계가 있습니다.

육의 세계는 사람들의 눈에 보이는 육신의 세계를 말하며 혼의 세계는 육신의 몸을 벗은 혼령들의 세계를 말합니다. 그러나 영의 세계는 육과 혼이 초월된 성령의 세계를 말하는데, 성령의 세계는 바로 부활이나 해탈되어 하나님(반야)이 안에 계신 자들의 세계입니다.

이 세상은 육과 혼과 영으로 나누어져 있는데, 사람들이 살아서 육신을 입고 있을 때는 육이라 말하며, 사람이 죽어서 육신의 옷을 벗었을 때는 혼이라 말하고 육신과 혼을 모두 벗고 영원한 생명으로 거듭난 자들의 세계를 영계라 말하는 것입니다. 귀신은 죽은 사람의 몸에서 나온 혼령을 귀신이라 말합니다. 즉 혼이 몸을 입고 있으면 사람(산 귀신)이라 말하고 몸을 벗으면 귀신이라 말하는 것입니다.

"사랑과 영혼"이라는 영화를 보면 죽은 몸에서 영혼이 분리되는 장면을 영상으로 볼 수 있습니다. 또한 이 영화에서는 하늘로 올라가지 못한 영혼들이 가끔 사람들 앞에 나타나서 활동하는 모습도 보여줍니다.

의학계에서 혼에 대한 관심을 가지고 운명 직전의 사람

들을 대상으로 관찰을 해본 결과 사람의 몸에 중량 21그램의 혼이 존재하고 있다는 것을 알게 되었습니다. 그것은 운명 직전에 있는 사람의 체중과 운명한 후의 체중을 달아본 결과 21그램의 차이가 있다는 것입니다. 이것은 사람 안에 들어있는 영혼의 무게가 21그램이라는 것을 말해주는 것입니다. 결국 이 세상에 떠돌고 있는 혼령, 즉 귀신들은 사람의 눈에는 보이지 않지만 21그램의 형체를 가지고 있다는 말입니다. 귀신들린 자들이 보고 듣는 귀신들은 21그램의 형체가 있기 때문에 보기도 하고 대화도 하는 것입니다.

이렇게 사람이 죽는 순간 21그램의 영혼이 몸에서 분리되는데 몸에서 빠져나온 혼을 혼령 혹은 귀신이라 말하는 것입니다. 결국 살아있는 사람이 죽어서는 귀신이 된다는 것입니다. 그러므로 살아있는 사람의 혼이나 죽은 사람의 혼은 동일합니다. 이 말은 현생에 살아있는 사람들도 육신의 옷을 입기 전에는 모두가 혼령들이요, 귀신들이었다는 말입니다. 결국 죽은 사람은 죽은 귀신이요 산사람은 산귀신이라 말하는 것입니다.

그런데 사람들에게 나타나는 귀신들은 정상적으로 편안히 죽은 사람들이 아니라 대부분이 억울하게 죽었거나 갑자기 불의의 사고로 죽은 자들, 즉 세상에 한이 많은 자들입니다. 이들은 세상에서 억울하게 죽은 자신의 한을 풀기 위해서 사람들에게 나타나는 것입니다.

귀신이 등장되는 전설의 고향을 보면 깊은 밤에 귀신이 나타나 자신의 억울한 죽음을 호소하는 모습을 볼 수 있습니다. 또한 교통사고가 나서 사람이 죽은 그 장소에서 교통사고가 나서 사람이 죽고 사람이 물에 빠져 죽은 그 장소에서 사람이 물에 빠져 죽습니다. 이것은 억울하게 죽은 혼령들이 자신의 한을 풀고 떠나가기 위해서 취하는 행동 때문입니다.

예를 들면 갑자기 교통사고를 당해 억울하게 죽은 귀신은 자신이 교통사고를 당한 그 지점에서 한을 품고 있다가 어느 기회가 오면 그곳을 지나는 운전자를 실수하게 만들어 교통사고가 나게 하는 것입니다. 또한 물에 빠져죽은 귀신은 세상이나 사람들에게 소외되어 외롭게 된 자나 항상 부정적인 사고를 가지고 있는 사람 속으로 들어가 부정적인 생각을 자꾸 부추겨 결국 물 속으로 빠져들게 만듭니다. 왜냐하면 자신도 물귀신에게 그렇게 당해 물에 빠져 죽었기 때문입니다.

이와 같이 사람의 성격이나 환경을 아무리 살펴보아도 사람을 죽이거나 해를 입일 사람이 아닌데 살인을 하고 또한 죽을 이유가 전혀 없는 사람이 자살하는 경우가 있습니다. 이럴 때 사람들은 귀신의 장난이라고 말합니다. 이런 일들은 자신도 모르는 순간에 자신의 의사와 전혀 관계없이 어떤 충동에 의해서 일어나는 일인데 이런 것이 바로 배후에서 귀신이 작용을 한 경우입니다.

귀신은 부정적인 사고를 가진 자 속으로 들어가 계속 부정적인 생각을 증대시켜 일을 저지르게 만듭니다. 예를 들면 세상을 비관적으로 보는 사람이나 가까운 사람에게 상처를 받아 죽고 싶다는 생각을 조금이라도 가지고 있다면 귀신이 그 사람 속으로 들어가 그 마음을 계속 부추겨 자살을 하도록 만드는 것입니다.

요즈음 자살을 하는 사람들이 의외로 많고 또한 수도 계속 늘어가는 것은 그만큼 귀신들이 많다는 것을 말해주는 것입니다. 그러므로 사람들은 매사에 긍적적인 사고를 가지고 밝고 진실하게 살아야 합니다. 그보다 귀신들에게 잡히거나 이용을 당하지 않으려면 진리에 따라 올바른 신앙생활을 해야 합니다. 왜냐하면 귀신들은 진리를 따라 살아가는 사람, 즉 하나님의 말씀으로 무장된 사람들에게는 접근하지 못하기 때문입니다.

이렇게 이 세상에는 사람의 눈에 보이지는 않지만 악한

귀신이나 억울하게 죽은 귀신들이 자신의 한을 풀기 위해 곳곳에 도사리고 있습니다. 6.25 전쟁 때 집단 학살을 당해 시체를 집단으로 매장한 곳에 귀신들이 자주 나타나는 것도 바로 이러한 이유 때문입니다.

이 때문에 공동묘지나 영안실 혹은 낙태수술을 많이 하는 산부인과 병원에서 귀신들이 자주 나타나는 것입니다. 지금은 많이 없어졌지만 예전에는 흉가들이 있었습니다. 흉가란 사람이 그 집에 들어가 살기만 하면 가족 중에 누가 죽거나 병이 들거나 아니면 하는 일마다 말썽이 생기고 잘 되던 사업도 망하기 때문입니다.

이러한 집은 사람이 잠시 들어가 앉아 있어도 기분이 이상해지고 자신도 모르게 소름끼칠 때가 있습니다. 왜냐 하면 흉가에는 악한 귀신이나 억울하게 죽은 귀신들이 진을 치고 있기 때문입니다. 그러나 흉가라 해도 대(기)가 센 사람, 즉 그 집의 귀신을 제압할 수 있는 사람이 들어가면 아무런 해를 받지 않습니다.

부연하면 흉가에 있는 귀신보다 더 큰 귀신이나 하나님의 영을 모시고 있는 사람들에게는 귀신이 역사하지 못하고, 접근조차 하지 못한다는 것입니다. 이와 같이 귀신들은 다시 육신의 몸을 입기 전까지 이 세상에 어딘가에 존재하고 있는 것입니다. 그러면 사람이 죽으면 몸에서 빠져나온 영혼들은 과연 언제 어디로 떠나가는 것일까? 사람들이 가장 궁금하게 생각하는 문제입니다.

　사람이 죽으면 사람 몸에서 나온 영혼이 곧 바로 떠나가는 것이 아니라 자신이 죽은 그곳에서 사람들과 함께 있으면서 자신의 죽은 몸을 지켜보며 사람들이 울며 곡하는 것이나 찾아오는 손님들을 바라봅니다. 또한 자신의 몸을 장사지내는 것이나 매장하는 것이나 혹은 화장터의 불가마 속으로 들어가는 시신도 자세히 지켜봅니다. 그러면서 자신이 가족에게 못다한 일이나 후회되는 일을 생각하면서 아내나 자식들에게 무슨 말을 전해주려고 애를 써보지만 아무리 소리를 질러도 가족들은 듣지 못합니다. 안타까운 마음에서 자기 아내를 붙잡고 여보! 여보! 하며 계속 불러보지만 아내는 냉정하게도 본척만척하며 대꾸도 하지 않는 것입니다. 결국 그는 자신이 죽었다는 것을 깨닫고 "살아있을 때 잘할 걸"하며 혼자 중얼중얼 하며 뇌까립니다.

　이렇게 사람은 죽었다 해도 그 영혼은 즉시 어디로 떠나는 것이 아니라 평소처럼 그곳에 머물고 있습니다. 그러므로 살아있는 가족들은 부모님이 돌아가셨다고 소홀히 생각지 말고 생전에 계신 것처럼 영혼을 잘 모셔야 하며 제사도 정성껏 지내 드려야 합니다. 그런데 만일 갑자기 교통사고를 당해 객사를 하였거나 원인도 모르게 돌아 가셨거나 혹은 억울하게 돌아가셨을 때는 그 영혼을 위해서 반드시 한 풀이 굿을 해드려야 합니다. 만일 죽은 사람이 예수를 믿는 기독교인이라면 목사님을 모셔놓고 그 영혼을 위해서 하나님께 예배를 드려야 하며 가족들은 그 영혼을 위해서 하나님께 기도를 드려야 합니다.

왜냐하면 억울하게 죽었거나 무엇에 한이 맺혀있는 영혼들은 세상에서 맺힌 원한을 풀기 전에는 쉽게 떠나가지 않기 때문입니다. 그러면 정상적으로 죽은 영혼들은 언제까지 집 주변에서 맴돌다가 떠나가는 것일까? 그것은 사람들이 지금까지 지내오고 있는 제사의 형태를 보면 잘 알 수 있습니다.

사람이 죽으면 삼오 제나 사십 구제를 지내고 그 후에는 절이나 가정에다 상청을 차려 놓고 삼년 동안 영혼을 모시는데 이를 삼년상이라 합니다. 이것은 죽은 영혼이 삼년 동안 집 주변에 함께 머물고 있다가 떠나간다는 것입니다. 옛날에 상을 당한 젊은 과부가 삼년동안 수절을 한 후에야 다시 재혼을 하는 것은 바로 이런 이유 때문입니다.

그러므로 절에서 스님들이 죽은 영혼들을 위해서 일정

기간 동안 위패를 모셔놓고 부처님께 제를 올리는 것은 바로 죽은 영혼을 좋은 곳으로 천도하기 위함입니다. 또한 무당 집에서 무당들이 징을 치며 한풀이 굿을 해주는 것도 억울하게 죽은 영혼들을 위로하고 좋은 곳으로 천도하기 위해서 하는 것입니다. 또한 가정에서 정월 명절날이나 추석날에 제사 음식을 정성껏 차려놓고 돌아가신 조상들을 위해서 제사를 드리는 것도 조상들의 혼령이 오셔서 잡수신다고 믿기 때문입니다.

그런데 기독교인들은 조상의 제사를 기피하거나 반대를 하는 경향이 많이 있습니다. 그러나 기독교인들도 장례식장이나 가정에서 죽은 영혼을 위해서 하나님께 추도예배를 드리고 있는데 이것은 형식만 다를 뿐 모두 같은 의식이요 같은 의미입니다. 그러므로 기독교인들이 제사를 거부하면서 죽은 영혼을 위해서 기도나 예배를 드린다는 것은 이율배반적인 처사입니다. 이렇게 영혼이나 귀신의 존재를 부정하고 있는 사람들은 죽은 자들의 영혼을 부정하는 것이며 그것은 사후의 자기 존재를 부정하는 것입니다.

이렇게 죽어서 구천을 떠돌고 있는 귀신들이 육신의 옷을 입고 사람으로 태어나는 것이며 사람으로 태어난 사람들이 다시 죽어 귀신이 되는 것인데 이를 윤회라 말하는 것입니다. 사람들이 이렇게 윤회하며 이 세상을 계속 오고 가는 것은 육과 혼의 생명에서 벗어나 하나님의 영원한 생명으로 거듭나지 못했기 때문입니다.

이렇게 윤회에서 벗어나 영원한 생명을 소유한 자들은 윤회되는 이 세상에 다시 태어나지 않고 하나님이 계신 천국으로 들어가게 되는 것입니다. 이렇게 사람이 거듭나서 천국으로 들어가는 것이 이 세상을 살아가는 인생의 진정한 의미이며, 하나님께서 바라고 원하시는 뜻입니다. 그런데도 불구하고 무지한 중생들은 이 세상에서 자기 욕심만 채우며 살다가 다시 귀신으로 돌아가고 있습니다.

오늘날 기독교인들은 예수를 믿음으로 내생에는 모두 천국으로 들어간다고 믿고 있습니다. 그런데 천국은 하나님의 생명으로 거듭난 자들이 들어가는 곳이지 예수를 믿는 자들이 들어가는 곳이 아닙니다. 왜냐하면 아직 하나님의 아들로 거듭나지 못한 상태에서 예수를 믿고 있는 자들은 모두 혼적 존재, 즉 더러운 귀신의 존재들이기 때문입니다. 하나님이 계신 천국은 거룩한 곳으로 오직 하나님의 말씀으로 거듭나 거룩하게 된 하나님의 아들들만이 살 수 있는 곳입니다.

지금 예수를 열심히 믿고 신앙생활을 한다 해도 아직

예수님이나 사도들과 같이 하나님의 생명으로 거듭나지 못
한 자들은 절대로 천국에 들어갈 수 없다는 것을 알아야 합
니다. 이 때문에 기독교인들이 예수를 믿는 목적은 바로 예
수님과 같이 거룩한 존재가 되기 위해서 믿어야 합니다. 그
런데 예수를 믿는 목적이 하나님의 뜻대로 하나님의 아들
로 거듭나려는 것이 아니라 예수를 통해서 세상의 썩어질
육신의 복을 받기 위해서 신앙생활을 하고 있는 것입니다.

그러나 하나님께서는 자기 욕심을 채우기 위해서 하는
신앙생활은 죄요 죄가 쌓이면 멸망하게 된다고 분명하게
말씀하고 계십니다. 그런데도 불구하고 대부분의 사람들이
신앙생활을 욕심으로 하고 있으며 천국에 들어갈 자격도
없는 죄인들이 천국을 들어가려 하고 있습니다.

특히 기독교인들은 예수를 믿는다는 이유하나로 모두
천국을 들어간다고 호언장담을 하지만 하나님께서는 아무
리 예수를 열심히 믿으며 신앙생활을 한다 해도 욕심이나
죄가 조금이라도 있으면 절대로 천국을 허락하지 않으신다
는 것을 모르고 있습니다. 이렇게 천국은 거룩한 곳으로 예
수를 믿다가 하나님의 아들로 거듭난 자들이 들어가는 곳
이지 예수를 믿는다 해서 아무나 들어가는 곳이 아닙니다.

예수를 믿는다는 것은 단지 구원의 초보적인 믿음으로

하나님의 아들로 거듭날 수 있는 가능성을 가지고 있는 것이지 거듭난 자들이 아닙니다. 오늘날 기독교인들이 평생동안 예수를 믿고 신앙생활을 해도 천국으로 들어가지 못하고 다시 내생에 태어나는 것은 하나님의 말씀을 통해서 하나님의 생명으로 거듭나지 못했기 때문입니다.

결국 기독교인들이 신앙생활을 하는 목적은 하나님의 생명으로 거듭나기 위해서 하는 것이 아니라 하나님께 축복을 받아 이 세상에서 잘살기 위한 욕심으로 하고 있다는 것입니다. 이렇게 신앙생활을 자기 욕심을 채우기 위해서 한 자들은 천국에 들어가는 것이 아니라 내생에 지옥과 같은 환경에 태어나 고통을 받게 되는 것입니다. 그러면 예수를 자기 욕심으로 믿다가 천국에 들어가지 못하고 추락한 영혼들은 어떻게 될까? 예수를 믿다가 죽어서 천국으로 들어가지 못한 영혼들은 지금 구천을 떠돌고 있거나 세상 가운데서 방황하게 되는데 이들이 바로 천사나 혹은 마귀 노릇을 하는 자들입니다.

기독교인들이 기도원이나 깊은 산중에서 기도할 때 가끔 나타나는 천사나 마귀가 바로 예수를 믿다가 죽은 혼령들입니다. 이렇게 예수를 믿다가 죽은 귀신들은 천사나 예수로 가장해서 환상이나 음성으로 나타나는데, 이들이 바로 예수 귀신들입니다.

이러한 예수귀신들은 아무에게나 나타나는 것이 아니라 간절한 마음으로 몇 시간씩 꿇어 엎드려 기도에 심취하고 있는 자들이나 며칠씩 금식하여 기진맥진한 상태가 된 자들, 즉 무아지경이 되거나 비몽사몽간에 처해있는 자들에게 나타나 역사하는 것입니다. 이러한 예수 귀신들은 음성이나 환상 혹은 빛으로 역사 하는데 기도하는 자들에게 방언이나 예언 혹은 신유의 능력을 주기도 합니다.

기독교인들은 기도할 때 이러한 은사를 받으면 무조건 하나님으로부터 성령의 은사를 받았다고 좋아 하지만 이러한 것들은 예수 귀신들이나 만신들도 줄 수 있다는 것을 알아야 합니다. 물론 기도할 때 이러한 귀신만 나타나는 것이 아니라 예수님이나 천사들이 친히 나타나셔서 역사 하시는 경우도 있습니다.

이렇게 욕심으로 기도하는 자들에게 귀신들이 천사처럼 가장하고 나타나서 역사 하지만 진실한 마음으로 하나님의 뜻을 이루기 위해 기도하는 자들은 천사들이 나타나서 도와주십니다. 그러므로 기도할 때 예수의 음성이나 환상이 보인다고 무조건 좋아하거나 믿지 말고 그 영들을 하나님의 말씀에 비추어 분별해야 합니다. 왜냐하면 예수 귀신들은 만신들과 같이 육신의 문제를 해결해 주고 복도 주지만 결국은 지옥으로 끌고가서 멸망시키기 때문입니다. 그러나 예수님이나 천사들은 육신의 문제를 해결해 주고 세상의 복을 주는 것보다 욕심이 죄라는 것을 깨닫게 해주시고, 생명의 길을 알려주시며, 또한 하나님의 말씀을 깨닫게 하시며, 하나님의 생명으로 거듭날 수 있도록 도와주는 일을 합니다.

이렇게 예수님이나 천사들은 마음이 깨끗하고, 진실한 사람들을 찾아서 생명의 길로 인도해 주시지만 마귀나 귀신들은 마음이 더럽고 욕심 많은 자들을 찾아서 이적과 표적으로 미혹하여 멸망의 길로 인도합니다. 이러한 귀신들은 생전에도 교인들에게 거짓 선지자나 삯꾼목자 노릇을 하던 자들입니다. 이렇게 예수 귀신들은 생전에 예수의 이름으로 선지자 노릇(목회자)을 하며 주의 이름으로 귀신을 쫓아내며 주의 이름으로 많은 권능을 행하던 자들입니다.

이들은 세상교회에서 모두 주의 이름, 즉 예수의 이름으로 모든 일을 행하였기 때문에 천국을 들어가는 것은 물론 예수님으로부터 큰상을 받으려고 기대하던 자들입니다. 그런데 막상 주님 앞에 서보니 주님께서 나는 너를 도무지 알지 못한다고 하여 어둠으로 쫓겨나 예수의 이름으로 귀신 노릇을 하며 예수에 대한 원한을 품고 있는 혼령들입니다. 이러한 예수 귀신들은 욕심 많은 기독교인들에게 접근하여 말씀도 주고 은사도 주고 능력도 주지만 결국은 자신과 같이 멸망하게 만드는 것입니다. 이러한 사실을 모르는 기독교인들은 기도할 때 예수님을 만났다 혹은 성령을 받았다고 펄펄뛰며 좋아합니다. 그런데 이렇게 성령을 받고 은사를 받아 자신 안에 하나님이 계시고 예수님이 계시다는 자들이 성경에 기록된 하나님의 영적인 말씀은 전혀 모르고 있습니다.

성경은 하나님과 예수님께서 친히 하신 말씀을 기록한 책인데 성령이 안에 계시고 예수님이 계시다는 하나님의 아들들이 어떻게 자신이 기록한 성경말씀을 모른단 말인가? 영적인 하나님의 말씀도 모르고 예수님의 말씀도 모르는 자들이 정말 성령을 받은 하나님의 아들들이란 말인가?

하나님께서는 요한일서 2장을 통해서 기름(성령)부음이 너희 안에 거하면 아무도 너희를 가르칠 필요가 없다고 분명하게 말씀하고 계십니다. 즉 성령이 너희 안에 분명히 계신다면 그때부터 성령님께서 하나님의 말씀을 가르치시고 깨닫게 하시기 때문에 아무에게도 가르침을 받을 필요가 없다는 말씀입니다. 그런데 성령을 받아 성령이 자신 안에 계신다는 자들이 성경을 몰라 고민을 하며 목사님을 찾아다니며 성경공부를 하고 있습니다.

하나님의 말씀도 모르는 그 성령은 성령이 아니라 바로 귀신의 영입니다. 이들이 바로 예수를 믿다가 죽은 혼령들로 하나님이나 예수로 가장하여 나타나는 예수 귀신들입니다. 이들은 세상에 있을 때에도 가감된 비 진리(교리)를 가지고 삯꾼목자와 거짓 선지자 노릇을 하며 천국 문을 닫아놓고 자신도 들어가지 않고 들어가려는 자들도 못 들어가게 하던 자들입니다.

이들이 바로 멸망의 넓은 길을 가던 자들로 육지와 바다를 두루 다니다가 교인 하나를 만나면 배나 더 지옥자식을 만들던 자들입니다. 이들은 죽은 후에도 예수 귀신이 되어 기독교인들에게 접근하여 생전에 하던 못된 짓들을 죽어서도 반복하고 있는 것입니다.

그러나 예수님이나 사도들 그리고 생전에 예수님과 사도들이 가신 생명의 좁은 길을 따라 가다 하나님의 생명으로 거듭나지 못하고 죽은 자들은 죽은 후에도 진리를 찾는 자들을 도와주며 생명의 길로 인도하고 있는데 이들을 바로 천사라 말하는 것입니다. 결국 살아서 진리를 찾아 생명을 찾아가던 자들은 죽어서도 좋은 일을 하는 것이며 살아서 비 진리를 가지고 교인들을 멸망의 길로 인도하던 자들은 죽어서 귀신이 되어도 생명의 길을 가로막으며 못된 짓을 하는 것입니다.

그러면 귀신을 모시고 있는 무당들은 어떻게 신이 내려 만신이 되며 이들은 어떤 일을 하고 있는가? 무당 노릇은 아무나 하고 싶다고 하는 것이 아니라 신을 접한 자가 내림굿을 한 후에 무당이 되는 것입니다. 무당이 되려면 반드시 신을 받아야 하는데 신을 받는다는 것은 귀신이 무당 몸 안에 들어온다는 것입니다. 무당이 신을 받으면 그때부터 모든 일을 귀신이 주관하는 것이며 무당은 귀신의 지시에 따라 행동하게 됩니다.

무당들이 모시고 있는 신이 하도 종류가 많아 잡신이라고도 말합니다. 이렇게 무당들이 모시고 있는 신은 삼신할머니로 시작해서 동자 신, 장군 신, 부처 신, 옥황상제 신, 천신, 지신, 산신, 수신, 칠성신등 수도 없이 많습니다.

그런데 이런 귀신들은 과연 어떤 귀신이며 어디로부터 어떻게 오는 것일까? 이 귀신들은 본래부터 존재하던 귀신들이 아니라 생전에 귀신을 모셔놓고 무당노릇을 하던 자들이 죽어서 무당귀신이 되어 사람에게 접근해서 들어오는 것입니다.

즉 생전에 동자 신을 모시고 있던 무당이 죽으면 동자 신으로 오고 장군 신을 모시고 있던 자는 장군 신으로 오며 부처님을 모시고 있던 자들은 부처님 신으로 오는 것입니다. 그런데 예수를 믿다가 죽어서 천국을 들어가지 못하고 세상으로 쫓겨난 귀신들은 예수 귀신이 되어 교인들에게 나타나 예수 노릇을 하는 것입니다. 이런 사실을 전혀 모르고 있는 기독교인들은 기도할 때 흰옷을 입고 가끔 나타나는 환상을 보고 예수님이나 하나님으로 착각하고 좋아합니다.

이런 예수 귀신들은 살아 있을 때 자기 욕심을 채우기 위해 예수를 열심히 믿고 신앙생활을 하던 목회자나 장로나 혹은 영권을 가지고 능력을 행세하던 자들입니다. 이렇게 세상에서 예수를 자기 욕심을 채우기 위해 열심히 믿었던 자들이나 삯꾼목자 노릇을 하던 자들은 죽어서도 예수 노릇을 하는 것이며 또한 무당 노릇을 하던 만신들은 죽어서도 만신 노릇을 하는 것입니다. 무당들이 하는 일은 주로 사람의 길흉을 점쳐주는 것이며 앞으로 다가올 화와 복을 위해서 굿을 해주는 것입니다.

즉 자신이 모시고 있는 귀신을 통해서 사람에게 미칠

액운은 막아주고 앞으로 하는 일들은 모두 형통하도록 복을 빌어주는 것입니다. 무당들은 자신의 길을 막고 있는 귀신이나 억울하게 죽은 혼령들의 한을 풀어주는 굿도 하는데 심지어 시집장가를 가지 못하고 죽은 처녀총각의 혼을 불러 짝지어 주는 굿도 합니다. 왜냐하면 처녀총각은 시집을 못가고 장가를 가지 못하고 죽어서 그 한이 맺혀 있기 때문입니다.

사람들이 만신 집을 자주 찾아가는 이유는 자신에게 있었던 일이나 자기가 계획하는 일들을 무당이 먼저 알고 길을 제시해 주기 때문입니다. 무당 집을 찾아가는 사람들은 자신의 가정이나 자신이 하려는 일에 대해서 귀신처럼 알고 있기 때문에 그 무당을 신과 같이 믿고 섬기게 되는 것입니다. 그러면 무당들이 이런 일들을 어떻게 알고 있는 것일까? 그것은 무당이 알고 있는 것이 아니라 무당 안에 들어있는 귀신 혹은 무당 배후에서 역사하고 있는 귀신들이 알려주기 때문입니다.

사람들의 눈에 보이지 않는 귀신들은 마치 투명인간처럼 사람들 주변에서 일어나는 일들을 지켜보거나 사람들과 주고받는 말들을 듣고 있다가 무당에게 가서 모두 알려줍니다. 즉 오늘은 어떤 사람이 올 것이며 이 사람은 어떤 문제 때문에 온다는 것을 알려 준다는 것입니다. 그러므로 무당은 자기 집에 들어서는 사람을 보고 "당신은 지금 무슨 문제 때문에 오셨지요" 하고 미리 말을 건넵니다.

이말 한마디에 무당 집을 찾아간 사람은 아연실색을 하게 되고 그때부터 무당이 하는 말을 전적으로 믿게 되는 것입니다. 이렇게 만신을 믿고 의지하는 사람들은 가정이나 사업에 조그만 문제가 있어도 만신 집을 찾아가 묻고 무당의 지시에 따릅니다. 그러므로 만신을 하나님처럼 믿고 있는 사람들은 만신을 통해서 복은 많이 받고 재앙은 모두 물리치기 위해 봄가을로 무당을 모셔놓고 굿을 합니다. 이렇게 무당을 모셔 놓고 굿을 하는 사람들을 바라보고 기독교인들은 비웃으며 때로는 저주까지 하지만 자신들도 이러한 행위를 하고 있다는 사실은 전혀 모르고 있습니다.

요즈음은 많이 사라졌지만 전에는 교회에서 부흥집회를 연중행사처럼 봄가을로 하였습니다. 그러나 지금도 개척교회나 건축을 해야 할 교회나 혹은 문제가 있는 교회들은 부흥강사 목사님을 모시고 부흥회를 하고 있습니다. 교회에서 부흥회를 하는 목적은 여러 가지가 있겠으나 대부분이 교인들에게 특별헌금을 많이 내도록 하기 위해서 입니다.

이렇게 초빙해 온 부흥 목사님들은 주로 축복 받는 간증설교를 통해서 교인들의 마음을 부추기고 흥분시킵니다. 교인들은 부흥사의 간증설교를 듣고 은혜를 좀 받아 마음이 흥분되면 자기 형편이나 분수도 모르고 축복을 받기 위해 무리한 작정헌금을 하게 됩니다. 이렇게 순간적인 마음의 동요로 무리하게 작정헌금을 한 교인들은 헌금 때문에 시험에 들거나 고민을 하는 경우도 종종 있습니다.

　어떤 교회에서는 부흥집회의 당초 헌금 목표가 이십 억이었는데 이십칠 억이나 넘치게 들어왔다고 자랑까지 합니다. 이렇게 교회에서 부흥집회를 하면 교인들이 나름대로 은혜를 받으며 많고 적게 그에 따른 헌금을 냅니다. 부흥집회를 해주는 강사들은 당연히 자신의 능력과 수고에 따라서 사례금을 받지만 유명하다는 부흥목사 중에는 정해진 사례금을 받는 것이 아니라 부흥집회 들어오는 헌금의 총수입을 계산해서 삼칠제나 혹은 사육제로 분배를 하는 조건으로 집회를 한다고 합니다.

　그러므로 사오일 집회에 수천만 원 혹은 억대의 돈을 받아 가는 부흥강사들이 있다고 합니다. 이런 자들은 무당이 재수 굿을 해주고 사례금을 받아 가는 것보다 더 악랄하고 나쁘지 않습니까? 이들이 무당과 무엇이 다르단 말인가?

무당은 만신의 이름으로 굿을 하고 부흥사는 예수의 이름으로 굿을 하기 때문에 다르단 말인가? 이런 부흥사들은 목사라는 이름만 가지고 있지 모두 예수 무당들입니다.

하나님께서는 이렇게 신접한 자, 즉 예수 귀신이 들려 하나님의 이름이나 예수의 이름을 팔아서 치부하고 있는 목자들을 박수(남자 무당)라고 말씀하고 있습니다. 왜냐하면 이런 예수 무당들 안에는 하나님이 계신 것이 아니라 귀신이나 마귀가 들어 있기 때문입니다. 이런 예수 무당들이 지금도 예수의 이름을 가지고 예배를 드리고 부흥집회를 하고 있는 것입니다.

이런 예수 무당들이 집회하거나 예배를 드릴 때 반드시 마귀가 틈타지 않게 해달라고 기도를 합니다. 좀 이상하지 않습니까? 이들이 두려워하는 마귀는 과연 어떤 귀신인가? 성경을 보면 귀신 들린 자들이 제일 무서워하는 것은 예수님이요, 성령님이십니다. 그 이유는 더러운 귀신이나 마귀들은 성령이나 예수님을 제일 두려워하고 무서워하기 때문입니다.

그렇다면 예수 귀신 들린 자들이 무서워하는 것은 마귀가 아니라 곧 예수님이며 성령이라는 것입니다. 왜냐하면 귀신들이 하는 집회나 예배에 성령이 오시면 그 집회나 예배는 망치기 때문입니다. 결국 예수 귀신 들린 부흥사나 삯꾼목자들이 마귀가 틈타지 않게 해달라고 하는 기도는 자신이 모시고 있는 귀신과 마귀에게 성령이 오지 못하도록 막아 달라고 간구 하는 것입니다. 왜냐하면 무당이 굿을 할 때 성령이 임한 자가 가면 굿을 하지 못하는 것과 같이 예수 귀신이 들려있는 부흥목사나 삯꾼목사들이 하는 집회에 예수님이나 성령이 오면 그 집회는 망하기 때문입니다.

이렇게 집회나 예배 때마다 부흥사들이 마귀가 틈타지 않게 해달라고 기도하는 것은 곧 성령이 틈타지 않게 해달라고 기도하는 것입니다. 그러므로 오늘날 무당들이 재수 굿을 통해서 가정에 복을 빌어주고 부흥목사들은 교회가 부흥할 수 있도록 집회를 하고 축복기도는 해 주지만 이들은 죄를 사해주거나 죽은 영혼들을 구원하거나 살리지 못합니다. 이렇게 오늘날 목회자들이 죽은 영혼들을 구원하지 못하고 하나님의 아들로 거듭나게 하지 못하면서 축복기도를 통해서 헌금만 받아 낸다면 만신 집이나 무당과 무엇이 다르단 말입니까? 이러한 일들은 기독교회뿐만 아니라 타종교에서도 동일하게 행하고 있는 일들입니다.

오늘날 모든 종교는 불교와 기독교로 양분화 되어 있습니다. 그런데 불교나 기독교회의 대부분이 진리와 생명의 길에서 벗어나 신도들을 기복신앙으로 이끌면서 운수대통이나 축복에 치우쳐 있습니다. 왜 그럴까? 그것은 옛 말에 "중이 염불에는 관심이 없고 젯밥에만 가 있다"는 말과 같이 요즈음 스님들이나 목사님들도 영혼의 구원 보다는 재물이나 혹은 자신의 명예나 이권에 관심이 더 많기 때문입니다.

그러므로 목사님들이나 스님들 배후에서 역사하고 있는 신들은 대부분이 참 하나님이나 부처님이 아니라 형상과 이름만 하나님과 부처님으로 가장한 귀신들입니다. 이 귀신들은 생전에 절이나 교회에서 돌팔이 중이나 삯꾼목사 노릇을 하다가 죽은 귀신들입니다.

하나님께서 지금도 하나님의 백성들에게 너희는 다른 신을 섬기지 말라고 엄히 명하고 계신 것은 오늘날 기독교인이나 불교인들도 진리를 떠나 오염된 비 진리, 즉 교리나 제도 혹은 전통적으로 내려오는 신앙을 따라가고 있기 때문에 하신 말씀입니다. 이렇게 오늘날 자기 욕심을 채우기 위해서 중 노릇을 하는 스님들이나 욕심 때문에 삯꾼목자 노릇을 하고 있는 목사들이 죽으면 어디로 가서 무엇을 하겠습니까?

이들은 죽어서 귀신이 되어서도 순진한 불자들이나 교

인들에게 다가가 부처님 노릇을 하고 예수님 노릇을 하는 것입니다. 그러나 생전에 하나님의 뜻에 따라 오직 부처나 예수가 되겠다는 일념으로 진리를 따라 정진수행을 하던 자들은 죽어서도 선한 영이 되어 진실한 마음으로 진리를 찾는 사람들을 천사처럼 도와주는 것입니다. 이렇게 혼의 세계에도 사람들을 도와주는 좋은 영과 사람들을 괴롭히는 악한 영들이 있습니다.

결국 이 세상에서 진실하고 올바르게 살아가는 사람들은 선한 천사들이 도와주는 것이며 거짓되고 악한 자들은 악한 귀신들이 접근하여 이용을 하거나 고통을 준다는 것입니다. 그런데 혼의 세계에도 악한 귀신들이 대부분이고 좋은 천사들은 아주 적습니다. 왜냐하면 귀신이나 천사들은 혼의 세계에서 자생이 되는 것이 아니라 이 세상에 존재하던 자들이 죽어서 귀신이 되고 천사가 되기 때문입니다. 그것은 이 세상에 삯꾼목자와 돌팔이 중들은 많고 그들을 믿고 따르는 신자들도 많으나 예수나 부처는 없고 진리를 따라 생명의 길을 가는 자들도 적기 때문입니다.

그러므로 오늘날 불자들이나 기독교인들은 해탈이 되고 부활이 되기 위해서 오늘날 살아계신 부처님과 예수님을 찾아가야 하며 그의 가르침에 따라 올바르게 신앙생활을 해야 합니다. 이렇게 진실하게 살면서 올바르게 신앙생활을 하는 사람들이 결국은 부처로 해탈하고 예수로 부활되어 천국으로 들어가게 되는 것입니다. 그러나 세상에서 잘못된 삶을 살았거나 욕심으로 신앙생활을 한 자들은 죽어서도 귀신이 되고 마귀가 되어 사람들에게 못된 짓을 하게 되는 것입니다. 이런 자들이 바로 내생에 짐승으로 태어나거나 열악한 환경 속에 태어나 지옥과 같은 삶을 살면서 고통을 받게 됩니다. 그러므로 현생을 어떻게 살며 어떻게 신앙생활을 하느냐 하는 것은 매우 중요한 일입니다. 결국 기독교나 불교나 관계 없이 하나님의 뜻에 따라 살면서 영혼을 구원하고 살려서 천국으로 인도하는 자들이 곧 예수님이요 부처님이며, 영혼들을 죽이는 자들은 마귀요 사탄입니다.

이 세상에서 제일 간교하고 무섭고 악랄한 마귀는 하나님의 말씀을 가지고 사람들을 미혹해서 영혼을 죽이는 뱀들입니다. 성경을 보면 놋 뱀과 불 뱀이 나오는데 예수님이나 사도들과 같이 하나님의 말씀으로 죽은 영혼들을 살리는 자는 놋 뱀이고 거짓 선지자와 삯꾼목자들과 같이 하나님의 말씀을 가지고 영혼들을 죽이는 자들은 불 뱀입니다.

에덴동산에 나타난 간교한 뱀이 하나님의 말씀을 변형

시켜 아담과 하와를 미혹하여 범죄 하게 만들었는데 이 뱀은 땅에 기어다니는 실제 뱀이 아니라 오늘날 거짓 선지자와 삯꾼목자를 비유하여 말씀하신 것입니다.

왜냐하면 실제 뱀은 절대로 사람들과 대화를 할 수 없을 뿐만 아니라 하나님의 말씀은 더더욱 전할 수 없기 때문입니다. 그런데도 불구하고 오늘날 거짓 선지자와 삯꾼목자들은 옛날에는 뱀이 말을 하였다고 거짓말을 하고 있습니다. 이렇게 뱀의 영적인 실체도 모르고 뱀이 하나님의 말씀을 가지고 아담과 하와를 미혹했다고 거짓말을 하는 자들이 바로 오늘날 간교한 뱀이며, 거짓 목자들입니다.

에덴동산에 나타나 아담과 하와를 미혹했던 뱀은 이미 죽어 없어졌지만 뱀 안에 들어있던 혼령은 귀신이 되어 지금도 거짓 선지자와 삯꾼목자들 속에 들어가 하나님의 말씀을 가지고 교인들을 미혹하여 멸망하게 만듭니다. 이렇게 오늘날 간교한 뱀들은 광명의 천사로 가장하고 교인들을 감언이설과 기복신앙으로 병들게 하여 영혼들을 죽이고 있습니다.

그러므로 예수님께서 이런 자들을 향해 독사의 자식 혹은 마귀들이라고 진노를 하신 것입니다. 이렇게 지금도 하나님의 말씀을 가감하여 교인들을 미혹하여 영혼을 죽이는 자들이 바로 오늘날의 뱀이요 마귀요 사탄입니다. 이러한 뱀들이 하나님의 교회라는 간판을 버젓이 걸어놓고 가감된 하나님의 말씀으로 교인들을 미혹하고 있습니다. 이러한 사실을 모르는 기독교인들은 말씀에 독(가감된 말씀)이 들어있는 줄도 모르고 말씀이 좋다고 받아먹으며 자신도 모르게 병들어 죽어가고 있는 것입니다. 이렇게 옛 뱀인 사탄은 가감된 말씀으로 마귀에게 먹이고 마귀는 다시 귀신들에게 먹이고 있습니다.

이와 같이 거짓 선지자나 삯꾼목자들이 주는 누룩 섞인 말씀을 받아먹고 간교한 귀신이 된 뱀들은 살아서나 죽어서나 영혼들을 죽이고 있습니다. 결국 영혼을 죽이는 것은 거짓 선지자와 삯꾼목자들의 입에서 나오는 가감된 말씀이며 영혼을 살리는 것은 참 목자의 입에서 나오는 생명의 말씀입니다.

그러므로 뱀들에게 미혹되어 죽어 가는 영혼들이 다시 살아나려면 하루속히 마귀와 독사들의 굴에서 벗어나야 합니다. 그리고 오늘날 하나님께서 보내주시는 참 목자를 찾아서 그 입에서 나오는 생명의 말씀으로 안에 들어있는 누룩과 독을 모두 씻어내고 생명의 말씀을 통해서 하나님의 아들로 거듭나야 합니다.

이렇게 하나님의 생명으로 거듭나는 자들이 바로 육신의 옷을 벗고, 귀신의 탈도 벗고, 윤회에서 벗어나 영원한 천국으로 들어가게 됩니다. 그러므로 이 세상을 살아가는 사람들은 날마다 좋은 일을 하여 선업을 쌓아가야 하며 신앙생활을 하고 있는 신앙인들은 진실한 마음으로 진리에 따라서 올바른 신앙생활을 하여 하나님의 아들로 거듭나야 합니다. 우리가 지금 이 세상에서 해야할 일은 귀신의 탈을 벗고 윤회의 사슬에서 벗어나 영원한 세계로 들어가는 것입니다.

그런데 영원한 천국으로 들어가려면 지금이라도 거짓된 목자와 거짓 스님들이 인도하고 있는 기복신앙과 넓고 평탄한 멸망의 길에서 하루속히 벗어나야 합니다. 그리고 힘들고 어려워도 진실한 목자와 올바른 스님들이 인도하는 좁고 협착한 생명의 길을 따라서 자기 십자가를 지고 힘들고 어려운 고난의 길을 걸어가야 합니다.

이렇게 올바른 신앙생활을 한다면 모두가 부활이 되고 해탈이 되어 예수가 되고 부처가 될 것입니다. 이렇게 올바른 길을 걸어가면서 진실한 신앙생활을 한다면 설령 이생에서 하나님의 뜻을 이루지 못한다 해도 다음 생에는 반드시 부처가 되고 예수가 될 것입니다.

무 지

얽힌 삶의
현실이
사슬처럼 묶이어

풀고 또 풀어도
다시 엉키는 까닭은

진실을 모르며
드러나지 않은
정체에 이끌려

어두움을 향해
달려가는 모습이구나

7. 삼세제불(三世諸佛)과 오늘날의 부처님

불자들이 오늘날 살아계신 부처님을 모른다면
신앙생활을 아무리 열심히 해도
해탈(解脫)이나 성불(成佛)이 되지 않는 것은 물론
오히려 악업(惡業)을 쌓아 현생이나 내생에
고통을 받게 될 수도 있기 때문입니다.

삼세제불(三世諸佛)과 오늘날의 부처님

　오늘날 불자들이 믿고 섬기고 있는 부처님은 지금으로부터 약 2600년 전에 인도의 카필라 왕국으로 오셨던 석가모니(釋迦牟尼) 부처님이십니다. 석가모니 부처님의　위대한 업적(業績)은 2600년이 지난 지금까지 찬란하게 빛나고 있으며 지금도 모든 불자들에게 빛과 소금이 되어 무명(無明)을 밝혀 주고 있습니다. 그런데 오늘날의 불자들을 제도(濟度)하시는 부처님은 과거에 오셨던 석가모니(釋迦牟尼) 부처님이 아니라 오늘날 이 시대에 오신 현재의 부처님이라는 것을 알고 있는 사람은 그리 많지 않다고 생각합니다.

　이 때문에 오늘날 불자들을 제도(濟度)하시기 위해서 오시는 오늘날의 부처님에 대해서 말씀을 드리겠습니다. 왜냐하면 불자들이 오늘날 살아계신 부처님을 모른다면 신행생활을 아무리 열심히 해도 해탈(解脫)이나 성불(成佛)이 되지 않는 것은 물론 오히려 악업(惡業)을 쌓아 현생이나 내생에 고통을 받게 될 수도 있기 때문입니다. 이 때문에 불자들이 설령(設令) 다른 것은 모른다 해도 오늘날의 불자들을 제도(濟度)하기 위해서 오신 오늘날의 부처님에 대해서는 반드시 알아야 한다고 생각합니다. 경(經)에서 말씀하고 계신 부처님은 삼세제불(三世諸佛), 즉 삼세(三世)에 세 분의 부처님이 계시다고 말씀하고 있습니다.

　즉 부처님은 과거세(過去世)의 부처님과 현세(現世)의 부처님과 미래세(未來世)의 부처님이 계십니다. 이 세 부처님은 입고 있는 육신(肉身)만 다를 뿐 그 안에 있는 진리나 생명은 동일합니다. 이것은 기독교에서 성부(聖父)하나님과 성령(聖靈)하나님과 성자(聖子)하나님을 삼위일체(三位一體) 하나님이라 부르는 것과 같습니다. 이렇게 이 세 부처님을 불교에서는 삼세제불(三世諸佛)이라 말하고 기독교에서는 삼위일체(三位一體) 하나님이라 말하는 것입니다. 기독교에서 말하는 삼위일체(三位一體)란 하나님께서 계신 위치나 몸은 다르지만 그 안에 있는 진리(생명)는 동일하다는 뜻입니다.

　이와 같이 석가모니(釋迦牟尼) 부처님은 과거세(過去世)에 무명(無明)의 중생들을 제도(濟度)하기 위해서 이 세상에 오셨던 부처님이시며 지금 불자들이 기다리고 있는 미륵불(彌勒佛)은 미래세(未來世)에 존재할 불자들을 제도하기 위해서 오실 미래(未來)의 부처님이시며 오늘날 현세(現世)의 부처님은 오늘날 불자들을 제도(濟度)하기 위해

오신 부처님으로 현재 살아 계신 부처님을 말합니다. 이렇게 부처님은 과거에 오셨던 부처님과 미래에 오실 부처님과 지금 이 시대에 오신 현재의 부처님이 계십니다.

이와 같이 오늘날의 중생들을 제도(濟度)하실 부처님은 과거(過去)에 오셨던 부처님이나 앞으로 미래(未來)에 오실 부처님이 아니라 현시대에 오셔서 지금 살아계신 부처님이십니다. 왜냐하면 과거에 오셨던 부처님은 과거세(過去世)의 중생들을 제도(濟度)하신 부처님이며 미래에 오실 부처님은 미래세(未來世)에 있을 중생들을 제도(濟度)할 부처님이고 오늘날의 중생들은 오늘날 살아계신 부처님만이 제도(濟度)할 수 있기 때문입니다.

문제는 오늘날 중생들을 제도(濟度)할 이 시대의 부처님이 지금도 계시느냐 하는 것입니다. 그런데 만일 이시대의 부처님이 지금도 생존해 계신다면 어느 곳에 계시며, 어떤 모습을 하고 계시며 또한 지금 무슨 일을 하고 계시느냐는 것입니다. 부처님은 위에서 말씀드린 바와 같이 삼세(三世)의 부처님으로 어느 시대나 항상 계시며 지금 이 시대에도 부처님의 법통(法統)을 이어받아 오셔서 예전에 부처님이 하셨던 일, 즉 무명의 중생들을 제도(濟度)하시는 일을 하고 계십니다.

부처님이 하시는 일은 예전이나 지금이나 변함없이 무명의 중생들을 부처님의 진리를 통해서 해탈(解脫)시켜 부처를 만드는 일입니다.

　그러면 오늘날의 부처님은 지금 어떤 모습으로 오셔서 계실까? 오늘날 살아계신 부처님은 사찰에 모셔놓은 금불상(金佛像)이나 석불상(石佛像) 혹은 탱화(幀畵) 속에 그려져 있는 화려하고 위대한 부처님의 모습이 아니라 지극히 평범한 인간의 모습으로 오셔서 중생들 가운데 계십니다. 이렇게 오늘날 오셔서 계신 부처님은 지극히 평범한 중생들의 모습을 하고 계신데 부처님이 중생들과 다른 점은 단지 부처님 안에 중생들을 제도(濟度)하여 부처를 만들 수 있는 진리, 즉 살아있는 부처님의 말씀이 있다는 것입니다.

　이 때문에 오늘날 스님들이나 불자들은 오늘날 법통(法統)을 이어받아 오신 부처님을 몰라볼 뿐만 아니라 오히려 배척을 하며 멸시(蔑視)와 천대(賤待)를 하고 있는 실정입니다. 그러나 오늘날 중생들을 제도(濟度)하실 분은 스님들이나 법당(法堂)에 모셔놓은 불상이 아니며 또한 불자들이 날마다 독경(讀經)하는 불경도 아니고 오직 오늘날 살아계신 부처님(生佛)이십니다. 왜냐하면 오늘날 불자들을 해탈(解脫)시켜 부처를 만들 수 있는 분은 오직 살아계신 부처님밖에 없기 때문입니다. 그런데 안타깝게도 오늘날 스님들이나 불자들이 오늘날 살아계신 부처님은 외면하고 절에 모셔놓은 불상을 생불(生佛)처럼 모시고 섬기면서 다시 오실 미륵불(彌勒佛)을 기다리고 있습니다.

　이렇게 불자들이 오늘날 중생들을 제도(濟度)할 부처님을 모르고 배척하는 것은 지금까지 불교의 교리(敎理)와 제도(制度)의 틀 속에 갇혀서 불경을 올바로 보지 못하고 있기 때문입니다. 이 때문에 오늘날 불자들은 불교의 교리와 제도의 틀을 벗어나서 오늘날 살아계신 부처님을 찾아가야 합니다. 만일 오늘날 불교 안에 살아계신 부처님이 계신다면 무엇 때문에 사찰이나 법당 안에 숨도 못 쉬고 말한마디도 못하는 불상(佛像)을 모셔놓고 절을 하며 공양(供養)을 올리겠습니까?

　이것은 스님들이 부처님의 혜안(慧眼)이 없고 진리를 모르는 무지 때문이며 또한 전통적으로 지켜오는 불교의 각종 교리와 제도(制度)의 틀을 벗지 못하고 있기 때문입니다. 이 때문에 오늘날 살아계신 부처님은 불교나 스님들에게 다가가지 못하고 지금도 불교 밖에서 맴돌고 있는 것입니다. 이렇게 오늘날 살아계신 부처님은 불교 안에는 없지만 불교 밖에는 지금도 계십니다. 왜냐하면 부처님은 불교

의 교리(敎理)나 제도(制度)의 틀 속에 갇혀 계신 분이 아니
며, 불교는 물론 모든 종교를 초월(超越)해 계신분이기 때
문입니다. 이렇게 오늘날 부처님이 언제나 중생들 가운데
변함없이 살아계신 것은 오늘날 생불(生佛)이 없다면 무명
의 중생들을 구원할 수 없고 또한 중생들을 해탈시켜 부처
를 만들 수 없기 때문입니다.

　이 때문에 오늘날 살아계신 부처님은 계실 수밖에 없고
지금도 예전에 오셨던 석가모니(釋迦牟尼) 부처님과 같이
중생들을 구원하고 해탈(解脫)을 시켜 부처를 만들고 있는
것입니다. 이렇게 오늘날 살아계신 부처님은 석가모니(釋
迦牟尼) 부처님과 입고 있는 육신만 다를 뿐 그 안에 있는
진리나 법(法)은 모두 동일(同一)합니다. 왜냐하면 오늘날
살아계신 부처님도 석가모니(釋迦牟尼) 부처님의 법통(法
統)을 그대로 이어받아 가지고 오셨기 때문입니다.

　그런데 스님들이나 불자들은 한결같이 오늘날 살아계
신 부처님을 생불(生佛)로 인정을 하지 않을 뿐만 아니라
오히려 배척(排斥)을 하거나 멸시천대(蔑視賤待)를 하고 있
는 것입니다. 이것은 예수님이 하나님의 백성들을 구원하
기 위해서 유대 땅에 오셨을 때 유대인들이 인간예수를 모
르고 이단자로 배척하고 핍박을 한 것과 같습니다. 왜 그럴

까? 그 이유는 불자들이 지금까지 살아계신 부처님을 모시고 섬긴 것이 아니라 불교의 교리(敎理)와 제도(制度)를 통해서 만든 위대하고 화려한 모습의 부처님만을 섬겨왔기 때문입니다.

　이렇게 지금까지 불자들이 섬겨오고 있는 부처님은 오늘날 중생들을 제도하기 위해서 오신 부처님과는 비교조차 할 수 없이 전혀 다른 모습의 위엄과 32상을 갖추고 있으며 머리 주위에는 항상 빛이 맴돌고 있는 부처님이십니다. 그런데 오늘날 중생들을 제도(濟度)하기 위해서 오신 부처님은 신체(身體)에 특별한 형상이나 위엄이 없고 지극히 평범한 인간의 모습을 하고 있습니다.

　이 때문에 불자들은 오늘날의 부처님을 부처로 인정할 수 없을 뿐만 아니라 오히려 배척을 하고 있는 것입니다. 그런데 불교인들이 오늘날의 부처님을 배척하는 이유는 외모가 다르다는 것 뿐만 아니라 불교인들을 향해 불교가 모두 세속화(世俗化)되었다고 책망을 하시며 스님들은 물론 불자들도 세상의 욕심과 기복신앙(祈福信仰)으로 인해 모두 부패(腐敗)하였다고 질책을 하고 있기 때문입니다.

　이 때문에 오늘날의 부처님은 스님들이나 불자들에게 부처님으로 인정을 받을 수 없고 오히려 배척을 당하게 되는 것입니다. 이것은 스님들이나 불자들이 부처님의 책망이 진정한 자비이며 가슴을 찌르는 질책이 진정한 사랑이라는 것을 모르고 있기 때문입니다.

오늘날의 부처님은 화(禍)가 진정한 복(福)이요, 복(福)이 화(禍)라고 말씀을 하고 계십니다. 왜냐하면 화(禍)를 당하여 마음이 가난한 자는 부처님에게 가까이 가서 극락(極樂)을 이루게 되지만 복을 많이 받으면 마음이 부요해져서 세상으로 흘러 결국 지옥(地獄)으로 들어가게 되기 때문입니다. 그럼에도 불구하고 무지한 불자들은 지금도 복만을 좋아하고 화는 싫어하는 것입니다.

이것은 마치 어린 아이들이 몸에 해로운 조미료나 사탕은 입에 달고 맛있다고 좋아하고 몸에 좋은 보약은 입에 쓰다고 싫어하고 거부하는 것과 같습니다. 이렇게 불자들은 부처님의 깊은 뜻을 모르고 지금도 복만 좋아하며 화(禍)는 부적(符籍)이라도 붙여서 피하려 하고 있습니다. 이 때문에 오늘날 부처님은 불자들의 잘못된 신앙을 책망하고 질책하는 것이며 불자들은 책망하는 부처님을 싫어하고 배척하는 것입니다.

석가모니(釋迦牟尼) 부처님께서도 고성제를 통해서 중생들이 받는 화(禍)와 그에 따른 고통(苦)은 중생들에게 욕

심이 죄라는 것을 깨닫게 하고 해탈의 길로 인도하는 성스
러운 진리라고 가르쳐주고 있습니다. 이 모든 것들이 진리
를 모르는 무지 때문에 나타나는 현상입니다.

　불경(佛經)에 부처님의 근본실체(根本實體)는 바로 진
리(眞理)이며 법신(法身)이라 말씀하고 있기 때문에 부처님
이 입고 있는 육신은 아무리 초라하고 보잘 것 없어도 그
안에 깨달은 진리, 즉 생명의 말씀이 있으면 부처님이신 것
입니다. 그런데 오늘날 불자들은 부처님 안에 있는 진리는
보지도 않고 단지 부처님의 외모(外貌)가 지금까지 믿고 섬
기고 있는 부처님과 다르다는 이유로 부정을 하며 멸시(蔑
視)와 천대(賤待)를 하고 있습니다.

　그러므로 지금까지 불자들이 믿고 섬기고 있는 교리적
부처님은 진정한 부처님이 아닙니다. 왜냐하면 이러한 부
처님들은 모두 불교의 교리(敎理)와 제도(制度)를 통해서
만들어낸 신화적(神話的)인 부처님들이며 또한 말 한마디
못하는 형상들로 불자들에게 아무것도 가르쳐줄 수 없기
때문에 부처님의 진정한 모습을 알려면 불경(佛經)을 통해
서 석가모니(釋迦牟尼) 부처님께서 성불(成佛)하시기 전의
모습과 성불(成佛)하신 후의 모습을 알아야 합니다.

　석가모니 부처님께서 왕의 권좌(權座)를 버리고 출가하

셔서 수행할 때의 삶이나 그의 모습은 남루한 옷에 발우(鉢盂)하나를 들고 탁발(托鉢)을 하여 하루하루 연명(延命)해 가는 초라한 거지의 모습과 다를 바 없었습니다. 그런데 부처님이 성불(成佛)하시어 부처님이 되신 후의 삶이나 모습도 성불하시기 전과 별로 다르지 않았습니다.

왜냐하면 부처님은 성불하여 부처님이 되신 후에도 평범한 인간의 모습으로 언제나 발우를 들고 탁발(托鉢)을 하시는 삶을 사셨기 때문입니다. 이렇게 부처님은 오늘날 사찰에 모셔놓은 화려하게 빛나는 금불상이나 전륜성왕(轉輪聖王)과 같은 삼십이상(三十二相)을 갖추고 계신 위대한 부처님이 아니라 지극히 평범한 중생들의 모습이었습니다. 그러나 부처님의 입에서 나오는 말씀은 모두 진리와 생명으로 항상 자비로움과 위엄이 있었습니다. 이렇게 석가모니 부처님의 가르침은 인류의 빛이며 생명이며 진리로서 지금도 무명의 중생들을 향해 어둠을 밝히고 계십니다.

석가모니 부처님께서 모든 불자들에게 위대한 구원자라고 존경을 받고 있는 것은 외모가 남달리 아름답거나 근엄(謹嚴)한 형상을 갖추고 있기 때문이 아니라 무명의 중생들을 해탈시켜 부처를 만드셨기 때문입니다. 석가모니 부처님은 왕궁(王宮)에서 태자(太子)로 태어나 세상의 부귀영화(富貴榮華)를 마음껏 누릴 수 있는 분이었지만 생로병사(生老病死)가 계속되는 인생은 무상(無常)하다는 것을 일찍이 깨닫고 궁궐의 모든 부귀영화를 버리고 출가(出家)를 하시어 부처가 되신 분입니다.

이 때문에 부처님께서는 중생들에게 이 세상의 부귀영화(富貴榮華)는 모두 부질없는 것이기 때문에 세상의 미련이나 욕심을 모두 버리고 해탈하여 부처가 되라고 가르쳐 주신 것입니다. 그럼에도 불구하고 오늘날 불교는 점점 세속화(世俗化) 되어가고 있으며 불자들은 물론 스님들도 이러한 부처님의 뜻과 가르침을 망각하고 오히려 부처님을 통해서 욕심을 채워 이 세상에서 부귀영화(富貴榮華)를 누리며 잘살기 위해 신행생활(信行生活)을 하고 있는 것입니다. 이 때문에 불자들은 해탈의 길에서 멀리 벗어나 있고 스님들이 성불하여 부처가 된다는 것도 요원(遙遠)한 꿈이 되어버린 것입니다.

이렇게 오늘날 불교와 그에 따른 스님들은 점점 부패(腐敗)해져서 이제는 부처님을 불교그룹의 총수처럼 생각을 하면서 부처님의 말씀을 상업화(商業化) 해가며 심지어 불교를 기업화 해가고 있는 실정입니다. 이러한 것은 불교뿐만 아니라 오늘날 기독교회도 조금도 다를 바가 없습니다.

오늘날 기독교회는 하나님을 팔고 예수를 팔고 성령을 팔아서 목사님들의 사리사욕을 채우며 교회를 점점 사업화하고 기업화 해가고 있기 때문에 예수님은 몹시 진노하셔서 성전 안에서 소와 양과 비둘기파는 사람들을 노끈으로 채찍을 만들어 내어 쫓으시면서 내 아버지의 집으로 장사하는 집을 만들지 말라고 질책을 하고 계신 것을 볼 수 있습니다.

[요한복음 2장 13-16절] 유대인의 유월절이 가까운지라 예수께서 예루살렘성전으로 올라가셨더니 성전 안에서 소와 양과 비둘기파는 사람들과 돈 바꾸는 사람들의 앉은 것을 보시고 노끈으로 채찍을 만드사 양이나 소를 성전에서 내어 쫓으시고 돈 바꾸는 사람들의 돈을 쏟으시며 상을 엎으시고 비둘기파는 사람들에게 이르시되 이것을 여기서 가져가라 내 아버지의 집으로 장사하는 집을 만들지 말라 하시니.

상기에서 말씀하고 있는 성전은 오늘날 교회를 말하며 성전 안에서 소(하나님)와 양(예수)과 비둘기(성령)를 파는 사람들은 오늘날 하나님의 말씀을 팔아먹고 있는 목회자(목사)들을 말하고 있습니다.

그런데 목회자들이 성전 안에서 팔고 있는 소와 양과 비둘기는 성부하나님과 성자예수님과 성령님을 비유(화두)하여 말씀하신 것입니다. 이 말은 교회 안에서 목사님들이 하나님과 예수님과 성령님을 팔아서 자기 욕심을 채우고 있다는 뜻입니다.

　이 때문에 예수님은 화가 나셔서 노끈으로 채찍을 만들어 교회 안에서 하나님의 말씀을 팔고 있는 목사들을 때려서 내어 쫓으시면서 거룩한 내 아버지(하나님)의 집(교회)을 이용해서 장사(사업)하지 말라고 진노(瞋怒)를 하시는 것입니다. 이렇게 오늘날 교회는 하나님의 뜻을 저버리고 하나님을 팔고 예수님을 팔고 성령을 팔아먹는 사업장으로 변해 가고 있습니다. 이것은 기독교나 불교 그리고 다른 종교라 해도 별로 다르지 않다고 생각합니다.

　예수님은 지금도 오늘날 부패한 기독교를 질책하고 계시며 부처님은 오늘날 부패해 가는 불교를 바라보시면서 한탄을 하고 계신 것입니다. 오늘날 불자들은 지금이라도 자성(自省)을 하고 참회(懺悔)를 해야 하며 반드시 부처님의 뜻에 따라 신행생활을 해야 합니다. 만일 불자들이 부처님의 뜻을 따라 올바른 신행생활을 하여 해탈이 되어 부처가 된다면 불교와 기독교는 본래 근원(根源)이 하나라는 것과 이 세상만물을 주관 하시는 신(神)도 한 분이라는 것을 깨닫게 될 것이기 때문에 불자들은 반드시 해탈(解脫)하여 부처가 되어야 하고 기독교인들은 부활(復活)이 되어 예수가 되어야 하는 것입니다.

그런데 불교(佛敎)가 불자들을 해탈시키지 못한다면 불교는 진정한 해탈의 종교라 할 수 없습니다. 그보다 불교는 올바른 종교가 아니라는 것은 물론 종교사업체라는 오명(汚名)을 벗을 수 없습니다. 불교가 진정한 종교라면 하루속히 교리와 기복신앙(祈福信仰)에서 벗어나 불자들을 해탈(解脫)시켜 부처를 만들어야 합니다. 그런데 불자들을 해탈시키려면 불교 안에 반드시 오늘날의 산부처님이 계셔야 합니다.

왜냐하면 살아계신 부처님만이 불자들을 해탈시켜 부처로 낳을 수 있기 때문입니다. 이것은 짐승들은 짐승밖에 낳을 수 없고 사람은 사람만을 낳는 것과 같이 부처는 오직 부처님만이 낳을 수 있기 때문입니다. 이렇게 오늘날의 산부처님을 만나서 모두 부처가 된다면 이세상이 바로 극락(極樂)이요 천국(天國)이라는 것을 깨닫게 될 것입니다.

왜냐하면 부처님이 말씀하시는 극락이나 천국은 환경이 좋고 화려한 장소를 말하는 것이 아니라 마음속에 이루어지는 마음의 천국을 말하고 있기 때문입니다.

오늘날 불자들이 해탈하여 부처가 되려면 교리(敎理)와 기복신앙(祈福信仰)에서 하루속히 벗어나 오늘날 살아 계신 부처님을 찾아야 합니다. 이렇게 오늘날의 부처님을 찾기 위해 구하고, 찾고, 두드린다면 시대신(是大神)이신 반야(般若)께서 도와주실 것입니다.

8.성불(成佛)의 길

성불(成佛)이란
무명(無明)의 중생이 부처님의
가르침과 수행(修行)을 통해서
무상정등정각(無上正等正覺)의 깨달음을 얻어
부처가 되는 것을 말합니다.

성불(成佛)의 길

　불교의 근본사상(根本思想)은 해탈(解脫)이요, 성불(成佛)입니다. 즉 부처님의 뜻은 무명(無明)의 중생들이 부처님의 가르침을 통해서 성불(成佛)하여 부처가 되는 것입니다. 이 말은 불자들이 부처님의 가르침에 따라 올바른 신행생활을 한다면 누구나 성불하여 부처가 될 수 있다는 뜻입니다. 그런데 오늘날 불자들은 물론 스님들도 부처님의 뜻을 따라 성불하여 부처가 되기 위해서 신행생활을 하고 있는 사람은 별로 없다는 것입니다.

　왜냐하면 오늘날 불자들은 물론 스님들도 신행생활을 하는 목적이 해탈이나 성불이 아니라 자신이 바라고 원하는 욕심을 채우기 위해서 하고 있기 때문입니다. 즉 세상에서 채워지지 않는 욕심을 부처님의 가피(加被)로 채우기 위해서 기복(祈福)적인 신행생활을 하고 있다는 것입니다.

　이 때문에 스님들이나 불자들이 불공(佛供)을 드리면서 만사형통(萬事亨通)과 운수대통(運數大通)의 복만을 외치며 기원하고 있는 것입니다. 그런데 부처님은 세상의 부귀영화(富貴榮華)가 모두 부질없는 것이라는 것을 깨닫고 왕좌(王座)와 가족까지 버리고 출가(出家)를 하신 분입니다.

이렇게 부처님은 세상의 미련과 욕심을 모두 버렸기 때문에 해탈(解脫)하여 부처가 되신 것입니다. 부처님은 지금도 불자들에게 해탈(解脫)하여 부처가 되려면 이 세상에 대한 욕심이나 미련을 모두 버리라고 말씀하고 있습니다.

　왜냐하면 불자들이 욕심을 버리지 않으면 절대로 성불은 물론 해탈이 될 수 없기 때문입니다. 욕심은 삼독(三毒), 즉 탐(貪), 진(瞋), 치(癡)로서 성불(成佛)의 길을 가로막고 있는 마귀(魔鬼)와 같은 것입니다. 그럼에도 불구하고 오늘날 불자들은 욕심을 버리려고 하지 않고 오히려 욕심을 채우기 위해서 신행생활을 하고 있기 때문에 불자들에게 성불의 길은 멀어져만 갔고 요원(遙遠)한 꿈이 되어버린 것입니다. 그러므로 불자들이 진정으로 성불하여 부처가 되기를 원한다면 먼저 자신 안에 들어 있는 욕심을 모두 버려야 합니다. 그런데 중생들이 욕심을 버린 다는 것은 불가능(不可能)하리 만치 힘들고 어렵습니다. 만일 수행불자들이 자기 안에 있는 욕심을 모두 버릴 수 있다면 누구나 해탈하여 부처가 될 수 있습니다.

　지금까지 불교 안에 해탈하신 부처님이 없는 것은 욕심을 버린 스님들이 없다는 것을 말해주고 있기 때문에 부처님께서 불자들에게 욕심을 버리고 해탈하여 부처가 될 수

있는 길을 가르쳐 주신 것입니다. 부처님이 가르쳐주신 성
불의 길은 사성제(四聖諦)와 팔정도(八正道) 그리고 육바라
밀(六波羅蜜)입니다.

　그러므로 오늘날 불자들이 성불(成佛)하여 부처가 되려
면 반드시 부처님이 가르쳐주신 성불(成佛)의 길을 올바로
알아야 하며 또한 부처님의 가르침에 따라 올바른 수행(修
行)을 해야 합니다. 그러면 반드시 성불(成佛)하여 부처가
될 수 있습니다.

　부처님께서 불자들에게 바라고 원하시는 것은 오직 성
불하여 부처가 되라는 것입니다. 이 때문에 부처님께서는
지금도 "아제 아제 바라아제 바라승아제 보리사바하"하시
며 불자들을 향해 기원하고 계십니다. 그런데 아직도 불자
들 가운데 성불하여 부처가 되었다는 소식은 들어본 적이
없습니다.

　오늘날 불자들이 절에 가서 부처님을 향해 무릎이 닳토
록 절을 하며 발원(發願)하는 소망은 무엇입니까? 부처님
처럼 성불(成佛)하여 부처가 되려는 것입니까? 아니면 부
처님께 복(福)을 구하여 이 세상에서 행복하게 잘 살려는
것입니까? 만일 부처님의 뜻을 이루기 위해서 신행생활(信
行生活)을 하고 있는 진정한 불자라면 부처님을 통해서 하

루속히 깨달음을 얻어 성불하여 부처가 되는 것이라 생각합니다.

불자들이 인사를 나눌 때 서로 "성불(成佛)하십시오"라는 인사말을 하는 것은 바로 이러한 이유 때문입니다. 성불(成佛)이란 무명(無明)의 중생이 부처님의 가르침과 수행(修行)을 통해서 무상정등정각(無上正等正覺)의 깨달음을 얻어 부처가 되는 것을 말합니다. 그런데 무명의 불자들이 과연 부처님의 가르침과 수행을 통해서 성불하여 부처가 될 수 있느냐 하는 것입니다. 왜냐하면 불교(佛敎) 2600년의 역사 속에서 무상정등정각(無上正等正覺)을 이루어 부처가 되신 분은 석가모니(釋迦牟尼) 부처님과 그의 제자들 이외에는 별로 없었기 때문입니다.

그럼에도 불구하고 지금도 수많은 불자들과 수행자(修行者)들이 성불(成佛)하여 부처가 되기 위해서 열심히 수행정진(修行精進)을 하고 있습니다. 그런데 오늘날 수행불자들이 반드시 알아야 할 것은 올바른 부처님의 가르침을 통해서 올바른 수행을 한다면 지금도 해탈(解脫)하여 부처가 될 수 있다는 것입니다.

왜냐하면 석가모니(釋迦牟尼) 부처님도 무명(無明)의 중생이 해탈(解脫)하여 부처가 되셨고 또한 석가모니 부처님께서 성불(成佛)하여 부처가 되신 후에 무명(無明)의 중생들을 제도하여 부처를 만드셨기 때문입니다. 문제는 해탈을 하려면 부처님과 같은 산부처가 지금도 존재해야 한다는 것입니다.

이 말은 오늘날 살아계신 생불이 없다면 불자들이 성불할 수가 없다는 뜻입니다. 무명(無明)이란 빛이 없다는 말인데 빛이 없다는 것은 곧 진리가 없다는 말이며 진리가 없다는 것은 부처가 없다는 뜻입니다.

부처님께서 무명(無明)의 중생이라고 말씀하신 것은 중생들 안에 진리가 없다는 의미로 하신 말씀입니다. 그러므로 무명의 중생들이 무지(無知)에서 벗어나 성불(成佛)을 하려면 반드시 시대신(是大神)이시며, 시대명(是大明)이시며, 지혜(智慧)의 본체(本體)이신 반야(般若)로부터 진리(呪)의 빛을 받아야 혜안(慧眼)이 열려 부처가 되는 것입니다. 이 때문에 석가모니(釋迦牟尼) 부처님께서도 반야심경(般若心經)을 통해서 반야바라밀다시(般若波羅蜜多時)에 조견오온개공(照見五蘊皆空)하여 도일체고액(度一切苦厄)을 하였다고 말씀하신 것입니다.

만일 석가모니(釋迦牟尼) 부처님께서 반야(般若)를 신(神)으로 믿지 않았거나 또한 반야(般若)를 의지하지 않고 육바라밀(六波羅蜜)을 행하지 않으셨다면 자신의 존재가 오온개공(五蘊皆空)한 것을 깨닫지 못했을 것이며 따라서 도일체고액(度一切苦厄)에도 이르지 못했을 것입니다.

석가모니 부처님은 해탈(解脫)하기 위해 수많은 스승들의 가르침과 하기 힘든 각종 수행을 해 보았지만 아무런 소용이 없다는 것을 깨닫고 오직 반야를 시대신(是大神)으로 믿고 의지하며 육바라밀(六波羅蜜)을 통해 수행(修行)정진(精進)할 때 진리를 깨달아 성불(成佛)하여 부처가 되신 것입니다.

석가모니 부처님이 진리를 깨달았다는 것은 진리가 이미 존재하고 있었기 때문에 석가모니 부처님께서 성불(成佛)하여 부처가 되신 후에 반야(般若)를 시대신주(是大神呪)요 시대명주(是大明呪)요 시무상주(是無上呪) 시무등등주(是無等等呪)라고 말씀하신 것입니다. 주(呪)라는 뜻은 진리, 진언, 참이라는 의미로 반야(般若)의 근원적이며 영원한 생명을 말씀하고 있습니다.

석가모니(釋迦牟尼) 부처님께서 진리를 깨닫고 보니 반야는 참으로 큰 신(是大神)이시며 참으로 큰 빛(是大明)으로 반야 이상의 신은 없다는 것을 알게 되신 것입니다. 석가모니(釋迦牟尼) 부처님께서는 이렇게 시대신(是大神)이

신 반야(般若)를 믿고 의지했기 때문에 성불(成佛)하여 부처가 되신 것입니다. 석가모니 부처님께서 해탈(解脫)하여 부처가 되셨다는 것은 인간의 탈을 벗고 신(神)으로 다시 태어나셨다는 뜻입니다. 이 때문에 석가모니(釋迦牟尼) 부처님이 입고 계신 몸은 중생들과 다름이 없는 육신이나 부처님 안에 계신 진리는 반야(般若)이며 곧 영원한 신의 생명인 것입니다.

부처님께서 무명(無明)의 중생들을 구원하고 살려서 부처를 만들 수 있었던 것은 부처님 안에 반야(般若)의 영원한 생명이 있었기 때문입니다. 오늘날 불자들이 해탈(解脫)하여 부처가 되려면 지금도 석가모니(釋迦牟尼) 부처님과 같이 반야(般若)에 의해서 성불(成佛)하신 부처님을 만나 가르침을 받아야 합니다.

왜냐하면 부처님의 말씀이 기록된 경(經)이 아무리 많고 스님들이나 불교(佛敎)학자들이 많이 있다 해도 지금 살아계신 부처님이 계시지 않는다면 진리를 깨달아 부처가 될 수 없기 때문입니다. 이렇게 무명(無明)의 중생들을 해탈시켜 부처를 만드실 수 있는 분은 오직 성불(成佛)한 부처님만이 할 수 있습니다.

또한 팔만대장경(八萬大藏經)이 내 눈앞에 쌓여있고 불

경을 가르치는 스승이나 스님들이 아무리 많다 해도 지금 해탈하여 성불한 생불(生佛)의 가르침을 받지 않는다면 해탈(解脫)이나 성불(成佛)이 될 수 없다는 뜻입니다. 왜냐하면 성불(成佛)은 불경(佛經)을 공부하거나 사람이 가르치는 지식(知識)으로 되는 것이 아니라 깨달음, 즉 진리의 생명으로 낳는 것이기 때문입니다. 이것은 미물(微物)은 미물을 낳고 축생(畜生)은 축생을 낳고 사람은 사람 이상을 낳을 수 없고 부처는 오직 부처만이 낳을 수 있기 때문에 오늘날 불자들이 부처가 되려면 반드시 오늘날 살아계신 부처님이 계셔야 한다는 것입니다.

그러면 오늘날 살아계신 부처님이 지금도 계신가 하는 것입니다. 그런데 만일 오늘날 살아계신 부처가 없다면 해탈(解脫)이나 성불(成佛)은 될 수 없습니다. 그러므로 오늘날 살아계신 부처님은 반드시 계셔야 하고 지금도 계실 수밖에 없는 것입니다. 문제는 지금 살아계신 부처님이 앞에와 계셔도 혜안(慧眼)이 없는 불자들은 알 수 없고 볼 수도 없다는 것입니다. 왜냐하면 불자들은 지금까지 부처님의 실체를 모르는 상태에서 불교의 교리로 만든 신화적(神話的) 부처님을 믿고 섬겨왔기 때문입니다.

신화적(神話的) 부처님이란 실존(實存)했던 석가모니

(釋迦牟尼) 부처님이나 진리를 깨달아 성불(成佛)한 부처님이 아니라 인도의 전륜성왕(轉輪聖王)과 같이 전설(傳說)이나 신화(神話)를 통해서 사람들이 만들어낸 부처님들을 말합니다. 이렇게 지금 불자들이 법당(法堂)에 모셔놓고 섬기고 있는 불상(佛像)들은 사람들이 만들어 놓은 신화적(神話的)인 부처님이지 성불(成佛)하신 부처님의 참 모습이 아닙니다.

그러므로 오늘날 불자들이 올바른 신행생활(信行生活)을 하려면 무엇보다 먼저 부처님을 올바로 알아야 합니다. 왜냐하면 불자들이 부처님을 모르고 신행생활을 한다면 해탈이나 성불이 안 되는 것은 물론 오히려 악업(惡業)을 쌓을 수 있기 때문입니다.

이 때문에 불자들은 부처님에 대해서 알아야 하며 특히 오늘날 불자들을 제도(濟度)하기 위해서 오시는 오늘날의 부처님에 대해서 반드시 알아야 합니다. 불자들이 올바른 부처님에 대해서 알려면 지금까지 머릿속에 의식화(意識化) 되어있는 신화적(神話的)인 부처님에서 하루속히 벗어나야 합니다.

왜냐하면 지금까지 믿고 섬기고 있는 부처님은 실존(實存)했던 부처님이나 오늘날 살아계신 부처님이 아니라 불교의 전통과 교리(敎理)를 근거로 하여 사람들이 만든 부처들이기 때문입니다.

사람들이 만들어 놓은 부처님은 반야(般若)의 생명이 없으며 오직 살아계신 부처님 안에만 반야(般若)의 생명과 진리가 있는 것입니다. 따라서 오늘날 불자들을 제도(濟度)하여 해탈을 시킬 수 있는 부처님은 법당(法堂)에 모셔놓은 부처님들이 아니라 오늘날 살아계신 부처님이십니다. 그러므로 오늘날 불자들이 성불하여 부처가 되려면 현재 살아계신 부처님을 만나서 그의 가르침에 따라서 수행(修行)정진(精進)을 해야 합니다. 이렇게 생명이 없는 죽은 부처는 불자들을 해탈시킬 수 없는 것은 물론 불자들에게 아무것도 줄 수 없습니다.

그러나 오늘날 살아계신 부처님은 반야(般若)의 생명이 있기 때문에 중생들을 제도(濟度)하여 부처를 만드는 것입니다. 그런데 불자들이 현재 살아계신 부처님이 계신다 해도 지금까지 믿고 섬겨오고 있는 부처님에 대한 고정관념(固定觀念) 때문에 오히려 부정(不正)하며 배척(排斥)을 하고 있습니다. 그러므로 오늘날 불자들이 해탈(解脫)을 하려면 무엇보다 먼저 지금까지 섬겨온 부처님에 대한 고정관념(固定觀念)부터 벗어버려야 합니다.

왜냐하면 지금까지 성불(成佛)의 길을 막고 있는 부처님이 바로 신화적(神話的)이며 교리(敎理)적인 부처님이기 때문입니다. 만일 오늘날 불자들이 우상(偶像)과 같은 신화적(神話的)인 부처님으로부터 벗어날 수 있다면 부처님도 보이고 진리도 보이고 성불(成佛)의 길도 보일 것이기 때문에 불자들 관념 속에 자리 잡고 있는 형상화 된 부처님을 벗어버리고 살아계신 부처님을 신(神)으로 모시는 신앙생활(神仰生活)을 해야 합니다. 왜냐하면 교리적 부처님을 믿는 신앙생활(信仰生活)에는 신(神)도 없고 생명도 없지만 부처님을 신(神)으로 모시는 신앙생활(神仰生活)에는 신(神)도 계시고 영원한 생명도 있고 살아있는 진리도 있기 때문입니다.

　이 때문에 오늘날 불자들이 다른 것은 모른다 해도 궁궐의 부귀영화를 모두 미련 없이 버리고 출가하여 성불하신 석가모니 부처님의 생애(生涯)에 대해서 아는 것은 무엇보다 중요한 일입니다.

　이제 부처님의 생애(生涯)에 대해서 보다 자세히 말씀을 드리겠습니다.

9. 부처님의 생애(生涯)

태자가 출가한지 6년 만에
해탈하여 성불하신 것은 단순한 6년이라는 의미가 아니라
육바라밀의 과정을 화두로 말씀하고 있는 것입니다.
즉 해탈은 육바라밀의 수행과정을 통해서
된다는 뜻입니다.

부처님의 생애(生涯)

석가모니(釋迦牟尼) 부처님은 불교(佛敎)의 창시자로서 그의 가르침은 무명(無明)의 중생들에게 영원한 빛과 생명이 되어 지금도 어두운 마음을 두루 밝혀 주고 있습니다. 석가모니(釋迦牟尼) 부처님의 본래 이름은 고타마 싯달타이며 석가모니란 석가족의 성자(聖子)라는 뜻입니다.

고타마 싯달타는 만년설이 덮여 있는 히말리야 산맥 남쪽 기슭에 석가족이 살고 있는 카필라 왕국에서 태어나셨습니다. 카필라는 주로 농사를 지어 살고 있는 나라로 싯달타의 아버지는 숫도다나 왕이며 어머니는 마야 왕비입니다.

마야 왕비는 결혼 한지 20년이 지나도록 아이가 없었는데 어느 날 밤 여섯 개의 상아를 가진 흰 코끼리가 오른쪽 옆구리로 들어오는 꿈을 꾸고 난 후 아기를 잉태하게 되었다고 합니다. 어머니 마야는 산달이 되어 나라의 관습에 따라 해산을 하기 위해 친정으로 가던 도중 룸비니라는 동산에서 싯달타를 출생하게 되었습니다. 그런데 경전에 싯달타가 탄생할 때 여러 진기한 사건들이 일어났다고 기록되어 있습니다.

부처님은 어머니 태에서 나오자마자 동서남북 사방으로 일곱 걸음씩 걸으며 오른 손으로 하늘을 왼손으로 땅을 가리키며 "천상천하(天上天下) 유아독존(唯我獨尊)"이라고 말씀하시면서 "온 세상이 모두 고통 속에 잠겨 있으니 내가 모두 편안케 하리라"고 외쳤다고 합니다. 그러자 하늘과 땅이 진동을 하며 하늘에서는 꽃비가 내리고 천신들이 하늘에서 내려와 태자(太子)에게 경배를 하였으며 태자가 걸었던 발자국마다 연꽃이 피어올랐다고 합니다. 그리고 연못 속에서 두 마리의 용이 올라와 그 입으로 따뜻한 물을 뿜어 갓 태어난 아기의 몸을 씻겨주었다고 합니다.

　불자들은 태자에게 일어났던 이 모든 일들이 사실이라 믿어오고 있습니다. 그런데 어떻게 갓 태어나 핏덩어리와 같은 어린 아기가 일어나 걸을 수가 있고, 또한 아무 말도 모르는 갓난아이가 어떻게 유아독존(唯我獨尊)이라는 말을 할 수 있단 말인가? 경을 보면 태자는 본래부터 부처의 몸으로 태어난 것이 아니라 중생들과 같은 몸으로 태어나서 깨달음을 얻은 후 부처가 되었다고 말하고 있습니다.

　그러므로 이러한 이야기들은 스님들이 부처님을 미화(美化)시켜 무명의 중생들이 부처님을 믿고 경외하게 하기 위해서 만들어 낸 것이라 사료(思料)됩니다.

이렇게 어린 태자가 어미의 태에서 태어난 날은 사월 초팔일인데 불자들은 이날을 부처님이 태어나신 석가(釋迦)탄일(誕日)로 정하여 이날을 기념하기 위해 해마다 경축 행사를 하고 있습니다.

　그러나 부처님(싯달타)이 태어나신 날은 육신이 어미의 태에서 나온 4월 8일이 아니라 35세에 보리수 나무아래서 성불(成佛)하여 부처가 되신 날을 말합니다. 즉 4월 8일은 태자(싯달타)의 육신이 태어난 생일이고 부처님이 태어나신 석가(釋迦)탄일(誕日)은 35세가 되어 보리수나무 아래서 정각(正覺)을 이루신 해의 12월 8일이라는 것입니다.

　부왕 숫도다나는 그토록 기다리던 왕자의 출생으로 몹시 기뻐하며 자신의 모든 소원이 이루어졌다는 뜻으로 왕자의 이름을 "싯달타"라고 하였습니다. 그러나 그 기쁨도 잠시, 마야 왕비는 왕자를 낳은 지 칠일 만에 세상을 떠나게 된 것입니다.

　태자는 왕비의 동생인 마하 파사파제에 의해서 양육을 받게 되었습니다. 그 무렵 산 속에서 수행을 하던 "아시타"라는 선인이 있었는데 싯달타를 바라보고 이 아이가 장성하면 세계를 통일할 수 있는 위대한 왕이 될 것이며 만일 출가하여 도를 닦으면 세상의 중생들을 구원하는 부처가

될 것이라고 예언을 하였습니다. 숫도다나 왕은 이 예언을
듣고 처음에는 기뻐하였으나 대를 이을 왕자가 출가하면
어쩌나 하고 걱정을 하게 된 것입니다. 태자는 총명하여 일
곱 살 때부터 문무(文武)의 도(道)를 배우고 익히기 시작했
습니다.

태자는 어느 해 봄날 부왕을 따라 경운식(耕耘式)에 참
석하게 되었는데 농부들이 밭을 갈고 있을 때 가래에 끌려
나온 벌레를 새가 날아와 쪼아 먹는 것을 바라보고 애처로
운 마음에 숲으로 들어가 깊은 생각에 잠겼습니다. 얼마 후
에 태자는 수레를 몰고 동문(東門) 밖으로 산책을 가게 되
었는데 머리가 하얀 노인이 추한 모습으로 쇠약한 몸을 지
팡이에 의지하며 쓰러질 듯이 걸어가는 모습을 바라보며
나도 늙으면 저렇게 되겠구나! 하는 생각을 하고 실의에 빠
진 것입니다.

태자는 며칠 후에 남문을 통해서 산책을 나갔는데 길옆
에 피골이 상접한 사람이 구슬 같은 땀방울을 흘리면서 열
병으로 괴로워하는 것을 바라보고 나도 병들면 저렇게 되
겠구나! 하는 생각을 하고 한동안 슬픔에 잠겼습니다.

그 후 태자는 다시 조용하고 한적한 길을 택하여 산책
을 하기로 하고 인적이 드문 서문(西門)으로 나아갔는데 때

마침 사람들이 시체를 상여에 메고 자손들은 그 뒤를 따라 곡을 하며 장사지내러 가는 광경을 목격하게 되었습니다. 이 때 태자는 태어난 것은 모두 병들고 늙고 죽게 되는구나! 하면서 나도 언젠가는 저들과 같이 병들어 신음하고, 추하게 늙어 결국은 죽겠구나! 하는 좌절감에 빠져 고민을 하게 된 것입니다.

자신이 비록 태자의 신분으로 이 나라의 왕이 될 자이지만 결국은 자신도 병들고 늙고 죽을 수밖에 없는 목숨이라는 것을 생각하니 궁궐의 부귀영화(富貴榮華)나 자신의 젊음이 무슨 소용이 있단 말인가? 이렇게 태자는 인생의 무상함을 느끼며 실의에 빠지게 된 것입니다.

그러면 이 인간 세상에 생로병사(生老病死)를 초월하여 영원히 살 수 있는 방법이나 길은 없단 말인가? 또한 자신의 존재는 어디로부터 왔으며 무엇 때문에 살다가 사후에는 어디로 가는 것일까? 그리고 인간들이 이 세상에 태어나서 살아가는 인생의 의미는 진정 무엇인가? 라는 생각을 끊임없이 하게 된 것입니다. 그러나 아무리 생각을 하고 찾아보아도 생로병사(生老病死)를 초월(超越)할 수 있는 길이나 방법이 없다는 것을 알고 다시 좌절하게 된 것입니다.

그런데 어느 날 사람들의 대화 속에서 생로병사(生老病

死)를 초월하는 영생의 길이 있다는 것을 듣게 된 것입니다. 이 말을 들은 태자는 이때부터 영생의 길을 찾기 위해 출가를 결심하게 된 것입니다. 이러한 태자의 마음을 알게 된 부왕은 태자의 마음을 돌이키기 위해서 여러 가지로 노력을 해보았으나 태자의 마음은 변함이 없었습니다.

부왕은 태자의 마음을 돌이키기 위해 결국 결혼을 시키게 되었는데 그때 나이 19세였습니다. 신부는 태자 어머니의 오라비 데바다하성의 왕인 수프라붓다의 딸 야쇼다라였습니다. 태자는 야쇼다라와 결혼하여 아들을 낳게 되었는데 이 아들이 자신의 출가를 막는 애물이라 하여 이름도 라훌라라 지은 것입니다.

태자는 자신의 출가를 더 미룰 수가 없어 부왕을 찾아 갔습니다. 태자는 부왕에게 자신이 원하는 것을 들어주면 출가를 하지 않겠다고 말씀을 드렸습니다. 태자가 출가를 하지 않겠다는 말을 들은 부왕은 기뻐하며 네가 원하는 것은 무엇이든지 다 들어주겠다고 약속을 하였습니다. 그런데 태자가 부왕에게 원하는 것은 왕의 권좌나 세상의 부귀영화(富貴榮華)가 아니라 자신이 늙고 병들고 죽는 문제를 해결해 달라는 것이었습니다.

부왕은 태자의 요구에 난감하게 되었습니다. 왜냐하면

아무리 천하를 호령하고 부귀영화(富貴榮華)를 누리는 왕
이라 해도 인간의 생로병사(生老病死)는 왕의 마음대로 할
수가 없기 때문입니다. 부왕은 태자의 생로병사(生老病死)
는 물론 자신의 생로병사도 해결할 수가 없었습니다.

　태자는 결국 29세가 되던 해에 궁전에서 빠져나와 출가
를 하게 된 것입니다. 궁궐을 나와 구도의 길을 가는 태자
에게 마귀가 접근하여 "궁전으로 돌아가라" "이 세상은 모
두 네 것이다" "너는 무엇 때문에 부귀영화를 버리고 고생
을 하려는가?" 하며 가는 길을 막으려 온갖 미혹을 하였습
니다. 그러나 태자는 "마귀야 물러가라 내가 구하고 찾는
것은 세상의 부귀영화(富貴榮華)가 아니라 천계(天界)의 영
원한 생명이니라" 하며 마귀의 유혹을 모두 물리쳤습니다.

　출가를 한 태자는 이때부터 바리때(밥그릇)를 손에 들고
이집 저집을 떠돌며 구걸하는 신세가 되었습니다. 그러나
궁궐에서 산해진미(山海珍味)의 진수성찬(珍羞盛饌)을 먹
던 태자가 걸식하여 얻은 밥을 먹는다는 것은 그리 쉬운 일
이 아니었습니다. 하지만 자신은 지금 집도 절도 없이 영생
을 찾아 진리의 도를 구하는 출가자라는 생각을 하고 구걸
한 밥을 기쁜 마음으로 먹었습니다.

　태자가 처음으로 찾아간 스승은 비사리국에 고행외도

(苦行外道)의 일인자인 "발가바" 선인입니다. 그 선인은 나무껍질과 나무 잎으로 옷을 삼고 음식은 나물과 과일로 하루 한 끼를 먹고 잠은 노천(露天)에서 자고 있었습니다. 선인은 이렇게 고행을 함으로 미래에는 천계로 올라가 행복하게 살 수 있다고 하였습니다.

태자는 이 선인을 바라보며 장사꾼은 보물을 구하려고 바다에 들어가고 왕은 나라를 구하려고 전쟁을 하지만 선인들은 천계(天界)를 구하려고 이런 고행을 하고 있구나! 라고 생각하였습니다. 그러나 태자는 이런 것은 진정한 도가 아니라는 것을 알고 그곳을 떠나게 되었습니다.

태자는 다시 왕사성 부근 미루산 속에서 수행을 하고 있는 "아라라가라마"라는 수행자를 만나 그의 가르침을 받기로 하였습니다. "아라라가라마"는 태자에게 도(道)는 공무변처(空無邊處)라고 가르쳐주었습니다. 공무변처란 모든 물질의 관념을 초월해 버린 것으로서 존재하는 것은 모두 허상이며 오직 공(空)만이 영원한 것임을 깨달아 아는 것이 곧 선정(禪定)이라는 뜻입니다. 그러나 태자는 그의 가르침에도 만족하지 않고 다시 "우가다"라는 선인을 찾아갔습니다.

"우가다"는 태자에게 비상비비상처(非想非非想處)라는

가르침을 주었습니다. 비상비비상처(非想非非想處)란 생각이 있는 것도 아니고 생각이 없는 것도 아니라는 말입니다. 그러나 태자는 아(我)가 없다면 비상비비상처(非想非非想處)가 있을 수 없고 아가 있다면 집착이 일어남으로 해탈할 수 없다는 것을 알고 그곳을 떠나게 되었습니다.

태자는 이밖에도 여러 선인들의 가르침도 받았고 힘든 고행도 해보았지만 깨우침을 얻지 못하여 할 수 없이 "우르빌바"의 숲 속으로 들어가 조용히 홀로 수행하기로 하였습니다.

태자는 하루에 한 끼 혹은 보름에 한 끼를 먹으며 더위와 추위 그리고 각종 해충(害蟲)들과 마귀들 속에서 정진(精進)을 계속하였습니다. 태자의 몸은 피골이 상접하였고 몸 하나 가누기 힘든데도 불구하고 가시방석에 앉는 고행, 불로 몸을 지지는 고행, 물속에 들어가 추위를 견디는 고행(苦行) 등 온갖 수행을 계속하였습니다. 이렇게 태자는 지금까지 어떠한 수행자도 행하지 못했던 고도의 고행을 참고 견디어 내었습니다. 그러나 태자는 육 년이란 세월의 고행 속에서도 깨달음을 얻지 못한 것입니다.

태자는 이러한 고행은 모두 부질없는 것이라는 것을 깨닫고 기력을 회복하여 다시 정진하기로 결심을 하고 네란자라 강으로 들어가 더러운 몸을 깨끗이 씻었습니다.

태자는 이때 "우르비라" 촌에서 내려온 "수자타" 여인이 정성으로 공양(供養)하는 "유마"(우유로 만든 죽)를 먹고 점차 기력을 회복하게 되었습니다. 이때 태자를 따라 함께 수행을 하던 동료들은 태자가 수자타 여인에게 우유죽을 받아먹는 것을 바라보고 태자가 타락했다고 비난을 하며 태자의 곁을 떠나 녹야원으로 모두 들어갔습니다. 그러므로 태자는 네란자라 강변에 있는 보리수나무에 홀로 앉아 수행을 하기 시작하였습니다.

이때 태자는 내가 깨달음을 얻지 못한다면 살아서는 다시 일어나지 않겠다는 굳은 결심을 하고 명상에 들어간 것입니다. 태자의 이러한 각오를 알아챈 마왕(魔王)은 각종 귀신들을 동원시켜 방해공작을 하였습니다.

간교하고 아름다운 여자귀신, 흉측하고 두려운 귀신, 세상의 부귀영화(富貴榮華)를 주는 귀신, 세상의 모든 권세를 주는 귀신 등을 태자에게 접근시켜 온갖 미혹과 협박을 하였습니다. 그러나 태자는 이미 세상의 모든 부귀영화를 버리고 죽음까지 각오를 하고 수행정진을 하고 있기 때문에 마왕도 태자의 굳은 마음을 굴복시킬 수 없었습니다.

태자는 결국 모든 고행과 마왕의 시험까지 물리치고 깨

달음을 얻게 된 것입니다.

　태자의 나이 35세가 되던 해 12월 8일 새벽 동틀 무렵에 보리수나무 아래서 정각(正覺)을 이루어 부처가 되신 것입니다. 태자는 출가한지 6년 만에 생로병사(生老病死)의 윤회(輪廻)에서 벗어나 영원한 생명으로 해탈(解脫)하여 부처님으로 탄생하시게 된 것입니다.

　태자가 출가한지 6년 만에 해탈하여 성불하신 것은 단순한 6년이라는 의미가 아니라 육바라밀의 과정을 화두로 말씀하고 있는 것입니다. 즉 해탈은 육바라밀의 수행과정을 통해서 된다는 뜻입니다.

　이렇게 무상정각(無上正覺)을 이루신 부처님은 보리수나무 아래서 일어나 혜안(慧眼)으로 세상을 바라보니 깨달은 부처가 하늘 위에도 없고 하늘 아래도 없음을 아시고 외롭고 쓸쓸한 마음에 "천상천하(天上天下) 유아독존(唯我獨尊)"이라고 말씀을 하신 것입니다.

　부처님께서 이 말씀을 하신 뜻은 천상천하(天上天下)에 자신이 제일 위대하다는 의미가 아니라 하늘 위나 하늘 아래에 깨달은 부처가 하나도 없기 때문에 자신이 제일 외롭고 고독하다는 뜻으로 하신 말씀입니다.

　그러므로 불자들은 부처님이 말씀하신 천상천하(天上天

下) 유아독존(唯我獨尊)이라는 올바른 뜻과 진정한 석가탄
일은 4월 8일이 아니라 12월 8일이라는 것을 알아야 합니
다. 그보다 더 중요한 것은 태자가 더러워진 몸을 씻은 네
란자라 강은 무엇을 말하며, 태자가 앉아 계셨던 보리수나
무는 무엇을 말하며, 또한 수자타 여인이 태자에게 공양한
유마 죽은 무엇을 말하는지 그리고 태자가 수행을 한 6년
은 무엇을 의미하는지를 알아야 합니다.

　왜냐하면 이 사건들 속에 태자가 해탈하여 부처가 되신
화두(話頭)의 비밀이 모두 감추어져 있기 때문입니다. 이제
태자가 해탈(解脫)하여 성불하게 되신 화두(話頭)의 비밀을
말씀드리겠습니다.

　태자가 몸을 씻은 네란자라 강은 진리의 원천(源泉)을
말하며, 태자가 앉아 참선을 하셨던 보리수나무는 지혜의
나무 곧 반야(是大神)를 말하며, 수자타 여인이 태자에게
공양(供養)한 유마(우유로 만든 죽)는 감로수, 즉 진리의 말
씀을 말하며, 태자가 해탈하기까지의 수행기간 6년은 곧
육계(지옥-아귀-축생-수라-인간-천상)를 화두(話頭)로
말씀하고 있습니다.

　이렇게 태자는 네란자라 강과 보리수나무와 수자타 여
인이 공양하는 유마 죽과 그리고 6년이란 수행의 과정이

있었기 때문에 해탈을 하시게 된 것입니다. 태자의 해탈은 네란자라 강(진리의 강)에서 더러운 몸을 씻음으로 시작되었는데 이는 성경에 예수님이 요단강에서 세례(몸을 씻음)를 받으신 후 하나님의 아들(부처님)로 거듭나는(해탈) 과정과 동일한 사건입니다.

이렇게 태자는 자각(自覺)에 의해서 깨달으신 것이 아니라 반야(是大神)에 의해서 반야의 도우심으로 깨달아 부처님이 되신 것입니다. 이 때문에 부처님은 반야심경을 통해서 사리자에게 "행심반야바라밀다시(行深般若波羅蜜多時) 조견오온개공(照見五蘊皆空) 도일체고액(度一切苦厄)"을 하여 관자재보살(觀自在菩薩)이 되었다고 말씀하신 것입니다. 관자재보살(觀自在菩薩)은 혜안(慧眼)이 열려 천상(天上)의 세계를 스스로 보는 부처님을 말합니다. 불자들이 이러한 말씀을 들으시면 경악을 하는 분들도 계시겠지만 모두가 사실이요 진실입니다.

불교의 가장 큰 문제는 악령(惡靈)을 가지고 있는 마왕(魔王)이나 각종 귀신들은 존재한다고 인정을 하면서도 상대적인 성령(聖靈)이나 천신(天神)은 부정을 하고 있다는 것입니다. 그러나 천신(天神)없이는 지신(地神)이 있을 수 없고 성령(거룩한 영)없이는 악령(악한 영)도 있을 수 없습니다. 이 말은 천신(하나님)이 없다면 부처도 예수도 있을 수 없고 인간이나 자연만물도 존재할 수 없다는 뜻입니다. 태자는 결국 출가한지 6년 만에 보리수나무(지혜의 나무), 곧 반야에 의해서 정각을 이루어 부처님이 되셨고 태자는 이때부터 "석가모니(釋迦牟尼)"라는 이름으로 부르게 된 것입니다.

석가모니(釋迦牟尼)란 태자의 이름이 아니라 석가족의 성자(聖子)라는 뜻입니다. 부처님은 석가모니(釋迦牟尼)라는 이름 이외에도 관자재보살(觀自在菩薩), 관세음보살(觀世音菩薩), 불타(佛陀), 무상각자(無上覺者), 여래(如來), 석존(釋尊), 세존(世尊) 등 여러 이름으로 부르고 있습니다. 부처님이 되신 석가모니는 먼저 자기와 함께 수행을 하다가 떠나간 동료 수행자들을 깨우쳐 주기 위해서 "녹야원"으로 가셨습니다.

동료 수행자들은 그들을 찾아간 부처님을 파계승(破戒僧)이라 냉대하며 상종조차 하지 않으려 하였지만 부처님의 빛나는 얼굴과 그의 놀라운 설법을 듣고 감동을 받아 모두 부처님의 제자가 된 것입니다.

부처님이 동료들에게 설한 말씀은 "사성제(四聖諦)"였습니다. 부처님께서 설하신 사성제는 해탈로 가는 길을 넷으로 나누어 말씀하신 것인데 네 길은 고성제(苦聖諦), 집성제(集聖諦), 멸성제(滅聖諦), 도성제(道聖諦)를 말합니다.

사성제(四聖諦)는 고집멸도(苦集滅道)에 성제(聖諦)라는 이름을 붙인 것인데 "성제(聖諦)"라고 하는 이유는 무명의 중생들이 성불하여 부처가 되는 길이 바로 사성제(四聖諦) 안에 모두 들어있기 때문입니다. 사성제는 부처님께서 정각을 이루신 후 그의 동료들에게 최초로 설하신 법문(法門)인데 이 사성제는 지금도 변함없이 무명의 중생들을 해탈의 길로 인도하고 있는 가장 소중한 법문(法門)입니다.

부처님은 그 후 "왕사 성"으로 들어가 "빔비사라" 왕을 교화한 후 그곳에 법문(法門)을 설하는 근거지를 만들고 열심히 중생들을 가르쳤습니다.

부처님의 소문을 들은 많은 사람들이 구름처럼 몰려왔고 부처님의 가르침을 받고 제자가 된 사람은 "사리자"를 비롯해서 약 2000명이나 되었습니다. 부처님은 "왕사성"에만 머무르지 않으시고 각 지방을 순회하며 45년의 기나긴 세월을 오직 중생을 구제하는 일에 전력을 다하셨습니다.

부처님이 80세가 되시던 해에 "파바"라는 마을에 들렸는데 그곳에서 대장간을 하는 "춘다"라는 사람이 공양을 한 음식(돼지고기)을 먹고 배탈이 나셨습니다. 부처님은 아픈 몸에도 불구하고 "쿠시나가라" 마을로 가셔서 마지막 설법을 하신 후 숲 속으로 들어가 "샤라"라는 나무 아래서 열반(涅槃)에 드셨습니다.

이렇게 부처님의 모든 삶은 자신이 성불(成佛)하기 위해서 온갖 고난을 받으시며 최선을 다하셨고 성불하여 부처가 되신 후에는 중생들을 구제(救濟)하여 영원한 생명을 주시기 위해서 최선을 다하신 것입니다.

부처님의 유해(遺骸)는 부처님의 제자 "아난다"의 지시에 따라 화장(火葬)을 하였습니다. 불자들은 부처님의 시신을 화장(火葬)을 하여 타다 남은 유골(遺骨)을 "진신사리(眞身舍利)"라 말합니다. 이 때문에 부처님의 사리를 서로 취하기 위해서 인도의 각처에 있는 왕들이 몰려와 쟁탈전까지 하게 되었는데 결국은 부처님의 사리를 여덟 나라에 고루 분배를 하기로 타협한 것입니다.

이렇게 분배받은 부처님의 사리를 각기 자기 고국으로 기지고 가서 사찰이나 탑에 봉안(奉安)하여 오늘날까지 모셔오고 있는 것입니다. 이렇게 한 줌 밖에 안 되는 부처님의 유골(遺骨)은 여덟 나라에 분배되어 지금까지 소장하고 있습니다. 그런데 어느 나라 어느 사찰에 가 보아도 모두 부처님의 진신사리(眞身舍利)를 모셔 놓았다고 말합니다. 그러면 부처님의 사리가 몇 톤으로 불어났단 말인가? 진신사리(眞身舍利)가 진정 무엇이란 말인가? 불에 타다 남은 부처님의 뼈 몇 조각이 진정 부처님의 사리란 말인가? 부처님의 실체는 부처님의 육신이나 뼈 조각이 아니라 부처님 안에 있던 진리를 말합니다.

그러므로 부처님의 진신사리는 부처님의 유골이 아니라 부처님께서 생전에 중생들에게 가르쳐 주신 말씀(法文)들이 진정한 "진신사리(眞身舍利)"입니다. 즉 부처님께서 중생들에게 주신 사성제(四聖諦), 팔정도(八正道)가 "진신사리"이며 성불의 길을 가르쳐 주신 반야심경(般若心經)과 금강경(金剛經)이 진정한 "진신사리(眞身舍利)"입니다.

부처님의 타다 남은 뼈 몇 조각이 중생들에게 무엇을 가르쳐 주며 무엇을 할 수 있단 말인가? 부처님께서 가르쳐 주신 말씀만이 지금도 우리를 해탈(解脫)로 가는 길을 밝혀주며 성불(成佛)할 수 있도록 도와주십니다.

이와 같이 부처님의 진신사리(眞身舍利)는 불 속에서 타다 남은 부처님의 뼈 조각들이 아니라 부처님 생전에 불자들에게 가르쳐 주셨던 고귀한 말씀들을 말합니다. 즉 부처님의 진신사리는 부처님이 가르쳐주신 육바라밀(六波羅蜜)

이며, 사성제(四聖諦), 팔정도(八正道)입니다. 그런데 무지한 불자들은 혜안이 없어 부처님의 진신사리를 올바로 보지 못하고 지금도 부처님의 뼈 몇 조각을 모셔놓고 서로 진신사리라 말하고 있는 것입니다. 이 때문에 부처님은 임종하시기 직전에 자신의 몸에서 나오는 사리 때문에 분쟁이 일어날 것을 미리 아시고 제자들에게 이러한 말씀을 남기신 것입니다.

"제자들이여! 그대들은 각자 스스로를 등불로 하고 스스로를 의지처로 하라 남을 의지해서는 안된다. 내 몸을 보고는 그 오예(汚穢: 더러움)를 생각하여 탐(貪)하지 말며 고(苦)도 낙(樂)도 모두가 고(苦)의 인(因)이라고 생각하여 지나치지 말며 내 마음을 관(觀)하고는 그 속에 아(我)가 없음을 생각하여 그것들에게 미혹되어서는 안된다. 그렇게 하면 모든 고(苦)를 끊을 수가 있다. 내가 이 세상을 떠난 뒤에도 이와 같은 가르침을 지킨다면 이 사람이야말로 나의 진실한 제자이다"

부처님은 그의 제자들에게 상기의 말씀을 통해서 너희가 성불을 하려면 내가 가르쳐준 법문(法門) 이외에 다른 어떤 사람들의 말도 믿거나 의지하지 말고 네가 받은 법문만을 등불로 삼고 스스로 노력하라는 말씀입니다. 또한 내 몸(살과 뼈)은 오예(汚穢), 즉 더럽고 추한 것이기 때문에 내가 죽더라도 내 몸(遺骨)을 탐내거나 우상(偶像)시 하지 말라고 엄히 경고를 하신 것입니다.

왜냐하면 정결하고 거룩한 진신사리(眞身舍利)는 부처님 안에 있는 말씀이지 부처님의 육신(살과 뼈)은 중생들과 같이 더럽고 추하기 때문입니다. 부처님 안에 계신 말씀(반야)만이 영원한 생명이며 진리입니다. 그런데도 불구하고 부처님의 더러운 유골(遺骨) 때문에 분쟁까지 하며 불에 타다 남은 유골 몇 조각을 절에다 모셔놓고 "진신사리(眞身舍利)"라고 서로 자랑을 하고 있습니다.

부처님께서 임종하시기 전에 내 더러운 몸을 탐하지 말라고 엄히 경고까지 하셨는데도 불구하고 스님들은 부처님의 뼈 몇 조각을 절에다 모셔놓고 서로 진신사리라 자랑을 하며 그 사리를 이용하여 자신들의 욕심을 채우고 있는 것입니다. 이 모두가 스님들안에 있는 욕심과 탐심 때문입니다.

부처님의 진정한 "진신사리(眞身舍利)"는 불에 타다 남은 뼈 조각들이 아니라 부처님의 입에서 나오는 말씀을 말합니다. 즉 오늘날의 진정한 "진신사리(眞身舍利)"는 법당 (法堂)이나 탑(塔)속에 모셔놓은 사리가 아니라 오늘날 살아계신 부처님(生佛)의 입에서 나오는 화두(話頭)의 말씀을 말합니다.

그러므로 오늘날 스님들은 부처님의 유골(遺骨)이나 돌부처를 절당에 모셔 놓으려 하지만 말고 오늘날 살아계신 부처님을 모셔야 합니다. 이어지는 부처님의 말씀은 불자들에게 다가오는 괴로움이나 즐거움, 즉 화(禍)나 복(福)도 고통의 원인이기 때문에 화(禍)나 복(福)에 너무 집착하지 말고 자신의 존재를 알기 위해 힘쓰라는 말씀입니다. 왜냐하면 생로병사(生老病死) 속에 윤회(輪廻)하는 "나(自我)"는 "참 나(眞我)"가 아니며 해탈하여 부처가 된 영원한 생명만이 "참 나(眞我)"이기 때문입니다.

부처님께서 이런 말씀을 유언(遺言)으로 하신 이유는 오늘날 불자들이 거짓 부처나 욕심 많은 패역(悖逆)한 스님들에게 미혹되어 이용당하지 말고 오늘날 살아계신 부처님(生佛)을 찾아서 올바른 가르침을 받아 해탈을 하라는 뜻입니다.

부처님께서는 올바른 진신사리(眞身舍利)를 가지고 무명의 중생들을 가르치고 깨닫게 하여 미혹된 길에서 벗어나게 해주는 자가 바로 나의 제자라고 말씀하고 있습니다.

　그러므로 모든 불자들은 이제부터 불교의 교리와 제도의 틀에서 하루속히 벗어나 부처님의 말씀으로 돌아가야 합니다. 그보다 더 중요한 것은 오늘날 살아계신 생불(生佛)을 찾아서 올바른 가르침을 받아야 합니다.

　그것만이 생로병사(生老病死)의 윤회(輪廻) 가운데서 벗어나 해탈(解脫)을 할 수 있는 유일한 길입니다.

10. 반야(般若)와
아제아제(揭諦揭諦)

부처님께서 말씀하신 아제 아제는

자리(自利)와 이타(利他)를 말씀하신 것인데,

자리(自利)는 상구보리(上求菩提)로

자신이 해탈(解脫)하여

부처가 되라는 말이며,

반야(般若)와 아제아제(揭諦揭諦)

　부처님께서 반야심경(般若心經)을 통해서 말씀하고 계신 반야(般若)는 무엇이며 아제아제(揭諦揭諦)는 과연 무슨 뜻일까? 반야심경을 통해서 부처님이 말씀하신 반야(般若)와 아제아제(揭諦揭諦)는 화두(話頭) 중의 화두(話頭)로 지금까지 베일에 쌓여 그 깊은 뜻을 알 수가 없었습니다. 수행불자들이 그토록 오랫동안 수행(修行)을 해도 해탈(解脫)을 할 수 없었던 것은 부처님이 말씀하신 반야(般若)와 아제아제(揭諦揭諦)의 뜻을 모르기 때문이라 생각합니다.

　그러므로 수행불자들이 다른 것은 모른다 해도 부처님이 말씀하신 반야와 아제 아제의 뜻은 반드시 알아야 합니다. 왜냐하면 반야와 아제 아제는 부처님의 모든 뜻이 함축(含蓄)되어 있고 팔만대장경(八萬大藏經)의 뜻이 모두 들어 있기 때문입니다.

　불교에서는 반야(般若)를 지혜(智慧) 혹은 진리(眞理)라 말하고 있습니다. 그런데 부처님이 말씀하시는 반야는 불교에서 말하고 있는 단순한 지혜가 아니라 시대신(是大神), 즉 참으로 큰 신(神)으로 우주만물을 주관하고 다스리는 절대적 존재를 말합니다.

그럼에도 불구하고 오늘날 스님들이나 불자들은 불교에는 신(神)이 없다고 자랑스럽게 말하고 있습니다. 이 때문에 타종교에서 불교에는 신이 없기 때문에 신앙(神仰)이 아니라 철학이요 종교라 말하는 것입니다. 그런데 부처님께서는 반야심경(般若心經)을 통해서 반야(般若)는 신(神)이라는 것과 자신이 해탈(解脫)이 된 것도 자각(自覺)에 의해서 된 것이 아니라 시대신(是大神)인 반야(般若)에 의해서 되었다고 분명하게 말씀하고 있습니다. 즉 부처님은 행심반야바라밀다시(行深般若波羅蜜多時) 조견오온개공(照見五蘊皆空) 도일체고액(度一切苦厄)을 하셨다는 것입니다.

　이 때문에 부처님께서 반야심경(般若心經)을 통하여 반야(般若)를 시대신주(是大神呪)요, 시대명주(是大明呪)요, 시무상주(是無上呪)요, 시무등등주(是無等等呪)라 말씀하신 것입니다. 이 말씀의 뜻은 반야(般若)는 이 우주만물(宇宙萬物) 가운데 참으로 제일 큰 신이시요 참으로 제일 밝은 빛이시며 이 신보다 더 높은 신이나 이 신과 비교나 견줄만한 어떤 참 신도 없다는 뜻입니다. 왜냐하면 단어 앞과 뒤에 붙여진 시와 주(是, 呪)의 뜻은 시(是)란 참이며 진실이라는 뜻이고 주(呪)란 말씀 그리고 진리라는 뜻이기 때문입니다. 즉 반야심경(般若心經)은 곧 참으로 큰 신의 말씀(呪)이라는 뜻입니다. 반야(般若)는 기독교에서 말하는 창조신이며 유일신(唯一神)인 하나님을 말씀하고 있는 것입니다.

이렇게 부처님은 반야심경(般若心經)을 통하여 신(神)의 존재를 분명하게 말씀하고 계신데, 불교인들은 지금까지 교리로 의식화된 전도(顚倒)된 몽상(夢想)때문에 반야(般若)는 곧 지혜(智慧)일 뿐이며, 이 세상에 신은 존재하지 않는다고 신(神)을 부정하고 있는 것입니다. 그러면 부처님께서 말씀하신 아제아제는 과연 무슨 뜻일까?

반야심경의 마지막에 등장하는 아제아제(揭諦揭諦) 바라아제(波羅揭諦) 바라승아제(波羅僧揭諦) 보리사바하(菩提娑婆訶)는 지금까지 불자들에게 감추어져 있던 최고의 법문(法問)이요 최고의 화두(話頭)로서 스님들은 물론 불교학자들조차도 함부로 해석할 수 없었던 비밀의 말씀입니다. 이 때문에 이 법문은 오랜 세월동안 비밀에 감추어 진 채 불교의식에 하나로 사용되고 있습니다.

이 법문은 석가모니 부처님께서 반야심경의 모든 뜻을 함축하여 요약해 놓은 최고의 화두라 할 수 있는 비밀이 들어 있습니다. 그러므로 불자들이 다른 말씀은 모른다 해도 이 말씀만은 반드시 알아야 합니다.

아제아제(揭諦揭諦)는 반야심경 맨 마지막에 등장되는 기원문으로 아제아제 바라아제 바라승아제 보리사바하(揭諦揭諦 波羅揭諦 波羅僧揭諦 菩提娑婆訶)의 일부분입니다. 이 기원문은 부처님께서 어제나 오늘이나 내일도 항상 무명(無明)의 중생(衆生)들에게 바라고 원하시는 기도(祈禱)입니다. 이렇게 아제아제는 부처님께서 모든 법문(法問)을 통하여 불자들에게 바라고 원하시는 뜻을 함축(含蓄)하여 이 네 글자에 담아 화두(話頭)로 말씀하신 법문입니다.

　부처님께서 말씀하신 아제 아제는 자리(自利)와 이타(利他)를 말씀하신 것인데, 자리(自利)는 상구보리(上求菩提)로 자신이 해탈(解脫)하여 부처가 되라는 말이며, 이타(利他)는 해탈(解脫)하여 부처가 된 자들은 하화중생(下化衆生), 즉 무명(無明)의 중생(衆生)들을 해탈(解脫)시켜 부처로 만들라는 말씀입니다. 이것이 바로 부처님께서 화두로 말씀하신 아제 아제입니다. 이 말씀은 불자들이 하늘에 계신 반야(般若)를 향해 보리(菩提)를 구하여 부처가 되면 이웃에 있는 중생(衆生)들을 구원하여 부처를 만들라는 뜻입니다.

　어떤 불교학자는 아제 아제를 『나도 가고 너도 가자 저

언덕 너머로』라고 말하고 있습니다. 그러나 이 말씀은 위에서 말씀드린 바와 같이 앞에 있는 아제는 내 자신이 먼저 부처가 되라는 말이요, 뒤에 아제는 이웃을 구원시켜 부처가 되게 하라는 뜻입니다.

이 말씀은 성경에 예수님께서 말씀하신 새 계명을 말하는데 새 계명은 첫째, 하나님을 향하여 마음을 다하고 목숨을 다하고 뜻을 다해서 하나님을 사랑하여 하나님의 아들로 거듭나(부활) 하나님의 아들이 되라는 말이요, 둘째는 하나님의 아들로 거듭난 자들은 이웃에 있는 죄인들을 구원시켜 하나님의 아들로 만들라는 말씀인데 이를 『십자가의 도(道)』라고 말씀하고 있습니다.

결국 아제 아제나 십자가의 도는 먼저 네가 반야(하나님)의 도움을 받아 부처(예수)가 되라는 것이며 반야의 도움으로 부처가 된 자들은 반드시 이웃에 죽어있는 영혼을 살려서 부처를 만들라는 뜻입니다.

이와 같이 부처님께서 말씀하시는 아제 아제는 예수님께서 말씀하신 새 계명과 동일한 뜻입니다. 왜냐하면 부처님의 뜻이나 예수님의 뜻은 모두가 동일한 반야(般若), 즉 하나님의 뜻이기 때문입니다. 그리고 석가모니(釋迦牟尼) 부처님은 반야(般若)에 의해서 해탈(解脫)이 되셨고, 예수님은 하나님에 의해서 부활(復活)이 되신 것인데 반야와 하나님은 한 분이시며 그리고 해탈과 부활도 모두 동일한 뜻입니다. 그런데 인간들이 진리에 대한 무지(無知)로 말미암아 불교인들은 하나님을 반야(般若)라 부르며, 기독교인들은 반야(般若)를 하나님이라 부르고 있습니다.

또한 불자들은 기독교의 부활(復活)을 해탈(解脫)이라 말하며 기독교인들은 불교의 해탈을 부활이라 말하면서 해탈과 부활이 전혀 다른 것처럼 주장을 하고 있습니다. 그런데 부처님께서 말씀하시는 아제 아제나 예수님께서 말씀하시는 새 계명은 모두 동일한 뜻이라는 것과, 해탈(解脫)과 부활(復活)은 모두 반야(般若), 즉 하나님의 은혜로 이루어진다는 것을 알아야 합니다.

그러므로 모든 불자들과 기독교인들은 모두 반야의 자비와 하나님의 사랑으로 하나가 되어 모두 아제아제(揭諦揭諦)를 이루어야 합니다. 이것이 바로 반야와 하나님의 뜻이요 부처님과 예수님이 원하시고 기뻐하시는 뜻입니다.

불교를 둘로 분류하면 소승불교(小乘佛敎)와 대승불교(大乘佛敎)로 나눌 수 있습니다. 소승불교는 소극적인 의미에서 자신의 구원과 해탈을 위한 자리사상(自利思想)이며 대승불교는 포괄적이고 적극적인 의미에서 모든 중생들을 구제하여 이 세상을 불국정토로 만든다는 부처님의 이타사상(利他思想)을 말하고 있습니다.

이렇게 소승불교는 자신의 구원과 해탈을 위하여 정진하고 있는 수행 불자들의 신앙을 말하는 것이며, 대승불교는 소승불교의 과정을 통하여 해탈이 된 부처님들이 무명의 불자들을 구원하여 해탈을 시키는 것입니다. 이것이 바로 부처님께서 말씀하시는 아제아제이며 자리(上求菩提)와 이타(下化衆生)입니다. 이 두 길이 바로 부처님께서 가신 길이요 오늘날 모든 불자들이 따라가야 할 길입니다.

이제 불자들이 부처님께서 말씀하신 아제 아제의 뜻을 분명히 알았다면 이제부터라도 아제아제(揭諦揭諦)를 열심히 행하여 모두 부처가 되어야 합니다.

이렇게 아제 아제를 행하여 부처가 되면 생로병사(生老病死)의 윤회(輪廻)에서 영원히 벗어나 부처가 되고 극락이 되는 것입니다.

도암 (道岩)

백신 불여 일문(百信不如一聞):
백번 믿는 것보다 한번 듣는 것이 낫고,

백문 불여 일견(百聞不如一見):
백번 듣는 것보다 한번 보는 것이 낫고,

백견 불여 일행(百見不如一行):
백번 보는 것보다 한번 행하는 것이 낫고,

백행 불여 일각(百行不如一覺):
백번 행하는 것보다 한번 깨닫는 것이 낫다.

나그네

온 곳을 알았다면
가기도 쉽건만

오고가는 이치를 모르니
항상 나그네러라

외롭고 고달파서 자신을 원망하니
은은히 들리는 소리
고향의 부름이라네

의증서원 도서안내

❖ 반야심경 (반야심경 해설서)
   글/도암 336쪽 /신국판 양장 정가 20.000원

❖ 금강경 (금강경 해설서)
   글/도암 668쪽 /신국판 양장 정가 30.000원

❖ 법화경
   글/도암 460쪽 /신국판 양장 정가 26.000원

❖ 사랑이 머무는 곳
   글/이명자 195쪽 /4x6(칼라)판 정가 9.000원

❖ 성경에 나타난 전생과 윤회
   글/둘로스 데우.C 305쪽 /신국판 정가 12.000원

❖ 영으로 기록한 답변서(이병철 회장의 24가지 질문)
   글/둘로스 데우.C 364쪽 /신국판 정가 18.000원

❖ 불교와 기독교의 허구와 진실
   글/둘로스 데우.C 394쪽 /신국판 양장 정가 22.000원

❖ 불교의식 속에 감추어진 화두의 비밀
   글/둘로스 데우.C 304쪽 /신국판 정가 18.000원

전생과 윤회
(부처님의 전생이야기)

글 · 도암

초판 1쇄 2009.12.15
재개정판 1쇄 2015.02.28

●

펴낸이 · 이용재   발행처 · 의증서원

●

등록 · 1996. 1. 30 제 5-524

정가 16,000원

도서출판 의증서원

서울시 동대문구 답십리 5동 530-11 의증빌딩 4층

전화. 02)2248-3563 . 010-5395-4296 . 팩스.02)2214-9452

우리은행 : 812-026002-02-101 . 예금주: 이용재

홈페이지: www.bk96.co.kr